믿음의 사람들

믿음의 사람들

히브리서 11장 강해

홍정길 목사

크리스챤서적

• 머리말

믿음의 온전한 전승은 강의실에서나 책으로만 이루어지는 것이 아닙니다. 예수 그리스도는 이 땅에 오셔서 사람들 가운데 거하셔서 그들 가운데 제자들을 부르시고 동고동락하시며 믿음의 영광을 몸소 가르치셨습니다.

저 역시 1965년도에 김준곤 목사님을 통하여 처음 예수님을 만났고, 그리스도인이 품어야 할 큰 비전을 배웠습니다.

1966년에는 41기로 가나안 농군학교에 들어가 김용기 장로님에게서 그리스도인이 말씀을 근거하여 어떠한 생활을 해야 하는지를 배웠습니다. 그리고 1977년에 신학교에 입학하여 믿는 자가 그 믿음의 근거인 말씀 앞에 어떤 자세로 서야 되는지를 박윤선 목사님을 통하여 보았습니다.

설교만 해도 그렇습니다. 신학교에서 설교학을 잘 배우지 못한 채 목회를 시작했습니다. 그러던 중 8년 전에 OMF 선교사 데니스 레인 (Denis Lane)을 만났고 그에게서 이론뿐 아니라 강해설교의 실제를 배울 수 있었습니다. 또 잠깐이지만 London Bible Institute의 존 스토트(John Stott) 목사님의 설교와 그분의 삶은 제게 큰 도전이 되었습니다.

믿음은 살아가면서 또 보면서 배웁니다. 그래서 성경에서 믿음의 인물들을 만나는 것은 신앙생활을 확립하는 데 중요한 요소 중 하나입니다. 그 중에서도 히브리서 11장의 믿음의 영웅들 한사람 한사람은 믿음의 본질을 우리에게 잘 가르쳐 줍니다.

14년간 신앙생활을 함께한 우리 남서울교회의 믿음의 사람들이 보여준 삶의 편린들이 이 강해설교에 큰 도움이 되었습니다.

부족함이 너무 많은 설교지만 주셨던 은혜를 나누는 기쁨 때문에 이 책을 내게 되었습니다.

이 책은 제가 한 1988년 4월 17일부터 1988년 10월 30일까지의 주일 낮 강단의 설교입니다.

이 설교집의 원고를 정리해 준 고일옥 자매의 수고에 감사드리며 또 늘 책을 열심히 만드시며 함께 주님을 섬기는 친구인 임만호 장로님의 수고에 감사드립니다.

21세기는 국가나 교회 그리고 우리 모두의 삶에 너무나 중요한 시기입니다.

이 수고가 믿음으로 살고자 하는 모든 사람에게 유익이 된다면 더할 나위 없는 영광이요 강해설교를 하시는 동역자들에게 다소 보탬이 되었으면 하는 바람입니다.

1989. 12. 25.
안식년을 맞아 Greenbelt Rd에서
홍 정 길

• 차례

머리말

제1강 믿음 · 9

제2강 참된 제사 · 23

제3강 에녹 · 37

제4강 노아 · 51

제5강 믿음의 출발과 그 종착 · 65

제6강 사라의 믿음 · 81

제7강 모리아 산정에서 · 93

제8강 이삭 · 107

제9강 야곱 · 121

제10강 요셉 · 139

제11강 모세 부모의 믿음 · 153

제12강 거절하는 믿음 I · 169

제13강 거절하는 믿음 II · 183

제14강 두려움을 이기는 믿음 · 197

제15강 구원을 신뢰하는 믿음 · 211

제16강 이스라엘의 믿음 · 227

제17강 정복하는 믿음 · 241

제18강 라합의 믿음 · 257

제19강 사사들의 믿음 · 275

제20강 성취하는 믿음 · 287

제21강 믿음의 절정 · 301

제22강 약속과 믿음 · 313

제23강 믿음의 경주자 그리스도인 Ⅰ · 329

제24강 믿음의 경주자 그리스도인 Ⅱ · 345

믿음의 사람들

제1강

믿음

> "
> 믿음은 바라는 것들의 실상이요 보지 못하는 것들의 증거니
> 선진들이 이로써 증거를 얻었느니라.
> 믿음으로 모든 세계가 하나님의 말씀으로 지어진 줄을 우리가 아나니
> 보이는 것은 나타난 것으로 말미암아 된 것이 아니니라
> (히 11:1-3)
> "

이 세상의 모든 종교와 기독교의 다른 점을 살펴보면 다음과 같습니다. 먼저 이 세상의 모든 종교는 두 가지로 구분되는데 그 중 한 가지는 깨달음입니다. 과거에 알지 못했던 신비하고 오묘한 것을 깨닫는 종교입니다. 그리고 그 깨달음을 득도라고도 하고 새로운 경지에 올라섰다고 말하기도 합니다.

또 한가지는 고행과 선행을 강조하는 종교입니다. 자기의 노력으로 선행하고, 자기의 삶에 깊은 고통을 스스로 주어가면서 믿음의 대상이 되는 신 앞에 나아가는 것을 말합니다.

그러나 기독교는 믿음을 강조하는 종교입니다. 기독교처럼 믿음의 소중함을 강조하는 종교는 이 세상에 없습니다. 그러면 우리가 하나님을 믿는다고 할 때 이 믿음은 과연 무엇을 가리키는 말입니까?

우선 믿음이 아닌 것부터 생각해 보겠습니다. 증거도 없고 사실이 아닌데도 무조건 믿는 것은 미신입니다. 아무 증거도 근거도 없는데 무조건 믿는 것은 결코 믿음이 아닙니다.

또 요즘 이렇게 믿음을 생각하는 사람이 있습니다. '믿음은 참으로 중요하고 귀한 것이다. 내가 열심히 믿고 간절히 바라던 것이 이루어졌다. 믿는 대로 되리라. 내게 능력 주시는 자 안에서 능치 못할 것이 없느니라.' 이런 성경의 몇 구절만 따서 우리의 믿음을 계속 강조하는 주장이 있습니다.

그것이 예수를 믿는 사람과 믿지 않는 사람의 차이라고 생각해서는 안 됩니다. 이 세상 사람들도 누구나 다 믿음을 갖고 삽니다.

예를 들면 아이들은 태어나면서부터 부모를 믿습니다. 또 부모만 믿는 것이 아니라 병원의 의사선생님도 믿습니다. "당신의 병은 이러이러한 병이니 수술을 하겠습니다." 그러면 그 의사의 말을 믿고 나의

믿음의 사람들

제1강

믿음

> "
>
> 믿음은 바라는 것들의 실상이요 보지 못하는 것들의 증거니
> 선진들이 이로써 증거를 얻었느니라.
> 믿음으로 모든 세계가 하나님의 말씀으로 지어진 줄을 우리가 아나니
> 보이는 것은 나타난 것으로 말미암아 된 것이 아니니라
> (히 11:1-3)
>
> "

이 세상의 모든 종교와 기독교의 다른 점을 살펴보면 다음과 같습니다. 먼저 이 세상의 모든 종교는 두 가지로 구분되는데 그 중 한 가지는 깨달음입니다. 과거에 알지 못했던 신비하고 오묘한 것을 깨닫는 종교입니다. 그리고 그 깨달음을 득도라고도 하고 새로운 경지에 올라섰다고 말하기도 합니다.

또 한가지는 고행과 선행을 강조하는 종교입니다. 자기의 노력으로 선행하고, 자기의 삶에 깊은 고통을 스스로 주어가면서 믿음의 대상이 되는 신 앞에 나아가는 것을 말합니다.

그러나 기독교는 믿음을 강조하는 종교입니다. 기독교처럼 믿음의 소중함을 강조하는 종교는 이 세상에 없습니다. 그러면 우리가 하나님을 믿는다고 할 때 이 믿음은 과연 무엇을 가리키는 말입니까?

우선 믿음이 아닌 것부터 생각해 보겠습니다. 증거도 없고 사실이 아닌데도 무조건 믿는 것은 미신입니다. 아무 증거도 근거도 없는데 무조건 믿는 것은 결코 믿음이 아닙니다.

또 요즘 이렇게 믿음을 생각하는 사람이 있습니다. '믿음은 참으로 중요하고 귀한 것이다. 내가 열심히 믿고 간절히 바라던 것이 이루어졌다. 믿는 대로 되리라. 내게 능력 주시는 자 안에서 능치 못할 것이 없느니라.' 이런 성경의 몇 구절만 따서 우리의 믿음을 계속 강조하는 주장이 있습니다.

그것이 예수를 믿는 사람과 믿지 않는 사람의 차이라고 생각해서는 안 됩니다. 이 세상 사람들도 누구나 다 믿음을 갖고 삽니다.

예를 들면 아이들은 태어나면서부터 부모를 믿습니다. 또 부모만 믿는 것이 아니라 병원의 의사선생님도 믿습니다. "당신의 병은 이러이러한 병이니 수술을 하겠습니다." 그러면 그 의사의 말을 믿고 나의 몸을 맡깁니다. "이 약을 먹으시오" 하면 그 약을 의심 없이 받아 나을 것이란 믿음을 갖고 먹습니다.

또 운전할 때도 도로표지판을 잘 보는 것이 중요합니다. 특별히 도로가 복잡한 나라를 여행할 때면 이 표지판을 유심히 보는 것이 얼마나 중요한지 모릅니다. 왜냐하면 내가 나가고 싶은 방향이 오른쪽일 때, 오른쪽이라고 믿고 나가는 길이 엉뚱하게도 왼쪽 길일 때가 많기 때문입니다. 왼쪽으로 가고 싶지 않지만 그 표지판이 왼쪽으로 가라고 표시되어 있으면 그 방향을 따라 가야 내가 원하는 오른쪽으로 갈 수 있습니다. 가고 싶은 방향으로 마음대로 가다 보면 반대로 가게 되는 경우가 참 많습니다.

그래서 우리들은 운전할 때 표지판을 믿고 운전합니다. 누가 달아놓은 것인지 모르지만 우리들은 그 표지판을 믿고 열심히 달립니다.

우리가 살아가면서 믿는 것은 한두 가지가 아닙니다. 돈도 믿고 삽니다. 그 종이에 몇 가지 글씨가 찍혔다고 우리들은 그렇게 돈을 잘 믿습니다. 그것으로 우리는 물건을 살 수 있습니다.

그것은 믿음입니다. 이 세상 사람들 가운데 믿음 없이 살 수 있는 사람은 한 사람도 없습니다. 다 무엇인가를 믿기 때문에 살아갈 수 있습니다.

그러면 이 모든 사람들의 믿음과 그리스도인의 믿음은 무엇이 다른 것입니까? 바로 믿음의 대상에 있습니다. 그들은 사물을 믿고 자신을 믿습니다. 그러나 우리 그리스도인들은 살아계신 하나님을 믿습니다.

믿음의 대상이 그리스도인들과 비그리스도인들을 갈라놓습니다. 그래서 히브리서 11장에서 믿음을 말씀하시기에 앞서서 1장부터 10장까지는 한 인격을 향해서 계속 초점을 맞추고 있습니다. 1장부터 2장까지는 이 세상의 모든 선지자나 천사보다 더 뛰어나신 하나님이시며 사람이신 중보자 예수 그리스도를 이야기하고 있습니다. 3장부터 4장은 모세보다 여호수아보다 더 위대하신 예수 그리스도를 말하고 있습니다. 모세와 여호수아는 이스라엘 백성을 가나안 복지로 인도했습니다. 그러나 우리 예수 그리스도는 가나안 복지 정도가 아니라 살아계신 하나님 앞에 우리의 인생들을 인도하셨습니다. 그로 말미암아 우리는 하나님 앞에 담대히 나아갈 수 있는 담력을 얻게 되었습니다.

여호수아나 모세보다 더 위대한 분이 우리 인생의 안내자이며 지도자이신 예수 그리스도이십니다. 그런가 하면 5장부터 10장까지는 우리의 제물이 되신 예수 그리스도, 우리의 대제사장 되신 예수 그리스도를 말씀하십니다.

구약에 많은 종류의 제사가 있었습니다. 그렇지만 그 모든 제물들은 십자가에서 나의 죄를 위해 죽으셔야 했던 예수 그리스도를 바라보며 그 상징으로 드린 것입니다. 예수 그리스도는 구약의 많은 제물의 완성이십니다.

구약의 제사장들은 하나님 앞에 백성들의 죄를 중보하는 중보자로서 제사를 드렸습니다. 그들만이 하나님 앞에, 법궤 앞에 나아갈 수 있었습니다. 그런데 우리 주 예수 그리스도는 아론보다 더 위대하신 대제사장이시며 완전한 대제사장이셔서 그의 영광과 존귀에 있어서 하나님 앞에 우리의 중보자로서 마지막 제사를 드리신 분입니다.

히브리서 10장까지는 우리의 중보자로 제사를 드리신 대제사장 예수 그리스도를 말씀하고 있고, 11장에서는 믿음에 대해서 이야기하고 있습니다. 우리 그리스도인들은 하나님을 믿습니다. 하나님을 믿는다는 말의 표현은 무엇입니까?

첫째, 그의 인격을 믿는다는 말입니다.

둘째, 삼위일체 되신 하나님을 믿는다는 말은 그분이 하신 말씀을 믿는다는 말입니다. "그 사람은 참 믿을 만한데 그 사람이 하는 말은 못 믿겠어." 이것은 어불성설입니다. 인격이 곧 말이며, 말이 곧 인격을 드러냅니다.

요즘 어떤 정치가들 가운데 말은 멋있게 해 놓고 그대로 실행하지 않는 분들에 대해 불쾌하게 생각하는 분들이 많습니다. 말이야 사기꾼들이 더 잘합니다. 인격자라는 말은 말과 행동이 같다는 말입니다. 우리가 예수님을 믿는다고 할 때 그분의 말씀을 믿는 것입니다.

로마서 10장 17절은 이렇게 기록하고 있습니다. "믿음은 들음에서 나며 들음은 그리스도의 말씀으로 말미암았느니라." 믿음이 어디에서 납니까? 그리스도의 말씀에서 납니다.

또 예수 그리스도를 하나님의 말씀으로 비유해서 히브리서 1장 3절에 "이 모든 날 마지막에 아들로 우리에게 말씀하셨으니"라고 성경은 기록하고 있습니다. 그러므로 그분의 인격과 그분의 말씀을 믿습니다.

중요한 것은 그분의 인격과 그분의 말씀을 그저 지적으로 인식하는 정도가 믿음이 아니라는 것입니다. 지적인 인식은 사탄에게도 있었습니다. 예수님이 이 세상에 오셨을 때 예수님을 가장 먼저 알아본 것은 귀신들이었습니다. "나사렛 예수여, 당신이 나와 무슨 상관이 있습니까?" 하고 떨었습니다.

귀신들도 우리 하나님은 한 분이신 줄을 믿고 떱니다. 지적인 인식이, 지적인 동의가 믿음이 아닙니다.

또 믿음이 아닌 것이 있습니다. 믿음의 뜨거운 충격들, 감동들, 그런 경험들이 참 믿음이 아닌 경우가 많습니다. 참 믿음은 무엇입니까? 산 믿음은 무엇입니까? 그 말씀에 대해서 순종하는 믿음입니다.

이 히브리서 11장을 계속 강해하면서 앞으로 나타날 사람들의 행적을 보면 그분들이 삶으로 순종했던 자들임을 알 수 있습니다. 순종하는 믿음이 참 믿음입니다.

히브리서는 하나님 그분을 참으로 신뢰하는 믿음을 말씀하고 있고, 야고보서의 믿음은 산 믿음에 대해서 말합니다. 그래서 행함이 없는 믿음은 그 자체가 죽었다고 말합니다. 그리고 지금 히브리서 11장은 우리에게 순종하는 믿음에 대해서 말씀하고 있습니다. 히브리서 11장의 모든 인물들은 말씀에 순종하였습니다. 아들을 바치라는 하나님의 명령은 이해할 수 없는 명령이었습니다. 그럼에도 아브라함은 그 이해할 수 없는 명령에 순종했습니다.

"하나님, 어떻게 부모가 그 자식을 죽일 수 있습니까?" 이렇게 하나님 앞에서 항의도 할 수 있고, "하나님, 이 아들을 통해서 당신은 하늘의 별처럼, 바다의 모래처럼 자손들을 많게 하시겠다고 하시지 않았습니까? 내가 다메섹의 엘리에셀을 양자로 삼는다고 할 때 안 된다고 하셨습니다. 사라를 통하지 않고 하갈을 통해 이스마엘을 낳았을 때 안 된다고 말씀하셨습니다. 그래서 사라를 통해서 아이를 얻었는데 이 아이를 죽이면 하나님의 약속이 무너져서 안 됩니다." 이렇게 변명도 할 수있습니다. 그렇지만 그는 하나님의 말씀을 믿었습니다. 그분의 인격을 신뢰했습니다. 지금 환경으론 도무지 하나님의 인격을 신뢰할 수가 없습니다. 이런 일은 있을 수 없는 일이기 때문입니다. 그렇지만 그는 하나님을 믿었습니다. 그는 하나님의 인격을 신뢰했습니다. 그분의 인격을 신뢰한 그는 자기 아들을 데리고 모리아 산으로 나아갔습니다.

"수고하고 무거운 짐 진 자들아 다 내게로 오라 내가 너희를 쉬게 하리라"(마 11:28). 그 말씀을 듣고 주님 앞에 나아가서 "주님, 내 인생의 짐이 참으로 무겁습니다. 세상에 많은 짐 가운데서도 인생이라는 짐보다 더 무거운 짐이 없습니다. 내가 평생 동안 살면서 돈도 벌어보았고 지위도 가져보았고 인기도 얻어 보았고 출세도 하고 성공도 했습니다. 그러나 주님, 단 하루도 내 마음에 피로가 풀리는 날이 없었습니다. 인생이 이처럼 무겁습니다. 그런데 주께서 내 짐을 맡아주신다니 감사합니다"라고 고백하는 것입니다. 주님의 초청을 받고 주 앞에 나아가면 주께서 쉼을 주십니다. 이상한 능력입니다.

믿음은 주께서 말씀하실 때 순종합니다. 예수께서 나의 죄를 위하여 십자가에서 죽으신 것을 믿습니다. 믿는 사람은 지적인 동의만 하는 것이 아닙니다. 주께서 죽으신 십자가 앞에 내 생애를 던지는 것입니다. 그러므로 그의 죽으심은 곧 나의 죽음입니다. 내가 죽을 죽음을 그분께서 대신 죽어주셨습니다. 내 죄의 형벌을 우리 주님이 당하셨습니다. 그것을 신뢰하는 것입니다.

주께서 부활하신 것을 믿습니다. 나의 의를 위해서 다시 사신 것을 믿음으로 고백합니다. 그때 놀라운 일이 일어납니다. 내 모든 죄가 내 삶 속에서 완전히 씻기는 용서와 사죄의 은총을 경험하게 됩니다. 믿음은 반드시 대상을 갖습니다. 우리의 대상은 살아계신 하나님이십니다. 살아계신 하나님을 믿는다는 말은 그의 말씀을 믿는다는 말이고 그 말은 곧 말씀을 신뢰한다는 말입니다. 그래서 순종합니다.

믿음을 가진 사람은 세 가지로 귀한 축복을 붙잡고 살게 됩니다. 첫째로는 이 세상을 살아가면서 하나님께서 약속하신 것들을 확실히 누리는 삶을 삽니다. 1절에 이렇게 말했습니다.

"믿음은 바라는 것들의 실상이요 보지 못하는 것들의 증거니." 이것은 무슨 말이겠습니까? 믿음은 바라는 것들의 실제라는 말입니다. 우리가 바라는 모든 것의 실제라는 말입니다. 이 실제라는 말을 영어 성경에서는 '타이틀 디드 (Titledeed:부동산 권리증서)'라고 하였습니다. 그 말은 유가증서라는 뜻입니다.

아파트를 살 때 모델하우스를 보고 마음에 드는 집이 있으면 계약금을 치르고 증서를 받습니다. 그러나 아직 그 건물이 서지 않았습니다. 아직 평수도 결정되지 않았습니다. 그러나 그 증서를 갖고 있으면 우리는 이제 몇 달 후에 들어갈 집을 현실로 누리고 삽니다. 이와 같이 산 믿음을 가진 사람들은 하나님께서 우리 인생을 향해서 약속하신 그 약속을 실제처럼 누리고 삽니다.

하나님의 사람 아브라함은 하나님께서 자기를 위해서 마련하신 영원한 도성을 바라보았습니다. 그는 이 세상에서 땅에 발을 붙이고 살았지만 하나님의 위대하고 영광스런 약속을 따라서 천국 시민의 감격과 확신을 가지고 살았습니다. 유가증서를 가진 사람은 아직 내 땅을 못 보았지만 그 땅이 확실히 있는 것을 본 사람처럼 누리며 삽니다.

믿음은 유가증서보다 더 확실합니다. 믿음은 바라는 것의 실상이요 그리고 아직 한 번도 보지 못했지만 보지 못하는 것의 확실한 증거입니다. 산 믿음을 가진 사람은 한평생 성경의 약속을 그처럼 누리고 삽니다.

그런가 하면 두 번째로 이 확실한 믿음을 가진 사람은 하나님의 인정을 받습니다.

2절에 이렇게 말했습니다. "선진들이 이로써 증거를 얻었느니라."

이 증거를 얻었다는 말을 직역하면 선진들이 이 믿음으로써 인정을 받았다는 말입니다.

우리의 믿음의 선배들이 살아계신 하나님을 믿는 것 때문에 하나님 앞에서 인정을 받습니다. 우리 인생에 깊은 뿌리를 둔 소원이 하나 있습니다. 그것은 바로 하나님 앞에 인정받고 싶은 마음입니다.

하나님 앞에 인정받고 싶은 마음이 타락할 때 사람은 대상이 달라져 사람에게 인정받고 싶은 것입니다. 물론 사람에게 존경과 칭찬을 받는 것은 소중한 일입니다. 그렇지만 그것으로는 사람의 마음속에 깊은 만족이 없습니다. 진정으로 만족하는 사람은 하나님께서 인정하는 사람입니다.

시편 1편에 "복 있는 사람은, 의인은 여호와께서 인정하시나"라고 하였습니다. 시편 1편은 가장 큰 축복의 선언입니다. 복 있는 사람은 하나님이 인정하시는 사람입니다.

나는 인생을 살면서 내가 걷는 걸음이 옳은지 그른지 잘 모르는 채 번민하며 걷습니다. 이렇게 사는 것이 옳을까 그를까 늘 마음속에 번민이 있습니다. 하지만 하나님께서 내 삶을 인정해 주실 때 그 삶은 빛납니다. 소망이 있습니다. 확신이 넘칩니다. 하나님께서 인정하시는 그 삶은 무너질 수 없는 삶입니다.

1969년인지 70년도인지 정확하게 기억할 수는 없지만 그때 김종필 씨가 야인으로 물러났을 때입니다.

김준곤 목사님이 저에게 소정 선생님이 쓰신 시편 23편을 주시면서 그분께 전해 달라고 하셨습니다. 그러시면서 그분이 유명해지고 남들이 알아줄 때는 내가 주는 선물을 안 받겠지만 지금은 우리 주님을 알게 되는 것도 좋고 또 평소에 당신의 도움을 많이 받았는데 이럴 때 기억하는 것이 좋겠다 하셔서 제가 병풍을 싣고 집에 찾아갔습니다.

그랬더니 비서가 무척 반갑게 맞이하면서 감사해했습니다. 그러면서 하는 말이 "사람 인심이 참 무상한 것이, 작년 이때쯤이면 문전성시가 되어서 당신이 그때 왔더라면 아마 여기 못 들어 왔을 것"이라고 합니다.

당대표직을 그만두니까 사람 구경하기도 힘들다고 하였습니다. 그 일이 있은 뒤 얼마 후 5월쯤 되었을 때 C. C. C 총재인 빌브라잇이 온다고 해서 공항의 VIP실을 갔더니 당시 한국의 신문에서 봤던 얼굴들이 모두 나와 있었습니다. 총리를 비롯해서 국회의장까지 다 나와 있었습니다. 그래서 빌브라잇이 한국에서도 이렇게 유명했었나 하고 의아하게 생각했습니다. 그런데 비행기에서 김종필 씨가 내리는 것입니다. 그러자 그곳에 미리 나와 대기하던 많은 사람들이 열렬하게 환영을 했습니다. 나중에 알고 보니 그분이 다시 총재직을 맡게 되었던 것입니다. "사람 팔자 시간 문제"라는 말이 실감났습니다. 대통령 한 사람이 인정을 안 해 주면 그처럼 초라해집니다.

그런데 여러분, 만 왕의 왕이시고 만 주의 주 되시는 우리 하나님의 인정을 받으면 어떠하겠습니까? 조그만 나라의 대통령이 인정해 주어도 사람의 신분이 달라지는데 만 왕의 왕이시고 만 주의 주이신 우리 하나님이 인정하는 삶이야말로 얼마나 복된 생애이겠습니까?

하나님의 인격을 신뢰하고 그 말씀을 신뢰로써 붙잡기 때문에 세상의 오해를 받을 수 있습니다. 세상은 바보라고 멸시할 수 있습니다. 그렇지만 하나님은 인정하십니다. 하나님은 참 믿음을 가진 사람을 인정해 주십니다. 하나님께 인정받는 삶을 살게 됩니다.

그리고 마지막으로 이 세상을 살아가면서 참 믿음을 가진 사람들은 하나님의 숨결을 느끼며 삽니다. 삶의 참다운 목적을 가지고 삽니다. 사람이 자기 삶의 본질을 알고 삶의 목적을 알게 될 때가 있습니다. 그것은 언제입니까? 하나님이 창조주이심을 믿을 때입니다.

3절에 이렇게 기록되어 있습니다. "믿음으로 모든 세계가 하나님의 말씀으로 지어진 줄을 우리가 아나니 보이는 것은 나타난 것으로 말미암아 된 것이 아니니라." 하나님께서 이 세상을 창조하신 것을 믿음으로 안다고 하셨습니다. 우리는 이 사실을 믿음으로 압니다.

하나님께서 이 세상을 창조하신 줄을 알 때 나의 삶에 목적이 생깁니다. 내 삶에 진정한 가치가 있습니다. 나의 존재는 우연의 산물이 아닙니다. 나라는 존재는 이 세상에 그냥 내던져진 존재가 아니요 하나님께서 창조하신 작품입니다. 그러므로 내가 어떻게 살아야 될 것을 알게 됩니다. 하나님과의 관계가 불분명할 때는, 하나님께서 이 세상을 창조하시고 나를 지으셨다는 사실을 알기 전까지는 우리 삶에 목적이 없습니다. 바람 부는 대로 물결치는 대로 그저 사는 것이 인생이었습니다.

어느 성도는 창세기를 읽다가 깊이 감동받고 하나님께 돌아왔다고 합니다. "태초에 하나님이 천지를 창조하시니라"는 성경 말씀을 읽고 나도 하나님이 창조하셨다는 것, 내가 그냥 버려진 존재가 아니며 우연히 생겨난 존재가 아니라 하나님의 창조물이라는 것을 깨닫게 되었습니다. 하나님의 의도가 내게 있다는 것을 알게 되었습니다. 내 삶이 그저 무가치하게 지나가는 인생이 아닙니다. 하나님께서 이 세계를 창조하셨다는 확신을 가질 때 인생의 참다운 삶의 목적과 의미가 나에게 주어집니다. 내가 하나님의 창조물이요 피조물입니다.

그런가 하면 하나님의 섭리와 인도를 믿음으로 바라봅니다. 믿음이 큰 사람은 하나님의 섭리의 손길을 잘 바라볼 줄 아는 사람입니다. 똑같은 사물을 보면서도 믿음이 있는 사람과 믿음이 없는 사람은 전혀 다르게 생각합니다. 역사를 보면서도 믿음이 있는 사람이 역사를 보는 것과 믿음이 없는 사람이 보는 것이 다릅니다.

우리 예수님은 들에 핀 백합화와 들에 핀 꽃 한 송이를 보셨습니다. 초라하게 피었지만 눈송이와 같이 하얀 꽃잎을 보셨습니다. 백합화의 아름다운 향기가 몹시 좋았습니다. 우리는 지나가면서 '백합화 향기가 좋구나, 꽃이 예쁘구나.' 하는 것으로 끝입니다. 그러나 예수님은 이렇게 말씀하셨습니다. "우리 하나님께서 이 들풀을 입히신다." 우리 주님은 들풀을 입히시는 하나님의 섬세한 손길을 발견합니다. 우리들은 종달새의 지저귀는 소리를 들을 때 그 새소리의 아름다움을 생각합니다. 종달새가 우는 것을 듣고 '내 고향 밭이랑에도 아지랑이가 피겠구나' 하고 고향산천을 그리워하는 사람도 있을 수 있습니다. 그리고 그것으로 그만입니다. 그러나 우리 예수님은 새를 먹이시는 하나님의 솜씨를 바라보았습니다.

믿음의 사람들은 새로운 눈으로 사물들을 봅니다. 보이지 않는 것을 봅니다. 이 천지가 우리 눈에 보이지 않는 하나님의 말씀으로 이루어졌습니다. 그것만이 아니라 지금도 보이지 않는 하나님의 손길이 이 세상을 지배하고 있습니다. 이 세상을 다스립니다.

그 하나님의 섭리의 손길 안에 내가 있는 것을 발견합니다. 그때 나는 외롭지 않습니다. 그저 버려진 존재가 아닙니다. 그저 흘러가는 존재가 아닙니다. 하나님의 사랑의 숨결이 내 주변에서 숨 쉬고 있음을 느낄 수 있습니다. 내가 높은 곳을 향해 갈지라도 거기에 하나님이 계시고 저 낮은 음부에 자리를 펼지라도 우리 하나님의 손길이 거기에도 계십니다. 이런 하나님의 깊은 사랑의 손길을 발견하고 삽니다. 그래서 다윗은 "여호와는 나의 목자시니 내가 부족함이 없으리로다"라고 노래했습니다.

기독교인을 가리켜 신자라고 말합니다. 믿음의 사람들이라고 말합니다. 믿음은 무엇입니까? 어떤 한 대상을 믿는 것입니다. 세상 사람들도 모두 믿음을 갖고 살지만 특별히 우리들을 구분해서 신자라고 하는 이유는 우리의 믿음의 대상이 하나님이기 때문입니다.

그분을 믿는다는 말은 그분의 인격을 믿고 그분의 인격이 표현된 말씀을 믿는다는 말이고 그리고 그분의 말씀을 신뢰해서 순종한다는 말입니다. 이렇게 믿음으로 사는 사람들은 마치 유가증서를 가진 사람이 그 증서인 종이를 신뢰하는 것보다 더 큰 확신으로 하나님의 말씀을 붙잡고 삽니다.

믿음이 있는 삶은 세상이 무슨 말을 하든지 하나님의 인정을 받습니다. 그리고 믿음으로 사는 사람은 이 세상을 살면서 하나님의 섭리의 손길과 하나님의 숨결을 삶 가운데 느끼고 누리면서 그분과 함께 삽니다.

"믿음은 바라는 것들의 실상이요 보지 못하는 것들의 증거"입니다. 선진들이 이로써 증거를 얻었습니다. 인정을 받았습니다. 믿음으로 이 세계가 하나님의 말씀으로 지어진 줄을 압니다. 믿음은 이 세상의 모든 보이는 것들이 보이지 않는 것으로 말미암았다는 확실한 증거입니다. 믿음은 우리 살아계신 하나님을 신뢰합니다.

믿음의 사람들

제**2**강

참된 제사

> 믿음으로 아벨은 가인보다 더 나은 제사를 하나님께 드림으로
> 의로운 자라 하시는 증거를 얻었으니 하나님이 그 예물에 대하여
> 증거하심이라 저가 죽었으나 그 믿음으로써 오히려 말하느니라
> 믿음으로 에녹은 죽음을 보지 않고 옮기었으니
> 하나님이 저를 옮기심으로 다시 보이지 아니하니라
> 저는 옮기우기 전에
> 하나님을 기쁘시게 하는 자라 하는 증거를 받았느니라
> 믿음이 없이는 하나님을 기쁘시게 못하나니
> 하나님께 나아가는 자는 반드시 그가 계신 것과
> 또한 그가 자기를 찾는 자들에게 상 주시는 이심을 믿어야 할지니라
> (히 11:4-6)

우리는 매스컴을 통해 가슴 아픈 사건들을 많이 접합니다. 어린아이를 유괴한 후 죽여 암매장을 해 놓고 부모를 협박했던 사건을 기억합니다.

TV에 나오는 범인의 얼굴을 보니까 우리 주변 어디에서나 볼 수 있는 선량한 얼굴이었습니다. 그런데도 그가 어떻게 그런 악한 일을 행할 수 있었을까 하는 생각이 듭니다.

어떤 사람은 그것은 유전 문제라고 생각할 수도 있을 것입니다. 그래서 그런 나쁜 종류의 사람은 세상에 활개를 치고 다니지 못하도록 격리시켜야 되고 사형을 시켜야 된다고 주장하는 분들이 있습니다. 또 어떤 사람은 그런 잔인한 죄를 짓는 것은 나쁜 환경 때문이라고 말합니다. 그가 좋은 환경에서 태어났다면 그런 끔찍한 일을 저지르지는 않았을 것이라고 합니다. 또 어떤 분은 그가 직업이 없어서 범행을 한 것이라고 주장합니다. 얼마 전에 직장을 뺏겨서 할 일은 없고 결혼 날짜는 다가오고 돈이 필요하니까 범죄를 저지를 수밖에 없었을 거라고도 합니다. 어떤 사람은 그에게 종교적인 깊은 감화가 있었더라면 악한 일을 할 수 없었을 것이라고 합니다.

그러나 이 모든 주장이 다 옳지 않습니다. 왜냐하면 인류의 최초 살인사건은 유전 문제가 아니었습니다. 똑같은 아담과 하와인 아버지 어머니를 모신 형제 사이에서 일어난 악이었습니다. 환경문제가 아니었습니다. 두 사람은 좋은 가정환경에서 자랐습니다. 직업 문제도 아니었습니다. 한 사람은 목장주였고, 한 사람은 농장주였습니다. 그들에게는 할 일이 있었습니다. 더욱이 종교적인 문제는 아니었습니다.

성경을 보니까 아벨도 제사를 드렸고 가인도 제사를 드렸다고 합니다. 오늘 저는 이 무서운 인류의 죄를 생각하면서 우리 속에 있는 죄성에 대해 전율하게 됩니다.

믿음을 가진 사람은 이 죄 많은 세상에서도 승리의 삶을 삽니다. 어떻게 하면 그것이 가능하겠습니까?

히브리서 11장 1절을 보니 "믿음은 바라는 것들의 실상이요 보지 못하는 것들의 증거니 선진들이 이로써 증거를 얻었느니라"고 했습니다.

예수 믿는 사람과 믿지 않는 사람의 차이는 믿고 안 믿는 차이가 아닙니다. 아니, 이 세상 사람은 누구든지 믿음을 가지고 삽니다. 자기를 믿든지, 신을 믿든지 기타 등등 경험을 믿든지, 소유한 돈을 믿든지, 권력을 믿든지, 누구든지 믿음을 갖고 삽니다. 단지 믿음의 대상이 무엇인가가 중요한 문제입니다.

우리는 하나님을 믿습니다. 그러면 믿는다는 말이 도대체 무슨 말입니까? 믿는다는 말은 그분의 인격을 신뢰한다는 말입니다. 그분의 인격을 신뢰한다는 구체적인 표현은 무엇입니까? 그것은 그분의 말씀을 믿는 것입니다.

성경은 믿음은 말씀으로 말미암는다고 하는데 이 말에는 깊은 의미가 있습니다. 믿음은 그리스도의 말씀을 의지할 때 생깁니다.

믿음 자체가 힘이 있는 것이 아니라 우리의 믿음의 대상이 되시는 하나님이 곧 능력이고 그 말씀이 능력입니다. 그리고 하나님의 말씀을 믿는다는 또 다른 구체적인 표현이 있습니다. 그것은 순종입니다. 단지 지적으로 동의하는 것이 믿음이 아닙니다. 이성으로 동의하는 것이 믿음이 아닙니다. 감정적으로 하나님을 사랑한다고 느끼는 것이 믿음이 아닙니다. 그의 말씀에 순종하는 것이 믿음입니다. 그래서 히브리서 11장에 보면 믿음의 영웅들이 나오는데 그들은 순종하는 삶을 구체적으로 산 사람들이었습니다. 이렇게 참된 믿음을 가진 사람들은 확실한 유가증권을 가진 것처럼 분명하고 확신 있는 태도를 갖고 인생을 삽니다.

"믿음은 바라는 것들의 실상이요"라고 할 때 이 실상이라는 말은 유가증서라고 번역해도 됩니다. 또 "선진들이 이로써 증거를 얻었느니라"에서 증거를 얻었다는 말은 인정을 받았다는 말이기도 합니다. 믿음의 삶은 하나님께 인정받는 삶입니다. 그런가 하면 이 세상을 하나님이 창조하신 것을 알고 하나님의 창조의 목적을 따라 삶의 진정한 목적과 의미를 갖고 사는 삶입니다. 그저 물결치는 대로 바람 부는 대로 사는 삶이 아닙니다. 죽지 못해서 할 수 없이 사는 인생이 아닙니다. 나를 창조하신 하나님 앞에서 그의 거룩한 목적과 뜻을 따라서 그의 인생을 사는 삶입니다.

그러면 어떻게 이 아벨은 참된 믿음을 가지고 그 시대를 이기고 살았는지 생각해 보겠습니다. 똑같이 아담의 죄성을 유전으로 이어받은 아벨이 어떻게 죄를 승리하고 살 수 있었을까요? 그것은 그에게 참된 제사가 있었기 때문입니다. 참된 제사를 통해서 입증된 믿음을 그는 가졌습니다. 성경에 이렇게 말합니다. "믿음으로 아벨은 가인보다 더 나은 제사를 하나님께 드림으로 의로운 자라 하시는 증거를 얻었으니"(4절). 그는 바른 제사를 하나님께 드릴 줄 알았습니다.

죄 많은 인생이 하나님 앞에 드릴 수 있는 제사는 하나님께서 요구하시는 제사여야 합니다. 사람은 철학으로, 윤리로, 도덕으로, 여러 가지 노력으로 하나님 앞에 나아가려고 애를 씁니다. 그러나 그것을 통해서는 하나님을 만날 수 없습니다. 하나님께서는 이런 딱한 인생들을 향해서 딱 한 가지 방법을 제시하셨습니다. 하나님께 나아올 수 있는 방법을 가르쳐 주셨습니다. 그것은 갈보리의 십자가입니다. 그러나 갈보리의 십자가가 있기 이전에는 제사라는 방법을 통해서 하나님 앞에 나아갈 수 있었고 그 구약의 제사를 통해서 갈보리의 예수 그리스도의 십자가를 바라보게 하셨습니다.

창세기 4장에는 아벨의 기록이 나와 있습니다. 4장 1절에 이렇게 말합니다.

"아담이 그 아내 하와와 동침하매 하와가 잉태하여 가인을 낳고 이르되 내가 여호와로 말미암아 득남하였다 하니라." 그래서 '얻었다'는 뜻을 가진 가인이라는 이름을 붙입니다.

2절부터 5절에는 "그가 또 가인의 아우 아벨을 낳았는데 아벨은 양 치는 자이었고 가인은 농사하는 자이었더라. 세월이 지난 후에 가인은 땅의 소산으로 제물을 삼아 여호와께 드렸고 아벨은 자기도 양의 첫 새끼와 그 기름으로 드렸더니 여호와께서 아벨과 그 제물은 열납하셨으나 가인과 그 제물은 열납하지 아니하신지라." 가인의 제물은 외면하셨다고 말합니다. 어찌해서 한 예물은 받으시고 한 예물은 거절하셨을까요?

그것은 아벨이 예수 그리스도께서 우리 죄를 위해서 죽으신 갈보리 십자가를 믿음으로 바라보고 제사를 드렸기 때문입니다. 아벨은 양의 희생의 제사를 드렸습니다.

어느 분은 믿음으로 제사를 드렸다는 것이 강조되어야지 속죄의 제사를 드렸다는 것이 강조되어서는 안 된다고 말씀하시는 분들도 계십니다. 그러면서 속죄의 제사는 모세 때에 하나님께서 가르쳐 주셨으며 그 이전에는 사람들이 몰랐다고 말씀하십니다. 그러나 꼭 그런 것 같지는 않습니다. 창세기 3장을 보면 범죄한 아담과 하와에게 하나님께서 양을 잡아 가죽옷을 만들어 그들이 부끄러워하는 부분을 가려

주셨습니다.

처음으로 인간이 희생제물로 말미암아 떳떳한 인생이 된 것을 봅니다. 그런가 하면 창세기 8장에 노아가, 홍수가 끝난 다음에 하나님 앞에 짐승과 새를 잡아서 희생제물을 드린 것을 봅니다. 창세기 15장에 아브라함이 하나님 앞에 희생제물을 드린 것을 봅니다.

이 희생제사는 모세 때에 더욱 확증된 것이며, 그 이전에도 있었던 증거는 성경에 많이 나타나 있습니다. 이 아벨은 가인과 똑같이 하나님 앞에 예물을 가지고 나아가면서 우리 주님께서 요구하시는 제물을 드렸습니다.

저가 첫 양 새끼를 드렸다고 말합니다. 첫 양 새끼를 드렸다는 말은 중요한 의미가 있습니다. 하나님께서 "첫 아들은 내 아들이라"고 말씀하십니다. "내 것이다"라고 하나님께서 선언하셨습니다. "네 곡식의 처음 익은 열매는 다 내 것이다. 네 과실의 처음 익은 열매는 다 내 것이라"고 말씀하셨습니다.

제가 신앙생활한 지 얼마 되지 않았을 때는 그것을 오해하였습니다. 농사꾼들이 처음으로 추수하여 곡식을 갖는 것이 얼마나 소중한 것인데 그것을 달라고 하시는 것을 보니 하나님은 가난하신 분인가 보다 하고 생각한 때가 있었습니다. 그러다가 그것은 이스라엘 민족을 향한 하나님의 놀라운 훈련이라는 사실을 깨달았습니다.

무슨 뜻인가 하면 누구에게나 처음 것은 다 소중합니다. 첫 아이가 태어났을 때는 감기가 조금 걸려도 열이 조금만 올라도 밤에 아이들이 몸을 뒤척이기만 해도 자다가도 일어나서 돌보는 것이 부모의 마음입니다. 그런데 둘째, 셋째가 태어나면서부터는 첫째에게 기울인 만큼 정성이 안 갑니다.

물론 덜 소중하게 여기는 것은 아닌데도 처음 아이보다 정성이 덜 가는 것은 어쩔 수 없습니다. 꽃도 처음 꽃망울이 터졌을 때 얼마나 예쁩니까? 두 번째 세 번째가, 더 소담스럽게 피어도 그 느낌에 있어 처음 것이 더 깊은 감동을 줍니다.

포도나무를 심어서 처음 열매를 수확했을 때 그 포도 알맹이가 신기하게 보입니다. 그러다가 두 번째, 세 번째 더 많아지면 소중했던 마음도 시들해집니다. 소중한 애정이 깃든 처음 열매는 하나님이 내 것이라고 말씀하셨습니다. 내게 바치라고 말씀했습니다. 아벨도 첫 새끼를 바쳤습니다. 하나님께서 처음 것을 내게 바치라고 하셨던 것은 우리에게 중요한 원리를 가르치시기 위함이었습니다. 우리가 소중한 것을 바치면 하나님께서 그 다음에 우리를 위해서 더욱 소중한 것을 주신다는 것을 가르치기 위한 훈련입니다.

하나님의 참으로 소중한 외아들 예수 그리스도를 십자가에 못 박히게 하셔서 우리를 위해서 희생제물 되게 하실 것을 믿음으로 바라보면서 우리에게 처음 것을 바치라고 말씀하셨습니다.

소중한 것을 하나님께 드려본 자만이 하나님께서 내게 소중한 것을 주신 이 축복을 나의 것으로 소유할 수 있습니다. 우리들은 흔히 부모의 사랑을 잘 깨닫지 못한 채 살아갑니다. 그러다가 성인이 되어 자식을 낳아서 키워보고 자녀를 사랑하면서 그때서야 부모가 나를 얼마나 사랑했는지를 깨닫게 됩니다. 그와 마찬가지로 우리도 하나님 앞에 소중한 것을 드리면서, 이스라엘 백성이 귀중한 것을 하나님 앞에 바치면서, 하나님의 소중한 그의 외아들 예수 그리스도를 받을 준비를 하게 하셨습니다.

예수 그리스도의 속죄의 제사를 바라보면서 이 하나님의 사람 아벨은 하나님 앞에 제사를 드렸습니다. 우리에게는 완전한 제사가 그리스도로 말미암아 드려졌습니다. 그런고로 더 이상 다른 제사, 우리가 드려야 할 제사가 없습니다. 그런데 이 제사에 가장 가까운 유형이 있다면 그것은 예배입니다.

이 예배 시간에 나의 소중한 것이 드려지고 있습니까? 헌금할 때 만 원짜리가 손에 잡히면 아까워서 천 원짜리를 열심히 찾게 되지 않습니까? 왜 하나님 앞에 드리는 이 헌금을 정성스럽게 미리 준비하시지 않습니까? 제가 어렸을 때 저희 부모님들이 헌금을 하던 모습이 지금도 기억이 납니다. 헌금을 미리 새 돈으로 준비하시고 새 것이 없으면 구겨진 돈을 전부 다리미로 다리셨습니다. 물론 그것이 율법적이라고 하면 율법적일 수도 있습니다. 그러나 우리가 하나님 앞에 정성으로 드려야 합니다. 우리의 헌금도 찬양도 하나님께 정성으로 드려져야 합니다.

예배는 나 자신을 하나님께 드리는 것입니다. 설교가 아닙니다. 예배는 하나님께 드리는 것이고 바치는 것입니다. 요즘 진정한 예배가 점점 사라지는 것이 이 시대의 특징입니다. 연설하는 사람과 관람객들밖에 없습니다.

찬송을 하나님 앞에 드릴 때 내 마음 중심의 고백으로 소중하게 바쳐야 합니다. 오늘 예배 시간에 무슨 찬송을 불렀는지 기억하십니까? 그저 생각 없이 입만 움직여서 찬송가를 부르신 것은 아닙니까?

오늘 성가대가 부른 찬송의 가사에는 무슨 의미가 담겨져 있었습니까? 그냥 순서 따라 아무 생각 없이 지나치셨습니까? 찬양이 살아 있지 않음을 봅니다. 마음의 소중함과 진실함으로 하나님께 드리지 않습니다. 그런가 하면 기도 시간이 의미가 없어집니다. 그저 장로님이 앞에 나오셔서 기도하니까 기도를 해치워버립니다. 하나의 의식으로 때워버립니다. 하나님 앞에 드리는 것들을 소중하게 드리고 있습니까?

그 제물이 하나님께 열납되는 감격을 이 아벨은 가졌습니다.

우리는 일주일 동안 피곤함 가운데 지냅니다. 그러나 그 피곤함 속에서도 주일에 교회에 나와서 임재하시는 영광의 주님께서 찬양을 받으시고 나의 기도를 받으시고 나의 정성을 받으셨다는 확신을 갖고 이 성전을 나갈 때 일주일의 모든 피로는 봄눈 사라지듯 사라질 것입니다.

문제는 나의 예배가 하나님께 드려진다는 감동이 나에게 없다는 것입니다. 하나님께서 나의 예배를 받으셨다는 기쁨이 내게 없습니다. 감사가 없습니다. 그냥 순서로만 지나갑니다. 그러나 아벨은 바른 제사로 그의 믿음이 확증되었습니다. 확증된 믿음을 가졌습니다.

똑같이 가인과 아벨이 예배했지만 가인의 제사는 거절하셨고 아벨의 제사는 받으셨습니다. 나의 믿음이 예배를 통해서 확증되었습니까? 아벨의 믿음은 그의 예배를 통해서 확증된 믿음이었습니다. 예배는 우리 신앙 행위의 절정입니다. 성경공부도 소중합니다. 그것이 귀한 것임을 잘 압니다. 그리고 경건의 시간을 갖는 것도 중요합니다. 사회 봉사도 귀중합니다. 그러나 그것이 예배를 대신할 수는 없습니다. 그것들이 예배는 아닙니다. 예배는 이 모든 행위들의 전부입니다. 주일마다 살아계신 우리 하나님 앞에 예배를 드릴 때, 우리 하나님께서 나의 마음을 받아주십니까? 이 기쁨과 이 영광을 우리 것으로 가지는 한, 우리는 승리하는 삶을 살 수 있습니다. 아니 사실은 축도 한 가지라도 올바로 받고 나아간다면 승리의 삶을 일주일 동안 살 수 있습니다. '예수 그리스도의 은혜와 하나님 아버지의 사랑과 성령님의 교통하심'을 나의 마음속에 담아 가지고 예배당을 나갈 때 온 세상의 마귀가 몰려든다 할지라도 삼위일체 하나님께서 내게 주신 축복과 은혜와 사랑과 그분과의 교제를 앗아갈 수 없습니다.

아벨의 믿음은 고난을 통해서 확증된 믿음입니다. 그는 믿음으로 하나님 앞에 바른 제사를 드렸습니다. 그러나 그 대가로 그의 삶이 형통해진 것이 아니라 오히려 형에게 미움과 핍박을 받았습니다. 성경은 말씀하십니다. "무릇 그리스도 안에서 경건하게 살고자 하는 자는 핍박을 받으리라"(딤후 3:12). 예수를 믿으면 만사가 형통해지고 무엇이든지 어려움이 없는 무풍지대로 들어가는 것으로 아는 분들이 있는데 그렇지 않습니다. 물론 그렇게 살 수도 있습니다. 예수님을 믿기 때문에 똑같이 감옥에 갇혔으나 베드로는 하나님께서 풀어주셨고, 며칠 전에 붙잡힌 야고보는 목 베임을 당했습니다.

문제는 하나님께서 어떻게 역사하실지 모른다는 것입니다. 그렇지만 한 가지, 하나님께서 내게 형통의 때를 주셔도 신뢰해야 할 분은 하나님이고 하나님께서 고통을 주셔도 그 고통 중에 신뢰해야 할 분도 하나님이라는 것을 기억해야 합니다. 하나님께서 어떤 사람에게는 형통으로 인도하실 수도 있습니다. 축복으로 인도하실 수도 있습니다. 그렇지만 또 어떤 사람에게는 고난 속에서 하나님을 더욱 깊이 신뢰하는 믿음을 주십니다. 이 아벨은 고난 속에서 확증된 산 믿음을 가졌습니다. 산 믿음만이 고난을 거스르고 올라갑니다.

살아 있는 물고기가 나이아가라 폭포를 거슬러 올라가는 것처럼, 산 심령은 내가 당하는 어떠한 고난도 뚫고 전진하고 전진해서 하나님께서 원하시는 그 놀라운 축복을 향해서 올라갑니다. 그러나 나무

토막은 물결 따라 바람 따라 흘러가다가 결국 산산조각이 납니다.

아벨은 형에게 아마 무수한 핍박과 고난을 받았을 것입니다. 결국 그는 경건한 죄로, 하나님 앞에 의롭다고 인정받은 그 죄로, 하나님께서 그를 기뻐하신다는 그 죄 때문에 죽었습니다. 그는 고통을 당했습니다. 그리고 마지막에 순교까지 했습니다.

저는 하나님께서 히브리서 11장에 영웅들의 전기를 쓰시면서 왜 여기 서두에 위대한 다윗 왕을 쓰지 않고 왜 여기에 솔로몬의 영화를 쓰지 않고 순교자를 썼을까를 생각했습니다. 여기에는 깊은 의미가 있다고 생각합니다. 고난을 통해서, 순교를 통해서 확증되는 믿음을 아벨은 소유했습니다. 우리는 형통할 때는 하나님을 기뻐하고 찬송하다가 조금만 어려움을 당하면 하나님을 원망합니다. 조금만 고통스러운 일을 당하면 하나님으로부터 돌아섭니다. 그러나 산 믿음은 그렇지 않습니다. 산 믿음은 고통을 통해서 그 믿음이 더욱 빛나고 믿음으로 확증됩니다. 마지막으로 그의 믿음은 증거하는 믿음이었습니다. 죽어서도 말하는 믿음이었습니다. 4절에 이렇게 말합니다. "믿음으로 아벨은 가인보다 더 나은 제사를 드림으로 의로운 자라 하시는 증거를 얻었으니 하나님이 그 예물에 대하여 증거하심이라 저가 죽었으나 그 믿음으로써 오히려 말하느니라." 그의 믿음이 말합니다. 그의 죽음이 말한다고 합니다.

성경 창세기 4장을 읽어보면 아벨이 무슨 말을 했다는 기록이 전혀 없습니다. 오히려 그의 형 가인은 하나님과 대화한 기록이 있지만 아벨은 누구와도 대화한 기록이 전혀 나타나 있지 않습니다. 그는 묵묵히 양을 쳤고 아무 말 없이 하나님 앞에 바른 제사를 드렸고 그리고 형이 자기를 죽일 때도 묵묵히 죽임을 당했습니다. 아무 말도 하지 않았습니다. 그는 말이 없었습니다. 그런데 하나님께서는 저가 크게 말을 한다고 합니다.

그래서 생각해 봤습니다. 여러분이 저를 평가할 때 '홍 목사의 말을 듣고 또 홍 목사의 가르침을 듣고 홍 목사가 참 믿음이 있는 사람이다' 하고 여기실지 모르겠습니다. 물론 그렇게 생각 안 할 수도 있습니다.

그러나 제 말을 완전히 빼놓은 다음에 제 삶만을 보고 과연 홍 목사가 믿음이 있는 사람인가 묻는다면 과연 내가 어떤 평가를 받을까? 이 입술은 믿음이 있지만 내 삶만을 가지고 말한다면 나는 어떠한 모습으로 비쳐질까 생각했습니다. 마치 유리관 저편에서 말소리가 차단된 채 내가 사는 삶, 내가 행하는 모든 행동을 필름으로 찍어서 무성영화를 보듯이 지켜본다면 나의 삶은 무슨 말을 하겠는가? 여러분 어떠십니까? 여기 아벨의 생애는 죽음마저도 말하는 삶이었습니다. 죽음마저도 메시지였습니다.

그러므로 그리스도 안에서 당하는 고통은 진정 의미가 있습니다. 순교는 절대로 개죽음이 아닙니다. 20세기에 선교의 장을 찬란히 열었던 사람은 짐 엘리옷이라는 사람이었습니다. 그는 휘튼대학을 다닌 뒤 대학교수직도 뿌리치고 에콰도르의 아쿠아 인디언 족들을 찾아 떠나갔습니다. 그가 썼던 일기에는 이런 구절이 있습니다. "영원히 붙잡지 못할 것을 붙잡는 것보다 빼앗기지 않는 것을 붙잡는 것이 더 위대하다."

우리들은 빼앗기는 것들을 열심히 붙잡습니다. 어떤 것들이 있습니까? 돈입니다. 죽을 때 나와 전혀 상관이 없게 됩니다. 권세입니다. 한번 정권이 바뀌면 그 형제들도 고통을 받고 온 집안이 고통 받는 것을 봅니다. 젊음입니다. 쉽게 지나갑니다. 주름 펴는 약이 아무리 나오고 머리털 나는 약이 아무리 개발되어도 늙는 것은 못 막습니다. 우리들은 영원히 잡을 수 없는 그림자들을 잡으려 하면서 그것들에 연연해 합니다. 가인도 바로 그런 사람이었습니다. 눈에 보이는 것을 위해서 살았습니다. 영원을 생각지 않았습니다.

그래서 가인은 얼마 있다가 하나님을 떠나서 큰 도성을 지었다고 말합니다. 그런데 아벨은 죽음으로 영원한 하나님의 도성을 찾아갔습니다. 두 형제의 걸음이 다릅니다. 아벨은 극히 짧은 생애를 살았습니다. 꽃망울을 펴보지도 못한 삶이었습니다. 그러나 아벨은 죽음으로 그의 삶을 말하는 인생이었습니다.

그러나 믿음의 사람들 열전에 제1번으로 그 이름이 기록되었습니다. 그러면서 오늘 우리에게 그 생애는 말합니다. 인생은 오래 살았다고 위대한 것도 아니고 짧게 살았다고 허무한 것도 아니라고 말입니다. 인생이란 인간들이 보기에 크고 대단하다고 해서 멋진 인생이 아니고 초라하다고 해서 볼품이 없는 인생이 아니라고 말합니다. 하나님께서 인정하시고 하나님께서 받아주시는 그 생애가 가장 복된 생애라고 아벨은 오늘 우리에게 말하고 있습니다.

복 있는 자는 여호와께서 인정하신다고 성경은 말합니다. 우리는 이 악한 세상을 살아가면서, 악의 파도가 소용돌이치는 이 세상을 살아가면서 어떻게 살아야 합니까? 우리 주님을 의지하고 고통 중에도 흔들리지 않는 믿음을 아벨처럼 가져야 합니다. 그리고 우리의 생애가 주님 앞에 인정받고 옳다고 증거되며 메시지가 살아 있는 삶이 되어야 할 것입니다.

이러한 삶이 축복의 삶이요 영광의 삶이라고 주께서 말씀하십니다.

이러한 삶이 우리 성도들의 생애 속에서 이루어지기를 진심으로 바랍니다.

믿음의 사람들
제3강

에녹

> 믿음으로 에녹은 죽음을 보지 않고 옮기었으니
> 하나님이 저를 옮기심으로 다시 보이지 아니하니라
> 저는 옮기우기 전에 하나님을 기쁘시게 하는 자라 하는
> 증거를 받았느니라
> 믿음이 없이는 기쁘시게 못하나니
> 하나님께 나아가는 자는 반드시 그가 계신 것과
> 또한 그가 자기를 찾는 자들에게
> 상 주시는 이심을 믿어야 할지니라
> (히 11:5-6)

『플루타르크 영웅전』에서 현자 소론이 행복에 대해서 한 말은 지금까지 여러 사람들이 행복에 대하여 말한 것 중 가장 지혜로운 말이라고 생각합니다. 마게도냐 대왕이 자신의 높은 지위와 넓은 영토와 많은 재물들을 자랑하고 부유함을 과시하면서 현자 소론에게 행복에 대해 물었습니다. 그때 소론이 대답하기를 "왕이시여, 누구든지 그 눈 위에 흙이 덮이기 전까지는 행복하다고 해서는 안 됩니다"라고 충고했고 그것 때문에 소론은 왕 앞에서 쫓겨나게 되었습니다.

결국 마게도냐 대왕은 전쟁에서 패함으로 참혹하게 그 인생을 마치게 되었습니다.

이 이야기는 역사적인 귀한 교훈으로 우리에게 전해지고 있습니다. 특별히 요즘처럼 과거의 영광이 현재의 치욕으로 바뀌는 것이 일순간이 되는 그런 시대에 우리가 살고 있을 때는 더욱 실감나는 교훈입니다.

요즘 우리는 자랑이 수치로 변하는 것을 보고 있습니다. 시대를 살면서 과연 어떤 인생을 살아야 될 것인가 우리가 말씀의 지혜 앞에 서 봐야 될 것입니다. 세상은 진정 행복한 사람은 없다고 말할지 모르지만 예수 그리스도 안에서 우리는 행복한 사람들을 많이 발견하게 됩니다. 그 중 대표적인 사람이 바로 이 에녹입니다.

에녹은 그 당시 사람들이 누렸던 세상 여정 가운데 짧은 세월을 살았던 사람 중의 하나입니다. 창세기 5장부터 12장까지 계속 살펴보면 그때 당시의 사람들은 600년이나 또는 969년 동안의 긴 세월을 산 것을 봅니다. 여기에 비해서 에녹은 무척 짧은 인생을 살았습니다. 또 성경의 인물 가운데 유명하고 특출난 사람들이 참 많습니다만 하나님의 사람 에녹은 성경에 딱 세 번 나오는데 그 기록이 몹시 적고 초라합니다.

창세기 5장 21절부터 24절까지 4절에 걸쳐 기록되어 있고 우리가 읽은 히브리서 11장 5, 6절에 기록되어 있고 또 유다서 14절, 15절에 그 이름이 기록되어 있습니다. 그는 짧은 삶을 살았고 또 그에 대한 기록도 짧습니다. 그런데도 그의 인생은 행복한 인생이라고 말할 수 있습니다. 왜 그렇습니까? 그의 생애에는 계속 넘치는 평화가 있었고 하나님을 의지하는 요동치 않는 삶의 모습이 있었습니다.

신앙생활을 하는 많은 사람들에게 이런 유혹이 있습니다. '왜 나에게는 다른 사람들처럼 뜨거운 감정이 없는가? 왜 기묘한 체험과 사건들이 내게 없는가?' 그렇게 생각하는 사람들이 많습니다. 실제로 이야기거리가 많다는 것은 그만큼 문제가 많다는 것이고 그에게 신앙의 굴곡이 많다는 것은 고생이 많았다는 사실밖에 안 됩니다.

춘향전을 이야기해 봅시다. 남원에 내려간 신임 이 사또의 아들 몽룡이가 성춘향을 만나서 둘이 사랑을 하고 잘 살다가 죽었다 하면 이야기는 끝입니다. 그런데 이야기가 재미있게 되기 위해서는 갑작스럽게 둘이 헤어져야 됩니다. 또 둘 사이에 방해꾼으로 변 사또가 나타납니다. 그래서 이런 저런 우여곡절 끝에 암행어사 출두까지 나와야 춘향전은 흥미진진한 이야기가 되는 것입니다. 그러나 생각해 봅시다. 우리가 읽어서 즐거운 이야기인 춘향의 처지에 여러분이 처하게 된다면 과연 즐겁겠습니까? 남의 이야기는 아름답습니다마는 사실, 그 이야기의 주인공은 고통스러운 법입니다. 여러분, 간증 좋아하지 마십시오. 오히려 에녹의 생애에는 특별한 간증이 없었습니다. 별로 감동스러운 이야기가 없었습니다. 그렇지만 한평생 주님을 향해서 온전하고 순수하게 드려진 영광스러운 모습이었습니다.

　에녹의 생애는 복된 삶이었습니다. 짧은 기록이지만 아름다운 말로 가득 찬 기록입니다. 그러나 짧다고 다 좋은 것은 아닙니다. 어떤 사람이 자기의 인생을 요약해 보니까 세 마디로 단축이 되더랍니다. '태어나서 잘 먹다가 잘 죽었다.' 그렇게밖에 인생을 달리 기록할 수 없는 사람이 많이 있습니다. 사람들이 매일 생각하는 것이 기껏해야 무엇을 먹을까, 무엇을 입을까입니다. 그러니까 그 요구에 열심히 맞추어 살면 나중에 그 인생은 잘살다가 잘 죽은 것이 전부인 인생이 되는 것입니다.

　여기 에녹의 삶 가운데 우리에게 감동을 주는 삶의 원천이 있습니다. 그것은 다른 것이 아니라 그의 삶이 죽음을 승리한 삶이었다는 것입니다.

　5절에 이렇게 기록되어 있습니다. "믿음으로 에녹은 죽음을 보지 않고 옮기었으니 하나님이 저를 옮기심으로 다시 보이지 아니하니라." 죽음의 문제가 해결된 삶이었습니다. 죽음을 보지 않고 옮기었다고 말합니다. 죽음의 문제가 해결되기 전까지는 어느 누구도 행복한 인생이 아닙니다. 이 에녹은 죽음을 승리하고 죽음을 넘어서서 하나님의 품속으로 바로 갔습니다. 에녹과 엘리야, 두 사람이 죽음을 승리한 삶을 산 기록을 남겼습니다.

　특별히 이 기록이 우리 마음속에 그처럼 감격스럽게 보이는 것은 무덤의 장인 창세기 5장에 나타난 사건이기 때문입니다. 계속 죽었다는 말만 나옵니다. 아담도 죽었고, 아벨도 죽었고, 가인도 죽었고, 셋도 죽었고, 계속 죽었다는 말이 되풀이됩니다. 5백 년을 산 사람도 죽었고, 7백 년을 산 사람도 죽었습니다. 모든 사람이 죽었다는 이야기로 가득 차 버린 이 장에서 죽음을 보지 않고 옮기운 한 사람의 삶이 있습니다.

사람은 사실 죽기 위해서 태어난 존재가 아닙니다. 사람이 하나님 앞에 범죄함으로 죽음의 형벌이 왔습니다만, 사람이 죽는 것도 사실은 정상이 아니었습니다. 죽음이 전부가 아니라는 것을 가르쳐 준 에녹의 삶은 초자연적인 기적이었습니다. 신비한 하나님의 능력으로 죽음을 보지 않고 옮기운 사람의 삶이 기록되어 있습니다.

사실 이 에녹의 축복도 우리 모두가 예수 그리스도 안에서 이미 얻은 축복입니다. 골로새서 1장 13절에 "그가 우리를 흑암의 권세에서 건져 내사 그의 사랑의 아들의 나라로 옮기셨으니" 하였습니다. 옮겼다는 말은 죽음을 보지 않고 옮겼다는 단어와 똑같습니다.

또 우리 주님께서는 이렇게 말씀했습니다. "내 말을 듣고 또 나 보내신 이를 믿는 자는 영생을 얻었고 심판에 이르지 아니하나니 사망에서 생명으로 옮겼느니라"(요 5:24). 여기에서도 옮겼다고 말합니다. 우리는 예수 그리스도 안에서 죽음을 승리한 영원한 생명으로 옮겨졌습니다. 앞으로 옮겨질 것이 아닙니다. 구약에서 에녹은 희귀하게 옮겨졌고 상징적으로 죽었습니다마는 예수 그리스도의 구속 안에서 우리들은 이처럼 사망에서 생명으로 옮겨진 놀라운 삶을 이미 경험했습니다. 이것은 죽음을 보지 않고 옮겨졌던 에녹보다 더 큰 기적입니다.

하나님이신 주께서 이 땅 위에 오셔서 죽으신 뒤 죽음의 권세를 깨뜨리시고 부활하셔서 우리에게 주신 기적입니다. 우리들은 이미 하나님의 품안에 있는 성도들입니다. 참으로 예수 그리스도를 신뢰한다면 이미 죽음의 문제를 극복한 성도들입니다. 그러한 신분을 가졌습니다. 주께서 말씀하셨습니다. "내 말을 듣고 또 나 보내신 이를 믿는 자는 영생을 얻었고"(요 5:24), "나는 부활이요 생명이니 나를 믿는 자는 죽어도 살겠고 무릇 살아서 믿는 자는 영원히 죽지 아니하리니 이것을 네가 믿느냐"(요 11:25-26).

우리는 에녹이 누리는 축복을 이미 누린 성도들입니다. 그런 축복과 특권을 누린 에녹은 과연 어떤 삶을 살았는지 주의해서 살펴볼 필요가 있습니다. 에녹은 어떤 삶을 살았습니까? 저는 옮기우기 전에 하나님을 기쁘시게 하는 자라는 증거를 받았습니다. 하나님 앞에 확실한 인정을 받았습니다. 하나님을 기쁘시게 하는 자라는 증거를 받았습니다.

그러면 이 에녹이 살았던 하나님을 기쁘시게 하는 삶의 내용이 무엇입니까? 물론 믿음의 삶이었습니다.

사람은 누구든지 세가지 중에 한 가지를 기쁘게 하며 삽니다. 어떤 사람은 자신을 기쁘게 하며 인생을 삽니다. 그래서 자기 것을 소유하는 것에 급급해하며 삽니다. 그보다 조금 더 고상한 인생은 다른 사람을 기쁘게 하며 삽니다. 그러나 참으로 귀한 인생은 하나님을 기쁘시게 하며 삽니다. 에녹은 그런 사람이었습니다.

창세기 5장 21절은 이렇게 말합니다. "에녹은 육십오 세에 므두셀라를 낳았고 므두셀라를 낳은 후 삼백 년을 하나님과 동행하며 자녀를 낳았으며,"

므두셀라를 낳은 그해 그에게 신앙적인 전기가 있었던 것 같습니다. 왜냐하면 그 이전에는 에녹이 신앙을 가졌다는 기록이 그 어디에도 없습니다. 65세에 므두셀라를 낳은 것이 어떤 계기가 되었는지 그가 하나님과 동행하는 삶을 살게 되었습니다.

우리가 살면서 경험하는 것 중에 매우 신기한 경험이 부모가 되는 일입니다. 아무리 상상으로 내가 부모가 된다면 어떨까 생각을 해 보아도 부모의 심정을 알 수가 없습니다. 내가 아버지가 되면 자녀에게 어떻게 하겠다고 아무리 남자들이 상상을 해 보아도 아이를 안아보기 전까지는 아버지가 된다는 것이 어떤 것인지를 모릅니다.

막 태어난 아기를 자기 아이라고 품에 안고 아이의 눈을 보는데 얼마나 부끄럽던지 그래서 할 수 없이 예수님을 믿게 되었다고 하시는 분도 저는 보았습니다.

자신의 인생에 대해서 깊이 생각해 보지 않다가 아이를 품에 안고 인생에 대해 심각하게 생각해 보니 우리 주님 외에는 달리 갈 데가 없더랍니다. 이런 전환이 우리에게 있을 수 있습니다. 또 우리 교회에서 과거에 우리와 함께 신앙생활을 하셨던 최용남 집사님이 처음 예수를 믿게 된 동기는 이렇습니다.

그 집 큰딸이 유치원을 다니면서 어느 날 아버지에게 질문을 하였습니다. 그 유치원은 천주교에서 운영하는 유치원이었습니다. "아빠, 하나님은 정말 계시나요?" 안 계시다고 말하자니 벌을 받을 것 같고, 계시다고 말하자니 잘 모르겠고 해서 그냥 어물쩍 대답을 하고 집을 나왔습니다. 하루종일 그 딸아이의 질문을 생각하며 지내다가 우연히 저를 만났습니다.

제가 목사라고 소개하니까 "당신이 목사라면 하나님에 대해서 잘 알겠네요." 하고 물었습니다. 그래서 제가 잘 안다고 했습니다. 그 일을 계기로 해서 그분과 같이 앉아서 성경을 펼치고 예수님이 누구신지, 하나님이 누구신지를 같이 얘기했습니다. 그때 그분이 예수님을 영접했습니다.

이처럼 자녀 문제로 충격을 받아서 신앙인이 될 수 있습니다. 므두셀라를 낳았던 에녹이 그와 같은 경우였습니다. 그래서 그는 그때부터 하나님과 동행하는 삶을 살게 되었습니다. 그러면 여기서 하나님과 동행한다는 말은 무슨 뜻일까요?

첫째로 하나님과 동행한다는 말은 하나님과 뜻이 같다는 말입니다. 아모스 3장 3절에 기록되기를 "두 사람이 의합지 못하고야 어찌 동행하겠으며." 하였습니다. 사람들이 한 집안에서 같이 산다 할지라도 그 뜻이 서로 다르면 그것은 동행이 아닙니다. 한 가정의 부부가 함께 살면서도 두 사람의 뜻이 다르면 동행이 될 수 없다는 말입니다. 친구들이 서로 교제하면서 뜻이 다르면 그것은 동행이 아닙니다. 그런데 여기에는 두 가지의 뜻이 있을 수 있습니다. 하나님의 뜻이 있을 수 있고 또 나의 뜻이 있을 수도 있습니다.

우리들은 천성적으로 무엇이든지 내 뜻대로 되기를 원합니다. 말은 여러 가지로 하나 실제로 내 뜻대로 안될 때 속 심정은 불편하고 기분이 나쁩니다. 하나님마저 내 뜻대로 움직이기를 원하는 것이 부패한 우리 인생의 특성입니다.

그러나 우리 예수님은 어떠하셨습니까? 예수님은 밤새 기도하셨습니다. 땀방울이 번져서 핏방울이 되도록 밤새도록 한 가지 기도제목으로 기도하였습니다. "아버지여 만일 아버지의 뜻이어든 이 잔을 내게서 옮기시옵소서 그러나 내 원대로 마옵시고 아버지의 원대로 되기를 원하나이다"(눅 22:42). 밤새도록 하신 기도는 자신의 뜻을 무너뜨리는 것이었습니다. 그리고 아버지의 뜻이 이뤄지도록 원하는 기도였습니다. 인생의 최고의 행복은 하나님의 뜻을 발견하고 그분의 뜻에 자신을 맞추어 사는 삶입니다. 이 인생이 바로 동행의 영광을 누리는 삶입니다.

두 번째로 하나님과 동행한다는 말씀의 뜻은 그분의 임재를 삶 속에서 누리며 사는 인생을 가리킵니다. 우리들은 신앙생활을 하면서도 하나님을 그저 신앙서적 속에 갇힌 하나님으로만 압니다. 우리 머릿속에 있는 관념으로만 생각합니다. 그저 예배당에 출석하는 습관이 하나님을 믿는 생활이라고 착각합니다. 그러나 살아 계신 하나님은 성도들의 삶 가운데 임재합니다. 하나님께서는 세상 끝 날까지 우리와 항상 함께하겠다고 약속하셨습니다. 예수 그 이름의 의미가 무엇입니까? 임마누엘입니다. 무슨 뜻입니까? 전능하신 하나님이 우리와 함께하신다는 의미입니다.

임마누엘이신 주님을 만나고 그분의 임재를 누리는 삶이 참으로 하나님과 동행하는 삶입니다. 그런 삶을 누렸던 사람이 구약의 요셉입니다. 여인이 동침하자고 유혹하니까 '내가 어찌 이 악을 행하여 하나님의 목전에서 득죄하리요' 하며 이를 뿌리쳤습니다. 그는 하나님의 임재를 누리며 살았습니다. 또 다윗은 사울을 죽일 수 있었던 절호의 기회에 하나님이 기름 부은 사람을 내가 해칠 수 없다며 사울을 죽이지 않았습니다.

하나님의 임재를 누렸던 사람들의 모습입니다. 여러분은 날마다 하나님의 임재를 누리십니까? 그분과 동행하는 사람은 하나님의 임재를 누리는 사람입니다.

세 번째로 하나님과 동행한다는 뜻은 우리 하나님과 교제하는 삶을 산다는 말입니다. 아벨은 하나님과의 바른 관계를 갖는 특권을 누렸습니다. 제사로서 하나님과 바른 관계를 맺은 것입니다. 아벨의 삶은 우리에게 하나님과의 바른 관계를 맺은 뒤에 오는 하나님과의 동행을 가르쳐 주고 있습니다. 이 에녹의 삶은 우리에게 하나님과 동행하는 가운데에서 누리는 하나님과의 교제를 말하고 있습니다. 이것은 믿음의 영웅이 가진 신앙의 두 번째 특징입니다.

믿음의 사람들은 살아계신 하나님과 교제하는 특권을 누립니다. 그 같은 교제를 갖는 사람은 기쁨을 하나님 앞에 찬양으로, 슬픔을 살아계신 하나님께 기도로 올려 드립니다. 우리의 염려와 걱정이 하나님 앞에 간구로 드려집니다. 이렇게 하나님 앞에 나아갈 때 하나님은 우리의 기도를 들으십니다. 나와 교제하시기를 기뻐하십니다. 나를 돕는 자 중에 계십니다. 나의 연약한 것을 도와주십니다. 나의 문제를 해결해 주십니다. 푸른 초장 잔잔한 물가뿐만 아니라 살아계신 주님은 우리가 사망의 음침한 골짜기를 다닐 때도 해 받지 않도록 보호해 주십니다.

하나님과 동행하는 에녹을 보면서 이런 질문을 할 수 있습니다. 그때야 호랑이가 담배 피던 시절이고 죄악이 그리 많지 않던 시대니까 하나님과 동행하는 것이 가능했지 요즘처럼 문란한 풍조가 만연된 시대에 어떻게 하나님과 동행하면서 살 수가 있는가? 이렇게 생각할 수도 있습니다. 요즘은 퇴폐 이발소가 많아서 이발소도 제대로 못 가는 시대입니다. 에녹이 살던 시대가 어떤 시대입니까? 에녹이 무슨 일을 하였습니까?

유다서 14절에는 아담의 7대손 에녹이 하나님의 심판을 이 땅에 선포했다고 말합니다. 하나님이 물로 심판할 정도로 세상이 패악하고, 노아의 때에 심판이 있을 것을 에녹의 때부터 하나님은 선포하셨습니다. 그래서 유다서 15절을 보면 경건치 않은 자들의 경건치 않은 그 행동을 심판하십니다. 또 경건치 않은 자들이 하는 사악한 말을 심판하신다고 기록하고 있습니다. 에녹이 살던 그때가 얼마나 악한 세상이었는지 모릅니다. 심판할 정도로 부패한 세상에 에녹이 살았습니다. 므두셀라라는 이름을 직역하면 '창을 던지는 사람'이라는 뜻입니다. 그것은 하나님의 심판을 예고하는 말이었습니다.

제가 윌스비라는 사람의 책을 읽다가 계산해 보니까 노아의 홍수가 일어난 해가 바로 므두셀라가 죽은 그 해였습니다.

하나님께서 에녹을 통해서 말씀으로 계속 심판이 있음을 예고했을 뿐 아니라 므두셀라라는 아이의 이름을 통해서도 하나님의 심판을 예고하고 그가 세상을 떠나니까 그 해에 하늘에서 비가 쏟아지게 하셨습니다. 그런 죄 많은 세상에서 에녹은 하나님과 동행을 하였습니다. 죄가 많기 때문에 유혹이 많기 때문에 주님의 임재는 더욱 영광스러운 것입니다. 그렇기 때문에 더욱 주님과 동행하셔야 합니다. 우는 사자와 같이 삼킬 자를 두루 찾는 사탄이 우글거리는 이 세상에서 하나님과의 동행이 없이 어떻게 우리 성도들이 승리할 수 있습니까?

그런데 대부분의 사람들의 모습이 이러합니다. 교회문 밖을 나가면서 '하나님 일주일 동안 안녕히 계십시오. 다음 주일에 와서 또 뵙겠습니다.' 하고 인사하고 갑니다. 하나님과의 동행이 없습니다. 그래서 그 가정에는 하나님이 안 계십니다. 예수 믿는다고 하는 집사님이나 장로님의 말을 들어보면 하나님이 그 가정에 안 계신 것을 알 수 있습니다. 그의 행동을 보면 하나님과 동행하지 않음을 알 수 있습니다. 설사 교회에서 집까지는 하나님이 따라가신다고 해도 직장에 출근할 때는 혼자 갑니다. '하나님 집에 계십시오.' 인사하고는 혼자서만 갑니다. 그래서 직장에서는 저 사람이 예수를 믿는 사람인지 안 믿는 사람인지 구분이 되지 않습니다. 믿지 않는 사람들과 조금도 다를 바가 없기 때문입니다. 주일날에 성경 찬송을 가지고 교회에 간다는 것, 또

술 담배를 안 하는 것 외에는 예수 믿지 않는 사람과 다를 것이 조금도 없기 때문입니다. 왜 그렇습니까? 하나님의 임재가 없기 때문입니다.

주께서 나와 함께하십니다. 주님의 임재는 이처럼 죄가 관영하기 때문에 더욱 필요합니다. 성령님의 전능하신 능력은 더욱 절실한 것입니다. 그분의 붙잡으심 없이는 우리는 설 수조차 없습니다. 주님과 날마다 생생한 교제를 누리고 계십니까? 또 이렇게 생각할 수도 있습니다. 주님과의 동행은 가정을 이루지 않고 홀로 있을 때, 또는 외따로 수도원에 들어가서 조용하게 명상할 때나 가능한 것이지 어떻게 자식을 키워가며 하나님과 동행한단 말인가? 이렇게 질문하는 사람들을 위해서 창세기 5장 22절은 우리에게 말해 줍니다.

"삼백 년을 하나님과 동행하며 자녀를 낳았으며."

저희 부모님은 20년 동안 9남매를 낳으셨습니다. 그런데 300년 동안 아이를 낳았으니 얼마나 많이 낳았겠습니까? 그러니까 가정생활을 안 했던 것이 아니라 300년 동안 자녀를 낳고 키우면서 하나님과 동행하는 삶을 살았습니다. 부모가 된다는 책임이 얼마나 무서운 것입니까? 그런데 어떻게 주님과의 동행도 없이 자녀를 바르게 키울 수 있습니까? 또 이런 반론도 있을 수 있습니다.

그 시대야 원시생활에 가까운 시대여서 워낙 간단하고 단순하게 살았으니까 하나님과 동행하였지, 이처럼 사회적으로 높은 신분도 필요하고 성공도 필요하고 축복도 필요한 시대에 하나님과 동행한다는 것은 너무나 어렵지 않은가, 이렇게 말하는 사람이 있을 수 있습니다.

대부분 회사에서 계장일 때는 아주 열심히 교회에 나와서 봉사를 합니다만 과장이 되면 회사일에 바빠서 봉사는 못하고 교회 출석만 겨우 하다가 국장쯤 되면 한 달에 한두 번 나옵니다. 그러다가 장관이 되면 국사 일에 공사가 다망해서 교회에 안 나오는 것도 하나님이 양해해 주신다고 착각합니다.

　다윗의 위대함은 목동일 때도 하나님과 동행했다는 데 있습니다. 그가 깊은 사망의 음침한 골짜기를 다닐 그때, 사울을 피해서 이 동굴 저 동굴로 숨어 다닐 그때에도 하나님과 동행하였습니다. 그러나 그의 동행의 영광은 그것으로 끝나지 않았습니다. 하나님과 함께 영광스런 이스라엘을 건국하여 이스라엘의 왕이 되었을 때도 하나님과 계속 동행하였습니다.

　하나님의 사람 요셉의 위대함은 그가 애굽으로 팔려가도 하나님과 동행하였고, 그가 감옥에 갇혀도 하나님과 동행하였고, 애굽의 총리가 되어도 동행한 것입니다. 사회적인 책임이 커졌다는 사실은 그만큼 우리 주님의 도움이 더욱 절실히 필요하게 되었다는 뜻입니다. 연약한 내가 하는 것보다 전능하신 하나님의 지혜가 더욱 필요한 것입니다. 에녹은 아담의 7대손이라고 했습니다. 7대손이라는 말을 히브리어로 직역하면 7대 족장이라는 말입니다. 왕이 없던 시대에는 족장이 왕이었습니다. 그가 사회적인 신분이 낮고 천해서 하나님과 동행한 것이 아닙니다. 그가 왕만큼이나 대단한 권세를 가진 족장의 일을 맡아 보면서도 하나님과 동행하는 삶을 살았습니다. 하나님과 동행하며 하나님을 기쁘게 하는 삶을 믿음으로 살았던 에녹을 봅니다. 그는 하나님의 살아계심을 믿을 뿐만 아니라 하나님과 동행의 역사를 바라보며 하나님께서 자기에게 나아오는 자에게 상 주시는 이심을 바라보며 하나님과 계속 동행하는 믿음의 삶을 살았습니다. 여러분의 삶은 어떻습니까? 주님이 여러분의 모든 삶에 동행하십니까?

　어린이 주일학교에서 한 소녀가 앞에 나와서 에녹에 대해서 이야기하였습니다. 그 흉내를 내볼까 합니다. "에녹은요, 늘 하나님과 함께 재미있게 놀았대요. 그런데 어느 날 하나님과 함께 너무 재미있게 놀다가 그만 멀리 멀리 갔대요. 피곤해진 에녹을 보고 하나님께서 말씀하시기를 '에녹아, 너무 피곤하지 않니? 너희 집에서 너무 멀리 떨어졌다. 오늘부터 우리 집에 가서 나와 같이 살지 않으련?' 그래서 하나님이 에녹을 자기 집으로 데려가셨대요."

여러분, 우리의 생애는 에녹과 같이 죽음을 이기는 생명을 똑같이 가졌습니다. 그렇다면 에녹과 같이 하나님과 동행하는 삶을 살 때, 우리는 하나님 앞에서 하나님을 기쁘시게 하는 자라는 인정을 받을 것입니다.

믿음의 사람들
제4강

노아

> ❝
>
> 믿음으로 노아는 아직 보지 못하는 일에 경고하심을 받아
> 경외함으로 방주를 예비하여 그 집을 구원하였으니
> 이로 말미암아 세상을 정죄하고 믿음을 좇는
> 의의 후사가 되었느니라
> (히 11:7)
>
> ❞

우리들은 히브리서 11장을 계속 묵상해 가면서 앞서간 믿음의 위인들의 삶을 통해 참믿음이 무엇인가를 배우고 있습니다. 제일 처음으로 나타났던 사람의 이름은 아벨입니다. 이 아벨의 신앙은 하나님 그분을 향해서 온전한 예배를 드리며 살아계신 하나님과 교제하는 신앙이었습니다.

그런가 하면 그 다음 사람 에녹은 우리 하나님과 동행하며 하나님의 임재의 영광을 누리는 사람이었습니다. 그 임재는 하나님 앞에 예배하는 예배처소에서 뿐만 아니라 가정 속에서도 직장 속에서도 살아계신 하나님의 동행을 느끼며 사는 그런 삶이었습니다.

이제 우리가 살펴볼 노아의 믿음은 주께서 하신 말씀을 따라 구원 사역을 위해서 역사하는 믿음이었으며 봉사하는 믿음이었습니다. 이것은 순서대로 되어야 합니다. 하나님과의 동행은 살아계신 하나님을 예배하는 것에서부터 시작되어야 합니다. 주의 일을 하며 사역을 하고 봉사를 하면서도 주님과의 동행을 알지 못하는 봉사는 비참한 봉사입니다.

주께서는 이처럼 우리의 삶이 단계적으로 계속 자라기를 원하십니다. 어떤 사람은 살아계신 하나님을 향해서 온전한 예배를 드릴 수는 있으나 날마다의 삶 속에서 하나님의 임재의 영광을 누리지 못할 수도 있습니다. 또 어떤 삶은 하나님의 임재는 누리지만 주님의 영광을 위한 사역으로 하나님께 봉사하는 단계에까지 자라지 못한 분도 있습니다. 이 세 가지 중에서 여러분은 어느 단계에 이르렀습니까? 이 세 가지 중 어디에도 속하지 못하셨다면 곤란합니다. 세 단계 중 어느 한 단계에는 와 있어야 됩니다.

우리의 신앙은 이렇게 한 단계 한 단계 자라서 살아계신 하나님께 예배하며 그 살아계신 하나님과의 동행과 임재를 누리는 영광의 단계로 나아갈 뿐 아니라 주님의 구원사역을 위해서 순종하며 하나님께서 역사하시도록 돕는 그런 신앙이어야 합니다.

본 성경말씀에 노아는 믿음으로 아직 보지 못하는 일에 경고하심을 받아 경외함으로 방주를 예비했다고 했습니다. 이 방주는 배와는 다릅니다. 동력의 힘으로 배 안에 탄 사람들이 가고 싶은 방향으로 갈 수 있는 것이 배입니다. 그러나 방주는 그냥 물 위에 떠 있는 그 목적을 위해서만 있는 것이 방주입니다. 그러니까 뗏목과 같습니다.

어떤 사람은 뗏목이 앞으로 잘 간다고 하실지 모르나 그것은 물이 흐를 때 물결을 따라서 가는 것이지 자기의 목적대로 마음대로 가지는 못합니다. 이처럼 방주는 떠 있는 것만을 위해서 지어졌습니다. 이 방주가 지어진 것에 대해서는 많은 논란이 일었고 여러 학설이 있습니다.

과연 그 거대한 방주의 잔해를 발견할 수 있을까 해서 오늘도 터키의 아라랏 산 근처를 계속 탐험하고자 하는 노력이 있지만 터키 당국이 러시아와 국경지대이기 때문에 그 아라랏 산을 올라가지 못하도록 막고 있습니다.

우주 비행사였던 어윈이 우주 공간에서 그 지경을 지나가다가 나타난 배 형상을 보고 그가 몇 차례 등정했을 때 쓴 기록과 자기 나름대로 확신을 가졌던 증거들을 모아서 책으로 써서 출간하였습니다.

하여튼 이 방주에 관해서는 참 말이 많습니다. 우리 교회의 초신자 성도 가운데 학문적인 바탕을 가지고 구조를 계산할 줄 아는 분이 계셨는데 그분이 제게 찾아와서 "목사님, 성경의 말씀이 진짜이던데요." 하시길래 "무슨 말씀이십니까?" 하니 그분이 성경에 나와 있는 방주의 길이를 미니츄어로 계산해서 실제로 만들었다고 합니다. 길이를 축소시켜서 모형도를 조그맣게 만들었습니다. 그분이 미니츄어로 방주를 만들어서 물 위에 띄워 보니까 어떤 파도에도 견뎌 낼 수 있는 완벽한 모형이 되더라고 이야기하시면서, 이 기록은 누가 주먹구구로 생각해서 쓴 것이 아니라 정말 하나님께서 쓰셨다고 놀라워하며 이야기하셨습니다. 지금 우리가 예배 드리는 예배당도 구조 계산이 잘못되면 이 건물이 그냥 옆으로 넘어집니다. 그런데 하물며 중심을 잡을 수 없는 물 위에 떠 있는 물체가 보통 구조로 떠 있을 수가 있겠습니까? 정확한 구조가 아니면 파도를 이겨내는 힘이 있을 수 없습니다. 그러므로 가장 안정된 형태를 갖춰야 합니다.

그런가 하면 노아가 얼마나 큰 방주를 만들었길래 그 무수한 동물들을 다 그 속에 넣을 수가 있었을까 하고 계산한 사람도 있었습니다. 어떤 분이 실제로 그 모형을 만들어서 삼층의 방주 속에 몇 개의 방을 만들 수 있는가를 계산해 보았습니다.

그 결과 호랑이만 한 동물을 담을 수 있는 우리로 7,000개를 만들 수 있더랍니다. 그런데 또 계산해 보니 이 지구상에 동식물의 종류가 굉장히 많은 것 같은데 동물 중에서 양보다 몸체가 조금 큰 동물은 이 세상에 290종류가 있답니다. 그리고 양보다는 작고 고양이보다 큰 것이 759종류입니다. 그리고 고양이보다 더 작은 미세한 동물은 1359종류입니다. 모두 합치면 2500종류밖에 안 됩니다. 성경에 종류대로 집어넣었다고 하였습니다. 2500종류밖에 안 되는 동물을 다 넣었던 것입니다. 그런데 방주는 7000객실을 만들 수 있는 구조였습니다.

또 이 노아의 기록을 보다가 인류가 큰 혜택을 받기도 하였습니다. 무슨 이야기냐 하면 이 방주를 지을 때 방주의 안팎에 역청을 칠했다는 성경의 기록이 나옵니다. 이 역청은 코크스(Coke)입니다. 지금도 방수에 제일 좋은 것이 코크스입니다.

지금 우리 교회의 한 층에도 전부 코크스를 바닥에 깔고 그 위에 다시 시멘트를 발랐습니다. 그래서 비가 새지 않습니다. 그런데 이 역청인 코크스가 사용되었다는 구절을 보고 반드시 코크스가 있는 곳에는 석유가 있기 때문에 그 근처에 석유가 있지 않겠는가 하고 많은 사람들로부터 비웃음을 받음에도 불구하고 계속 추적하다가 세계에서 제일 큰 유전을 쿠웨이트에서 발견해 내었습니다. 그 일로 말미암아 인류는 에너지원인 석유를 이 노아의 방주 사건에 기록된, 역청이라는 단어 하나를 가지고 발견해 낸 것입니다. 그 사막에서 뭐가 나오겠느냐, 모래밖에 더 나오느냐 하고 전부 비웃었던 때의 얘기입니다.

하여튼 이 노아는 거대한 방주를 만들었습니다. 도대체 어떻게 만들었을까? 학자들은 그것을 사람이 하루에 할 수 있는 일의 양과 노아의 여덟 식구와 그 외 몇 사람이 힘을 합한 것을 계산해서 어느 정도로 시간이 걸렸겠는가를 계산해 보았습니다. 그러니까 한 백여 년 넘게 걸린다고 합니다.

그 당시에는 조선소도 없었는데 어떻게 만들었겠습니까? 울산의 현대조선소도 없이 이 사람들이 내륙지방에서 방주를 만들었습니다. 그런데 노아가 이 땅이 물로 멸망할 것이라는 심판을 예고 받기를 120년 전에 받았습니다.

성경은 그 거대한 배 만드는 일에 노아가 다 준행하여 지켰더라고 6장 마지막 절에 말합니다. 방주라는 큰 구조물을 지었다 하더라도 그 무수한 동물들은 또 어떻게 집어넣었을까요? 도저히 상상할 수 없으나 아무튼 그는 주께서 말씀하신 모든 것을 다 준행했다고 성경은 말쓤하고 있습니다. 이것이 노아가 구원사역을 위해 주님의 능력의 장중에 붙잡힌 바 되어 사용된 일입니다. 그러면 이처럼 주님의 사역을 하는 데 가장 큰 방해거리는 무엇이었겠는지, 즉 이처럼 순종의 축복을 누리는 데 가장 무서운 장애물은 무엇이었겠는지를 몇 가지 생각해 보겠습니다.

첫째로, 당시의 시대정신입니다. 창세기 6장을 보면, 하나님께서 인간을 만드신 것을 후회하셨다고 말합니다. 사람들의 행위가 하나님 앞에 패악했다고 말합니다. 이런 무시무시한 죄악이 관영된 그 시대에, 모든 사람들이 죄를 먹고 마시는 그런 시대에 노아가 굳건히 섰습니다. 하나님의 말씀을 순종했습니다. 그런데 예수님께서 오셔서 마태복음 24장 37-39절에서 구약의 노아 시대에 대해서 말씀하시기를 "노아의 때와 같이 인자의 임함도 그러하리라 홍수 전에 노아가 방주에 들어가던 날까지 사람들이 먹고 마시고 장가들고 시집 가고 있으면서 홍수가 나서 저희를 다 멸하기까지 깨닫지 못하였으니 인자의 임함도 이와 같으리라."

인자의 임함이 오기 전에 노아의 시대 같은 시대가 될 것이라고 하시고 사람들이 노아의 시대와 같이 시집가고 장가가고 먹고 마실 것이라고 했습니다.

그것이 전부입니다. 달리 특별히 잘못했다는 기록이 없고 시집가고 장가가고 먹고 마셨다고만 하였습니다.

제가 가만히 생각해 보았습니다. 그 말이 사실일까? 그 말이 왜 문제가 될까? 우리의 일상생활을 분석해 놓고 보면, 실제로 우리의 정치적인 노력, 경제적인 노력, 교육적인 노력, 모든 노력의 최후 목적이 기껏해야 시집가고 장가가고 먹고 마시고 하는 것밖에 없습니다. 우리 생애를 가만히 생각해 보십시오.

무엇을 위해 일하십니까? 먹기 위해서고 그리고 마시기 위해서입니다. 무엇을 위해 목에 힘을 주고 정치를 합니까? 먹고 마시기 위해서입니다. 무엇을 위해서 학교에 갑니까? 시집가고 장가가기 위해서 아닙니까?

여러분, 이 시대가 주님이 말씀하신 것과 똑같다고 생각하지 않으십니까? 이런 시대정신 속에서 노아는 승리했습니다. 어떻게 승리할 수 있었을까요? 그는 산 믿음을 가졌습니다. 믿음이 살아 있었습니다. 살아 있다는 것이 소중한 비밀입니다. 무슨 말씀입니까?

아무리 큰 동물도, 생명이 없으면 흐르는 물에 떠내려 갈 뿐입니다. 죽은 것들은 다 떠내려갑니다. 그러나 아무리 작은 피라미일지라도 살아 있으면 목표를 향해 거슬러 올라가는 법입니다. 내 삶이 이 시대정신에 따라 흘러가고 있습니까? 그렇지 않으면 하나님께서 기뻐하시는 영적인 삶, 영원한 생명을 가슴에 품고, 살아 있는 삶을 살고 있습니까? 내 삶이 어떤 삶입니까? 생명을 누리고 있습니까? 그렇지 않으면 죽은 채로 흐르는 물속에 그 몸이 떠내려가고 있습니까? 노아는 참 신앙을 가졌습니다. 생명 있는 신앙을 가졌습니다. 그랬기 때문에 주께서 명령하신 그 거대한 일을 차곡차곡 다 순종해서 준행할 수 있었습니다. 그런가 하면 이렇게 사역할 때에 또 가장 무서운 방해거리가 있습니다. 그것은 비난입니다.

여론이라는 것이 무서운 것입니다. 요즘도 한 사람이 나쁜 사람이다 하면 온 세상이 그를 향해 손가락질하고 지탄합니다.

노아의 시대에 그 거대한 구조물을 100여 년 동안 지었고 그것도 해양에서 가장 가까운 내륙이 600마일 되는 곳에서 지었으니 사람들이 말을 해도 얼마나 많이 했겠습니까.

생각해 보십시오. 아마 노아 영감은 하나님을 믿어도 좀 점잖게 믿지 나이가 많아서 노망이 들었다고 했을 겁니다. 한 번 사는 그 짧은 인생에 그중에서도 자기 생애 중 가장 소중한 시간들과 또 물질들을 방주 짓는 데 다 낭비하고 허비한다고 비난했을 겁니다. 또 노아 영감은 나이가 많아 노망들어서 그렇다 하지만 그 자녀들은 아버지를 말리지도 않고 같이 가서 도우니 더 나쁜 자식이라고 손가락질 했을 것입니다.

여론이 참 무섭다는 생각이 듭니다. 하루아침에 영웅이 됐다가 또 초라한 죄인도 됩니다. 여론을 거스른다는 것은 참 힘들고 어렵습니다. 왜냐하면 사람들이 말하기를 좋아하기 때문입니다.

우리 교회도 말하기를 좋아하는 분들이 계십니다. 가령, 제가 제일 하기 싫어하는 것 중에 하나가 넥타이 매는 것과 이발소에 가는 것입니다. 이발소에 가면 머리만 깎아주면 될 텐데 목을 면도해 준다고 칼로 아프게 밀어서 이발소를 꺼려 합니다. 그래서 한 15년 전쯤부터 아내가 머리를 깎아주기 시작했습니다. 집에서 처음으로 머리를 깎은 일을 결코 잊을 수가 없는데, 제 머리를 영국의 헨리 8세처럼 단발머리로 깎아놨습니다. 그래서 할 수 없이 이발소에 갔더니, 이발사가 제 머리를 한번 쳐다보고 웃고, 조금 있다 또 보고 웃고, 한 20분 동안을 웃기만 했습니다. 그래도 가기가 싫길래 제 아내가 계속 깎아주었는데 거울을 보면서 오른쪽과 왼쪽을 맞추어보고 한쪽이 삐죽이 나오면 한쪽을 조금씩 자르다보니 너무 많이 잘라서 머리가 아주 짧아졌습니다. 다음날 교회에 나오면 교인들이 그냥 지나가면 좋을 텐데 꼭 한 마디씩 던집니다.

"목사님, 오늘 뵈니까 꼭 귀순용사 같아요." 그것만 해도 좋은데 머리를 안 깎고 좀 기르고 있으면 자매님 중의 어느 분은 "목사님, 꼭 미국의 히피 같아요." 하면서 웃습니다. 머리가 좀 길면 길다고 하고 짧으면 짧다고 말들을 하는데 노아 할아버지가 내륙에 방주를 짓는 일에 대해 얼마나 많은 말을 했겠습니까? 그것도 한두 해도 아니고 백여 년 동안 말입니다.

그럼에도 불구하고 이 노아가 믿음으로 하나님의 경고하심을 받은 그대로 다 준행하였다고 말씀하고 있습니다.

믿음으로 노아는 보지 못하는 일에 경고하심을 받았다는 말이 무슨 뜻인 줄 아십니까? 노아의 시대에는 비가 위에서 내리지 않았습니다. 창세기 2장 6절을 보면 지면에서 안개가 올라와서 온 지면을 적셨다고 성경은 말합니다. 노아의 때까지는 비가 한 번도 안 왔습니다.

창조과학회의 노 박사님이 말씀하신 것을 들은 적이 있습니다. 이 자외선이 차단돼 있는 상태에서는 수증기가 올라가지 않는답니다. 그분이 실험을 한 뒤에 발표한 것입니다. 노아의 홍수시대는 이 자외선이 열리는 시기였습니다. 이 자외선이 열린 다음부터 사람들의 수명이 단축되기 시작했습니다. 그래서 노아 이후로는 정말 점점 사람들의 수명이 짧아진 것을 성경을 통해 볼 수 있습니다.

아직 비가 한 번도 온 적이 없었는데 하나님께서 위로부터 장대같이 비를 내리신다고 노아에게 약속하셨습니다. 비가 내린 경험이 없었음에도 불구하고 하나님께서 그것을 말씀하시니 노아가 믿었다는 말입니다. 어떻게 믿었습니까?

하나님의 경고하심을 경외함으로 받았다고 말합니다.

그는 세상 사람들의 떠드는 모든 소리보다 하나님의 소리를 큰 소리로 들을 줄 아는 귀를 가졌습니다. 아무리 서울역에서 큰 소리로 떠드는 사람이 많아도 사랑하는 아내의 목소리는 귀에 들려옵니다. 많은 아이들이 섞여 있어도 내 아이의 목소리는 내 귀에 들립니다. 믿음의 사람들, 하나님을 경외하는 사람들, 하나님을 사랑하는 사람들에게는 모든 떠드는 소리와 비난하는 소리, 조롱하는 소리 들을 넘어서서 살아계신 하나님의 음성이 들립니다. 노아는 경외함으로 하나님의 음성을 들을 줄 알았습니다.

여러분! 여러분이 이 세상을 살면서 하나님의 일에 충성하려고 할 때 우리를 향해서 조롱의 소리가 들립니다. 왜 너만 그렇게 광신적으로 믿느냐고 합니다. 왜 다른 교회는 안 그러는데 그 교회만 유별나게 믿어야 되느냐고 비난하는 사람들이 많습니다.

그러나 주께서 하신 말씀이면 순종해야 합니다. 그 음성이 어떻게 들립니까? 경외함으로 들립니다. 노아는 하나님의 말씀을 순종했습니다. 경외함으로 그의 음성을 들었습니다.

세상에 무수한 책들이 쏟아져 나옵니다. 책의 홍수시대입니다. 개중에는 별난 내용의 책들도 많습니다. 예수가 인도에서 훈련을 받았다느니 하는 책들도 있습니다. 이 잡다한 헛소리들을 뚫고 하나님의 음성을 들을 줄 알며, 이 세상의 모든 책 가운데 성경책을 하나님의 영감으로 기록된 글로 읽을 때 하나님의 사역을 감당해 낼 수가 있습니다. 밥하고 빨래하고 먹고 마시고 시집가고 장가가는 일을 벗어나서 영적인 구원의 사역에 내 생애가 사용될 수 있다는 말입니다.

하나님의 음성을 들으십니까? 성경을 읽을 때 살아계신 주의 음성을 성경 속에서 들으십니까? 저는 그 사람이 목사이든 장로이든 집사이든지 얼마나 오래 믿었든지 상관하지 않고 성경을 읽지 않고 살아 있는 하나님의 음성을 듣지 못하는 사람의 신앙은 신뢰하지 않습니다. 하나님의 음성을 들으며 살지 않는 사람들은 그저 감정적으로 삽니다. 뜨거워졌다 식었다 하면서 혼자서 제풀에 흥이 났다가 제풀에 꺾이고 넘어집니다. 하나님의 말씀에 굳게 서며 그 말씀을 순종하는 신앙이 든든한 신앙입니다.

'나의 이 말을 듣고 지키는 자라야 그 주초를 반석 위에 세운 지혜로운 사람' 같다고 했습니다. 끝까지 무너지지 않는 신앙을 소유해야 합니다.

이 신앙을 가지고 노아가 받은 축복이 무엇입니까? 7절에 "그 집을 구원하였으니"라고 했습니다. 온 집이 구원을 받았습니다. 한평생 살다 가면서 가장 큰 비극이 있다면 한집에서 사랑하며 살았던 부부가 세상을 떠날 때 영원한 이별을 하는 것, 그것보다 더 큰 비극은 없다고 생각합니다.

암이란 병도 비극입니다. 저는 아직 보지 못했지만 에이즈란 병도 비극이라고 합니다. 그것도 비극일 것입니다. 그러나 사랑하는 사람을 다시 만나지 못하는 영원한 이별, 이것보다 더 큰 비극이 어디 있습니까? 그래서 주께서 말씀하셨습니다.

"주께서는 나만 구원하시지 않고 우리 가족이 구원받는 것을 더욱 기뻐하십니다. 이것을 위해서 기도하시기 바랍니다."

제가 대학생 선교회에서 학생들을 가르치고 있을 때였습니다. 늘 새해 1월 1일이 되면 백운대나 도봉산의 정상에 올라가서 원단 금식 기도회를 가졌습니다. 새해 첫날에 산꼭대기에 오르면 기분이 무척 상쾌하고 맑아지는 것을 느낍니다. 그날도 백 여 명의 학생들과 함께 산에 올라가서 기도회를 가졌는데 몇 학생들에게 대표기도를 시켰습니다. 남북통일을 위해서, 국가와 민족을 위해서 다들 기도하는데 조그만 여학생이 일어나서 기도하기를 "주님, 주 예수를 믿으면 너와 네 집이 구원 얻는다고 약속하지 않았습니까, 우리 가정을 구원해 주십시오." 하고 간절히 기도하는 여학생이 있었습니다. 저는 늘 많은 학생들을 만났지만 그때 그 여학생을 그곳에서 처음 보았습니다. 그 사람이 바로 지금의 제 아내입니다.

주께서는 '너와 네 집까지' 라고 말씀하셨습니다. 이 약속을 붙잡으십시오. 이 약속보다 우리에게 큰 소망이 있는 약속은 없습니다. 온 가족이 영원한 이별을 하는 슬픔보다 더 큰 슬픔이 어디 있습니까? 천국에는 없는 것이 있습니다. 뭐가 없는 줄 아십니까? 천국에는 곡하는 것이나 애통하는 것이나 이별이 다시 있지 않다고 말했습니다. 이 세상은 이별의 장소입니다. 그러나 천국은 만남의 장소입니다. 영원한 만남의 장소입니다. 다시는 이별이 없는 장소입니다.

거기서 구원받은 온 가족이 다시 만나는 축복, 하나님께서 성경에서 축복으로 말씀해 주시기를 우리 하나님은 아브라함의 하나님일 뿐 아니라 이삭의 하나님이고 야곱의 하나님이라고 했습니다. 온 가족의 구원을 그처럼 기뻐하시는 하나님이십니다.

이 구원이 노아의 가정에 임했습니다. 그 구원은 노아에게는 구원이었지만 당시의 멸망받았던 사람들에게는 큰 심판이었습니다. "그 집은 구원하였으니 이로 말미암아 세상을 정죄하고 믿음을 좇는 의의 후사가 되었느니라"(7절). 아무도 하늘에서 비가 올 것을 믿지 않았습니다. 아무도 비 때문에 사람들이 죽을 것이라고 생각하지 않았습니다. 그러나 비는 왔고 저들은 죽었습니다.

그 억수같이 쏟아지는 빗속에서 모든 사람들이 죽는 가운데서도 하나님의 약속을 믿고 순종했던 사람은 구원을 받았습니다. 기독교에는 구원만 있는 것이 아닙니다. 구원을 강조하는 대신에 멸망도 강조되어야 합니다. 선택만 강조되면 안 됩니다. 선택과 똑같이 버림도 강조되어야 합니다. 이 노아의 시대 사람들 중 하나님의 약속의 말씀을 믿고 든든히 선 사람은 구원을 받았고 하나님의 말씀을 멸시했던 사람들은 멸망을 받았습니다. 이 구원의 사건은 또 일어날 것입니다. 물로는 심판하지 않지만 불로 심판하시는 날이 옵니다.

노아 시대의 사람들이 "어떻게 물이 하늘에서 쏟아져 이 세상을 덮을 수 있겠는가? 있을 수 없는 말이다. 농담이다" 하며 120년 동안이나 하나님의 경고를 무시했던 그 사람들이 결국 멸망 받았던 것처럼 지금도, 이처럼 평화로운 세상에 불로 멸망받는다는 말이 무슨 말이냐며 비웃는 사람들이 있습니다. 그러나 성경은 "홀연히 변하리니"라고 했습니다.

이 '홀연히'는 아톰(atom)이라는 단어로 쓰입니다. 곧 원자탄이란 단어가 홀연히라고 표현되었습니다. 이미 뜨거운 불은 인간들의 손으로 다 마련되었는지도 모릅니다. 원자탄(atom bomb)이 한 사람 머리 위에 50톤 이상씩 쌓여 있다고 말합니다.

하나님은 노아의 시대에도 구원의 하나님이셨습니다. 하나님은 이 시대에도 하나님의 사람들을 구원해 내십니다. 그리고 우리의 생애가 구원사역에 헌신하고 봉사하는 새로운 삶으로 쓰임 받도록 우리를 초대하십니다. 노아는 그 거대한 방주를 지으라는 명령에 순종했는데 여러분은 하나님의 구원 사역에 어떻게 동참하시겠습니까? 어떻게 수고하고 계십니까? '주 예수를 믿으면 나와 내 온 집이 구원 얻는다'는 약속을 받아서 온 가족의 구원을 허락해 달라고 기도하십시오. 하나님은 온 가족의 구원을 참으로 기뻐하십니다. 그리고 엄청난 멸망이 종착점으로 결정지어진 이 세상에서 구원을 위해서 어떻게 사역하고 있는가 주께서 우리에게 묻고 계십니다. 노아는 그 많은 세월 동안 그 무수한 사람들의 멸시를 받으며 방주 짓는 일에 순종함으로 그의 생애를 바쳤습니다. 여러분은 하나님을 믿음으로 무엇을 하시겠습니까?

믿음의 사람들
제5강
믿음의 출발과 그 종착

> 믿음으로 아브라함은 부르심을 받았을 때에 순종하여
> 장래 기업으로 받을 땅에 나갈새 갈 바를 알지 못하고 나갔으며
> 믿음으로 저가 외방에 있는 것같이 약속하신 땅에 우거하여
> 동일한 약속을 유업으로 함께 받은 이삭과 야곱으로 더불어
> 장막에 거하였으니 이는 하나님의 경영하시고 지으실 터가 있는 성을
> 바랐음이니라 믿음으로 사라 자신도 나이 늙어 단산하였으나
> 잉태하는 힘을 얻었으니 이는 약속하신 이를 미쁘신 줄 앎이라
> 이러므로 죽은 자와 방불한 한사람으로 말미암아 하늘에 허다한 별과
> 또 해변의 무수한 모래와 같이 많이 생육하였느니라
> 이 사람들은 다 믿음을 따라 죽었으며 약속을 받지 못하였으되
> 그것들을 멀리서 보고 환영하며 또 땅에서는 외국인과 나그네로라
> 증거하였으니 이같이 말하는 자들은 본향 찾는 것을 나타냄이라
> 저희가 나온 바 본향을 생각하였더면 돌아갈 기회가 있었으려니와
> 저희가 이제는 더 나은 본향을 사모하니 곧 하늘에 있는 것이라
> 그러므로 하나님이 저희 하나님이라 일컬음 받으심을 부끄러워 아니하시고
> 저희를 위하여 한 성을 예비하셨느니라
> (히 11:8-16).

많은 믿음의 영웅 가운데 아브라함이 갖는 위치는 참으로 확고합니다. 아니, 그분의 삶은 우리 모든 성도들의 믿음의 근본을 보여 주는 삶이었습니다.

아브라함의 처음 신앙의 시작은 아브라함의 필요에서 시작되지 않고 살아계신 하나님께서 그에게 찾아오시는 데서부터 시작됩니다. 이것은 아브라함에게 있어서 뿐만 아니라 전 기독교의 구원역사에 있어서도 마찬가지입니다.

이 세상의 종교와 기독교가 근본적으로 다른 것은 이 세상의 모든 종교는 하나님이 사람을 찾기보다는 사람들 편에서 신을 열심히 찾습니다. 선행의 노력으로, 또 명상으로 그 밖에 여러 가지 방법으로 사람들이 신을 찾습니다. 거기에 비해서 기독교는 하나님께서 인생을 찾으시는 종교입니다. 우리가 아직 죄인 되었을 때에, 하나님을 향해서 도무지 아무런 필요도 느끼지 않을 그때에 하나님께서 환경으로, 말씀으로 각자의 마음 문을 두드리십니다. 하나님께서 사울이라는 청년을 만나실 때도 사울이 죄악 중에 행하고 있을 때 아니, 예수 그리스도를 믿는 사람들을 죽이려고 결의하고 다메섹으로 그리스도인들을 잡으려고 가는 도중에 그를 만나주시고 그를 구원하셨습니다.

기독교는 하나님께서 먼저 불러주시는 종교입니다. 그런데 이 부르심에는 두 가지 종류가 있습니다. 일반적인 부르심과 특별한 부르심이 있습니다.

일반적인 부르심은 "하나님이 이처럼 세상을 사랑하사 독생자를 주셨으니"(요 3:16)와 같이 일반적으로 부르시는 것을 말합니다. 그러나 어떤 경우에는 나 한 사람의 삶을 지명하셔서 하나님께서 찾아오시는 때가 있습니다. 환경을 통해서 여건을 통해서 또 친구의 권고를 통해서 여러 가지 모습으로 나에게 찾아오십니다.

하나님이 아브라함에게 찾아오셨습니다. 아브라함은 하나님의 음성을 듣기까지는 우상을 숭배하는 집의 장자였습니다. 그의 아버지는 데라였고 그의 형제는 나홀이었습니다.

그와 그의 가족은 메소포타미아의 우르라는 지방에서 살았습니다. 이 메소포타미아의 우르는 지금도 그 환경이 매우 좋기 때문에 이곳이 에덴 동산이 아니었을까 생각될 정도입니다. 또 근래에 고고학자들이 이 우르 지방에서 엄청난 서판(Tablet)을 발견해서 고대 아브라함이 살았던 시대의 문명들을 속속들이 밝혀내고 있습니다.

그들이 가졌던 그 문명들은 20세기를 사는 우리들도 깜짝 놀랄 만큼 찬란한 문화였다고 말합니다. 하나님께서 그 좋은 동네를 찾아가셔서 아브라함에게 갈대아 우르를 떠나라고 창세기 12장에서 명령하십니다.

"너는 본토 친척 아비 집을 떠나라." 사랑하는 사람들을 떠나는 것은 언제나 고통스러운 일입니다. 이는 사랑하는 사람들의 보호와 격려를 떠나라는 말입니다. 그것뿐만 아니라 본토를 떠나라고 합니다. 당시에 나그네 생활은 사실 목숨을 부지하기조차 어려운 그런 위험을 스스로 자처하는 생활이었습니다.

왜냐하면 치안이 발달되지 않았기 때문에 어디든지 도적떼들이 출몰했습니다. 도적들만 있는 것이 아니라 자기 동네 사람이 아닌 사람이 지나가면 누구든지 경계를 하고 대적했습니다.

그것뿐만 아니라 젊은이들이 성년식을 행할 때 지나가는 남자의 목을 베어 와야 그 청년을 어른으로 취급해 주는 그런 문화풍습 속에서 아브라함이 갈 바를 알지 못한 채 하나님의 명령을 따라서 자기 본토,

친척, 아비 집을 떠났습니다. 우리는 이 말씀 앞에 오늘 어떻게 순종할 수 있을까요? 주께서 예수 믿는 아브라함의 후예들에게 이 세상에서 떠날 것을 말씀하십니다. 아니, 예수 믿는 사람은 세상과 분리되는 삶을 삽니다.

세상과 분리된다는 말은 무슨 의미를 담고 있습니까? 술 먹지 말라는 말입니까? 나이트클럽에 가지 말라는 말입니까? 이 말은 어떤 행동도 중요하지만 그에 앞서서 더 강조되어야 할 것은 세상정신을 배제하라는 뜻입니다. 이 세상의 생각 따라 이 세상의 풍조와 물결 따라 살던 그 삶에서 역류하라는 말입니다. 그렇기 때문에 사람들이 사는 삶의 기본구조가 예수를 믿으면 달라져야 합니다.

사람들은 사물을 판단할 때 어렸을 적에는 이것이 내게 유쾌한가 불쾌한가를 생각합니다. 유쾌한 것은 선이고 불쾌한 것은 악이라고 생각합니다. 저차원적인 인생은 어른이 되어도 늘 내게 유쾌한가 불쾌한가를 생각하며 선택합니다. 그런가 하면 조금 더 자라서는 나에게 이익인가 손해인가를 따집니다.

아무리 불쾌해도 이익 앞에서는 조금도 흔들리지 않는 사람이 있습니다. 가령, 어느 한 민족을 지칭해서 경제동물이라고 말하는데 아마 이익에는 철저하다는 의미일 것입니다. 앞서 말한 인생보다는 조금 높은 부류입니다. 그러나 그것보다 더 높은 수양된 인격은 이것이 옳은가 그른가를 생각하며 삽니다. 이것은 앞의 인생들보다 더 차원이 높고 품위 있는 인생입니다. 그렇지만 이 세 가지 종류의 인생은 모두, 이 세상의 흐름을 따라 사는 삶입니다. 우리에게는 다른 삶이 있습니다. 어떤 삶입니까? 이것이 하나님의 뜻인가 아닌가를 생각하는 삶입니다. 어떤 때는 하나님의 뜻이 내게 불쾌할 수 있습니다. 하나님의 뜻이 내게 이익이 안 될 수가 있습니다. 하나님의 뜻이 내게 이해가 안 될 수도 있습니다. 그렇지만 성경이 무엇을 말하는지 늘 생각합니다.

우리가 흐르는 감정 따라 이 시대를 살아야 합니까? 아닌 것은 아니라고 말해 주어야 할 시대가 지금 우리 앞에 온 것 같습니다. 누구 한 사람이 강조하면 마치 그것이 대세인 것처럼 우리를 오도합니다.

하나님께서는 한 생명을 온 천하보다 더 귀하다고 말씀하셨습니다. 남이 생각하니까 그리스도인들도 똑같이 생각해서는 안 됩니다. 성경이 무어라고 말하는가를 보아야 합니다. 아브라함은 세상과 분리되었습니다. 세상과 분리되었다는 말씀에서 우리는 몇 가지 교훈을 얻을 수 있습니다.

본문 8절입니다. "믿음으로 아브라함은 부르심을 받았을 때에 순종하여 장래 기업으로 받을 땅에 나갈새 갈 바를 알지 못하고 나갔으며." 목적도 없이 인생의 길을 간다는 것이 얼마나 위험한 일입니까? 그러나 아브라함이 아무것도 모르고 갔다는 생각은 거두시기 바랍니다. 아브라함은 갈 바를 알지 못했습니다. 그러나 한 가지 확실히 아는 것이 있었습니다. 하나님이 어떤 분이신지를 알았습니다. 자기를 찾아오신 하나님, 자기 생애를 향해서 역사하신 하나님, 자기와 교제하신 하나님, 그분이 어떤 분이신지를 확실히 알았습니다. 그것뿐만 아니라 그는 하나님의 음성을 들을 줄 알았습니다.

우리의 신앙은 하나님의 말씀을 듣는 데서 시작됩니다. 로마서 10장 17절에 "믿음은 들음에서 나며 들음은 그리스도의 말씀으로 말미암는다"고 말했습니다. 믿음은 항상 주의 말씀을 신뢰하는 데서 시작됩니다. 그렇기 때문에 우리가 세상과 구분되는 삶을 살려고 할 때는 하나님의 음성을 들어야 됩니다. 하나님의 음성을 듣지 못하고 하나님을 인격적으로 알지 못하는 사람은 세상에서 구별된 삶을 살 수가 없습니다. 여러분 중에 어떤 분은 세상과 다르게 사는 삶, 구분된 삶, 그런 삶은 멸시받는 삶이 아닐까? 생각하실 수도 있습니다.

아닙니다. 예수 믿는 사람이 멸시를 받는 것은 세상과 결코 다르지 않은 삶을 살기 때문입니다. 기껏해야 주일에 성경책을 끼고 교회에 가는 것 외에는 믿지 않는 자들과 다른 것이 조금도 없기 때문입니다. 그나마 조금 더 나은 사람은 술 담배를 안 하는 것 외에 세상 사람들과 다름이 없습니다. 다르지 않기 때문에 멸시합니다. 예수 안 믿는 사람이 예수 믿는 사람들을 멸시하는 이유는 자기들과 똑같기 때문입니다. 자기들은 욕심껏 살면서도 예수 믿는 사람은 깨끗하게 살기를 요구합니다. 그 기대에 미치지 못하기 때문에 사람들이 비난합니다.

우리가 이 세상의 물결을 헤치고 하나님께서 부르시는 그 부름의 삶을 살려면 날마다 주의 음성에 나의 귀를 기울여야 합니다. 그분의 음성을 듣는 법을 늘 개발해야 됩니다. 하나님을 인격적으로 만나는 그 신앙을 자꾸자꾸 키워가야 합니다. 말씀을 깊이 묵상함으로 하나님의 음성을 듣는 법을 훈련해야 합니다. 설교를 통해서 나에게 하시는 말씀을 들어야 합니다. 믿음의 생활은 하나님의 음성을 듣고 그 음성에 순종하는 삶을 사는 것입니다. 여러분에게 이런 출발이 있으십니까? 세상과 분리되는 출발이 있으십니까?

참 믿음은 세상에서 분리를 시키는 능력이 있습니다. 다른 삶을 살게 만듭니다. 하나님은 우리를 이 시대를 거스르는 새로운 삶으로 초대하셨습니다. 그런가 하면 아브라함은 분리된 삶뿐만이 아니라, 이 세상에서 살았던 삶의 스타일도 달랐습니다.

8절입니다. "믿음으로 아브라함은 부르심을 받았을 때에 순종하여 장래 기업으로 받을 땅에 나갈새 갈 바를 알지 못하고 나갔으며." 분리를 나타냅니다.

9절은 삶의 스타일입니다. "믿음으로 저가 외방에 있는 것같이 약속하신 땅에 우거하여 동일한 약속을 유업으로 함께 받은 이삭과 야곱으로 더불어 장막에 거하였으니." 여기 우거했다는 단어가 있습니다. 장막에 거했다는 말씀이 있습니다.

아브라함이 이 세상을 살았던 삶의 스타일입니다. 이 우거한다는 말은 같이 거한다는 뜻입니다. 지금은 쓰이지 않는 말이지만 '거류자'라는 말과 같은 뜻입니다.

이 말은 같이 더불어 사는 것을 말하는데 옛날에, 자기 집이 없는 사람이 다른 집 사람들과 같이 살 때 동사무소에 거류계를 냈습니다. 거류계라는 말을 들어본 지도 오래된 것 같습니다. 자기 집을 가진 사람은 그냥 등록만 하면 되지만 집 없이 일시적으로 살던 사람들은 거류계를 냈습니다. 거류라는 말이나 우거한다는 말은 같은 단어입니다. 자기 소유의 집이 없습니다. 아브라함은 이 세상이 삶의 본향이 아니라고 생각하고 이 세상에 잠깐 더불어 산다고 생각했습니다.

하나님께서 아브라함에게 큰 약속을 해 주셨습니다. 아들도 없는 아브라함을 향해서 "너는 하늘의 별을 보고 바다의 모래를 보아라. 네 후손이 이처럼 많아지리라 동서남북 사방을 보아라. 네 눈에 보이는 모든 땅은 다 네 것이다. 네 후손들에게 주리라" 약속하셨습니다.

그렇지만 그의 생애 동안에 그가 가지고 있었던 유일한 부동산은 자기가 묻힐 막벨라 굴 하나밖에 없었습니다. 그는 이 세상에서 살 때 장막에만 거했습니다. 그 땅의 성에 거하지 않았습니다. 그가 장막을 떠나서 애굽으로 갈 때 당했던 것은 수치밖에 없었습니다. 거짓말 밖에 한 것이 없습니다. 그와 함께 장막에 살다가 장막생활이 싫증나서 소돔으로 내려갔던 롯은 자기가 그처럼 소중하게 생각했던 전 재산이 깡그리 불에 타버리는 비극을 맛보았습니다.

왜 그가 이 땅에 거류자로 살았습니까? 그렇다면 아브라함이 이 세상을 살 때 무관심하고 무책임하게 살았다는 말입니까? 그렇지 않습니다. 이 땅에서는, 하늘에 대한 확신을 갖는 것보다 더 훌륭한 이웃, 좋은 시민, 좋은 직장인, 좋은 공무원이 되는 것보다 나은 길은 없다고 생각합니다. 그러나 아브라함이 이 땅의 생활 또한 얼마나 성실하게 살았는지 그 삶의 기록이 잘 보여 줍니다.

창세기 13장을 보면 자기 조카 롯과 문제가 생겼습니다. 하나님께서 그들의 양떼와 소떼의 소유를 많게 해주셔서 재물이 많아졌습니다. 양떼와 소떼의 숫자 때문에 둘 사이에 물싸움을 해야 했고 그리고 풀싸움, 목초싸움을 해야 했습니다. 두 집안의 하인들이 서로 부딪칠 때, '아버지도 없는 너를 데려다가 내가 그처럼 정성스럽게 키워줬더니 네가 나를 이렇게 어렵게 만드느냐' 하고 호통을 칠 수도 있었을 것입니다. 돈이 많아졌습니다. 양떼가 많아졌습니다. 그러나 그것 때문에 문제만 생겼습니다.

우리에게 없어져야 할 미신이 있습니다. 돈이 많아지면 문제가 해결될 것이라는 착각입니다. 아닙니다. 진짜 문제는 돈이 많을 때 더 큰 문제가 생깁니다. 요즘 기도해야 할 제목 가운데 하나가 이런 것입니다.

한국이 돈이 많아져서 늘어난 숫자가 콜걸입니다. 백만이 넘는다는 통계입니다. 그네들이 노년을 어떻게 살 것입니까? 한번 생각해보셨습니까? 그들이 늙음을 어떻게 맞이하겠습니까? 이것이 남의 문제입니까? 그리고 그것 때문에 유발되는 악들이 얼마나 이 땅에 편만하겠습니까? 돈이 많아지면 기껏 우리가 생각하는 것이 이처럼 타락이고 퇴폐입니다. 고민해야 할 문제입니다. 쉽게 생각해 버릴 문제가 아닙니다.

언젠가 형제들이 많은 재벌 집에 초대를 받아서 간 적이 있었습니다. 그 집에서 저에게 말씀을 부탁하기에, 사실 돈이 많은 것이 문제의 시발이라고 설교를 했었습니다. 설교가 끝나고 식사를 하면서 형제 중의 한 사람이 "목사님 그 말이 정말 맞습니다. 각자 형제들이 기업을 하나씩 맡고 있는데 모일 때마다 다른 기업이 잘 된다는 말을 들으면 속이 상해서 견딜 수가 없습니다. 그래서 과거에 아버지가 사업하실 때에 서로 즐겁게 만났던 관계가 완전히 깨져버렸습니다. 서로 경쟁자로 만나고 미워하는 관계로 우리들 사이가 벌어졌습니다." 그렇게 고백을 했습니다.

돈이 인생의 문제를 해결해 주지 못합니다. 돈 때문에 아브라함도 곤혹을 치르고 있습니다. 사랑해야 할 조카 롯, 좋은 교제를 나눠야 할 조카 롯과의 관계에 문제가 생겼습니다. 그래서 아브라함은 롯을 부릅니다. 불러서 이렇게 이야기합니다. '롯아, 너하고 나는 친척 골육이다. 다툴 대상이 아니다.' 사실 우리들은 다툴 대상이 아닌 사람들과 잘 다툽니다.

우리는 적보다는 우리와 가까운 사람들과 더 열심히 싸웁니다. 감정 때문입니다. 인간관계는 항상 감정으로 풀면 문제가 발생합니다.

아브라함은 그렇게 생각하지 않았습니다. '롯아, 너하고 나는 친척 골육이다. 다툴 상대가 아니다.' 이 원리로 돌아오고 있습니다. 감정에 나를 맡기지 않습니다. 충동에 맡기지 않습니다. 그리고 그는 양보할 것을 양보합니다. '네가 좌하면 나는 우하겠고 네가 우하면 내가 좌하겠다 먼저 선택해라.' 그는 하나님을 아는 사람이었습니다. 그는 하나님으로 인한 부요를 아는 사람이었습니다. 그런고로 그는 양보할 수가 있었습니다. 이 땅이 그에게 영원한 땅이 아니었기 때문에 양떼 몇 마리의 숫자에 집착하지 않았습니다. 자기 소득을 불리기 위해서 목숨을 걸지 않았습니다. 그래서 그는 당면한 문제를 멋있게 해결합니다. 예수 믿는 사람은 이 세상에서 분리된 삶을 사는 사람이지 고립되어서 사는 사람이 아닙니다.

14장을 보면 다섯 연합군의 왕이 소돔과 고모라로 쳐들어와서 소돔성을 훼파하고 많은 보물들을 빼앗아가면서 롯과 그 가족을 붙잡아 갔습니다. 아브라함은 그것을 보고 그대로 있지 않았습니다.

분연히 일어나서 숫자도 얼마 안 되는 318명의 자기 하인들을 데리고 저녁에 쳐들어가서 큰 전과를 거두고 롯을 데리고 올라옵니다. 소돔 왕이 너무 기뻐서, "이미 내가 저 원수들에게 잃었던 재물이니 당신이 그 재물을 가지시오" 합니다. 아브라함은 '아닙니다. 나는 내 모든 부가 하나님께로부터 오지 않는 한 받지 않겠습니다.' 하였습니다. 그는 무엇이든지 하나님께로부터 받는 것을 기뻐했습니다.

우리들은 내 재주와 내 생각으로 수입을 얻으려고 합니다. 한평생 살면서 하나님께서 나에게 주신 것 외에는 받지 않기로 작정한 아브라함의 신앙을 우리는 배워야 합니다. 이 세상의 문제들은 이 땅이 우리가 집착해야 할 장소가 아니라는 것을 가르쳐 줍니다.

이 땅은 지나가는 나그넷길입니다. 우리는 과객입니다. 아브라함은 세상과 분리된 시작을 했습니다. 그는 세상과 분리된 시작으로 끝나지 않고 이 세상을 살면서 세상에 우거하는 삶을 살았습니다. 그러나 그는 그것으로 끝나지 않았습니다. 영원한 성을 바라보면서 자기 본향을 사모하면서 살았습니다. 11장 10절에 "이는 하나님의 경영하시고 지으실 터가 있는 성을 바랐음이니라." 또 여기 14절을 보니까 "이같이 말하는 자들은 본향 찾는 것을 나타냄이라." 이 "본향을 찾는 것"을 히브리 성경에서는 "자기 나라를 찾는 것"이라고 번역되어 있습니다.

여러분, 그가 그처럼 이 세상을 나그네로 살 수 있었던 것은, 또 나그네로 살면서도 그처럼 즐거워하고 승리할 수 있었던 것은 하나님께서 예비하신 큰 성을 믿음으로 바라보았기 때문입니다. 하나님께서 우리를 위해서 마련하신 성읍을 믿음으로 바라볼 때 비로소 세상을 승리하는 진정한 믿음이 생깁니다. 참 믿음이 그때 우리에게 옵니다. 세상의 것을 바라보면 우리 마음에 늘 시험이 옵니다. 동요됩니다. 그러나 세상의 시끄러운 소리 속에서도 하나님을 바라보고 하나님께서 나를 위해 예비해 두신 성읍이 있는 것을 발견할 때, 마음의 평화와 위로와 기쁨을 얻게 됩니다. 우리에게 본향이 있고 성읍이 있다는 사실은 우리에게 두 가지의 축복을 줍니다.

우리가 가야 할 본향이 있다는 것을 알 때, 그 여행의 모든 여정이 기쁩니다. 여행을 해 보신 분들이 많을 줄 압니다. 진짜 여행의 즐거움은 우리가 보는 그 멋있는 주변 환경 때문이 아닙니다. 사실은 나를 맞이해 줄 집이 있기 때문에 여행이 즐겁습니다. 집 밖에 나가면 고생입니다. 3일만 지나면 고통스러움을 느낄 것입니다. 언제 집에 돌아가나, 언제 가족들 얼굴 보나, 그것이 소망 아닙니까?

우리 인생이 참으로 즐거워지려면 내 생애가 끝난 다음에 가게 될 고향을 그리워하는 마음, 본향을 그리워하는 그 즐거움이 있고 확신이 있을 때 가능합니다.

노도광풍이 불고 대서양의 무서운 폭풍이 휘몰아치는 밤이었습니다. 배에 타고 있던 선교사 존 웨슬레는 겁에 질려서 갑판 뒤에 숨어서 울부짖고 있었습니다. '하나님 나를 여기서 망하게 하시겠습니까? 내가 하나님을 위해서 살겠다고 결심한 이후에 한 번도 하나님을 위해서 제대로 충성도 못하고 죽어서야 되겠습니까?' 그는 옥스퍼드 대학을 졸업하고 선교사로 파송되어 미국에서 선교활동을 하였으나 그것도 별로 신통치가 않아서 돌아가는 도중이었습니다.

그렇게 무서움에 떨면서 울고 있는데 그때 배 밑창의 제일 싸구려 객실에서 찬송소리가 들렸습니다. "오, 우리는 가네. 이 풍랑 때문에 주님 앞에 빨리 가네. 주께서 주시는 평화의 가슴을 품은 채 우리 주님께 나아가네. 그 땅에는 평화가 있네, 기쁨이 있네, 오, 하나님 감사합니다." 하는 찬송소리가 들립니다. 웨슬레와 그들은 똑같이 예수님을 믿는 사람들이었습니다. 그래서 그가 배 밑창으로 뛰어 내려갔습니다. 그랬더니 그 배 밑창에는 거지 다섯 사람이 앉아서 찬송을 하고 있었습니다. 그 사람들은 모라비안 교도들로서 탁발승처럼 이곳저곳을 돌아다니면서 구걸하며 예수를 전하는 무리들이었습니다. 이들은 보헤미아 지방에서 복음을 전하고 고향으로 돌아가는 길이었습니다. 그때 웨슬레는 큰 충격을 받았습니다. 나와 똑같이 예수를 믿는 사람인데 폭풍우를 만나서 나는 사색이 되고 어떻게 저 사람들은 기쁨에 넘칠 수 있는가를 생각했습니다. 그들에게는 본향을 향한 확실한 소망이 있었기 때문입니다. 우리에게 돌아가야 할 고향이 있다는 것은 우리 인생의 즐거움의 모든 것입니다. 우리 아버지 집에 간다는 이 즐거움은 어느 때든지 우리에게 감격과 기쁨의 인생을 살도록 만드는 원천이 되어 줍니다. 그런가 하면 돌아갈 집이 있으면 우리로 하여금 인내하도록 만듭니다.

5년 전, 미국에서 안식년을 지낼 때였습니다. 전셋집을 얻어서 살고 있었는데 가구나 소파가 전혀 없었습니다. 가족들만 있으면 괜찮은데 미국사람들을 접대하기가 불편해서 누가 쓰다가 남기고 간 소파를 갖다 놨습니다. 잠자리는 맨 바닥에서 누워 자니까 습기가 올라와서 아이들에게 매트리스를 깔고 자게 했고, 우리 부부는 세일하는 곳에 가서 카펫을 사다가 1년을 잘 지냈습니다. 그래도 우리가 그때 카펫만으로도 만족하며 지낼 수 있었던 것은 내가 서울에만 가면 교회에서 마련해 준 사택의 따뜻한 온돌방에서 잘 수 있다는 생각 때문이었습니다. 나에게 돌아갈 집이 있었기에 그 불편한 잠자리를 견딜 수 있었습니다. 만약 그 집이 내가 살아야 할 영원한 집이었다면 만족할 수 없었을 것입니다. 그곳에 필요한 가구들을 더 사다 놓았을 것입니다. 그것은 나만 참을 수 있게 한 것이 아니라 우리 아이들도 참을 수 있게 했습니다.

그 아파트에는 많은 아이들이 자전거를 타고 놀았습니다. 우리 집 두 아이는 다른 아이들이 자전거 타는 것을 보고 자꾸 자전거를 사달라고 졸랐습니다. 그래서 두 아이를 불러서 "아빠가 너희들에게 자전거를 사주긴 하겠는데 꼭 한 번밖에 못 사준다. 결정해라. 미국에서 살래, 한국에서 살래?" 둘이 의논하더니 "아빠, 한국에서 사줘요." 하였습니다. 그 다음부터는 다른 아이들이 자전거를 탈 때 기가 안 죽었습니다. 아빠가 한국에 가기만 하면 자전거를 사주겠다고 약속했기 때문입니다. 어린아이들도 돌아갈 집이 있으면 잘 인내합니다.

왜 우리에게 이 소망이 흔들립니까? 내 인생의 찬란한 목적, 주님 앞에 서는 목적, 주께서 나를 위해 마련하신 영원한 천국에서 내가 눈 뜬다는 사실과 확신이 왜 우리에게 불타오르지 않습니까? 하나님의 사람 아브라함은 그 도성을 바라보며 이 땅에 나그네로 우거하는 삶을 살았습니다. 이 땅의 삶을 살면서 장막 속에서 살았습니다. 집을 짓지 않았습니다. 그가 목수 일을 할 줄 몰라서가 아니었습니다. 집이 있는 것이 그에게 좋다는 것을 몰라서가 아닙니다. 그가 집을 지으면 이 땅에서 하나님의 명령에 순종하며 사는 것이 불편하였고, 이 땅이 나의 집이 아니라는 것을 자기 삶으로 고백하고 싶어서 그는 땅에 우거하면서 장막에 살았습니다.

사람의 재능과 환경이, 그 사람의 소유가 그 사람을 빛나게 해주지 못합니다. 그 사람을 빛나게 해 주는 것은 그 사람의 비전입니다. 큰 일을 하고 빛을 남겼던 사람들은 여건이 좋았던 사람이 아니었고 머리가 좋은 사람이 아니었습니다. 삶의 분명한 비전이 있는 사람입니다. 비전이 인생을 빛나게 만듭니다. 소망이 인생의 불빛을 밝혀 줍니다. 그런데 그 소망 가운데서도 하나님 앞에 선다는 소망, 죽어도 내가 다시 사는 생명을 가지고 살아계신 하나님 앞에서 내 모든 생애가 평가받는 그 날을 기대하는 소망은 나의 삶을 승리하는 삶으로 이끕니다.

우리 조상 아브라함은 이 세상을 살면서 그 자신을 세상과 분리시켰습니다. 세상 속에 살면서 이 세상은 내가 영원히 거할 장소가 아니라는 것을 알고 땅에 우거하며 장막 속에서 살았습니다. 주께서 옮기라고 하실 때 쉽게쉽게 옮길 수 있는 삶의 태도를 가집시다. 내게 있는 것이 아무것도 나의 소유가 안 될 때가 옵니다.

아브라함은 그것으로 끝나지 않고 주께서 마련하신 한 성읍을 믿음으로 바라보고 그의 생애를 살았습니다. 그는 세상에서 분리되어 살았습니다. 세상에서 거류자로 살았습니다. 이 땅이 내 땅이 아니며 내 마음을 둘 장소가 아니라고 생각했습니다. 우리가 사랑해야 할 장소가 아닙니다. 그리고 그는 하나님께서 마련하신 영원한 도성을 바라보고 순례자로서 인생을 살았습니다. 내 삶은 어떻습니까?

믿음의 사람들

제6강

사라의 믿음

> 믿음으로 사라 자신도 나이 늙어 단산하였으나
> 잉태하는 힘을 얻었으니 이는 약속하신 이를 미쁘신 줄 앎이라
> 이러므로 죽은 자와 방불한 한 사람으로 말미암아
> 하늘에 허다한 별과 또 해변의 무수한 모래와 같이 많이 생육하였느니라
> 이 사람들은 다 믿음을 따라 죽었으며 약속을 받지 못하였으되
> 그것들을 멀리서 보고 환영하며
> 또 땅에서는 외국인과 나그네로라 증거하였으니
> 이같이 말하는 자들은 본향 찾는 것을 나타냄이라
> 저희가 나온 바 본향을 생각하였더면 돌아갈 기회가 있었으려니와
> 저희가 이제는 더 나은 본향을 사모하니 곧 하늘에 있는 것이라
> 그러므로 하나님이 저희 하나님이라 일컬음 받으심을
> 부끄러워 아니하시고 저희를 위하여 한 성을 예비하셨느니라
> (히 11:11-16).

사람이 살아가는 데 축복의 조건 중의 하나는 좋은 반려자를 만나는 것입니다. 그래서 우리말에 "모든 복 가운데 처복이 제일가는 복"이라는 말이 있습니다. 그런가 하면 "여자 팔자는 두레박팔자"라는 말도 있습니다. 이것은 좋은 남편을 만나는 것이 얼마나 어려우며 또 중요한가를 표현한 말일 것입니다.

좋은 사람들끼리 잘 만나서 한평생을 사는 것은 그 생애에 축복일 것입니다. 그러나 그 중에서도 더 귀한 축복은 좋은 사람들이 신앙으로 만나서 동질의 신앙을 가지고 같은 목표를 향해서 인생을 사는 것이야말로 복된 일 중에 복된 일일 것입니다. 세례 요한의 부모 사가랴와 엘리사벳은 같은 신앙을 가졌습니다.

그런가 하면 사도 바울 옆에서 조력했던 숨은 봉사자인 브리스길라와 아굴라 부부는 바울의 사역에 충성을 다한 아름다운 부부였습니다. 믿음의 조상 아브라함의 그 영광스런 믿음을 살펴보면 우리들은 또 한 사람의 믿음의 조상 사라의 믿음을 발견하게 됩니다. 부부가 함께 살면서 동일한 믿음을 가진 것보다 더 귀한 축복은 없을 것 같습니다. 신앙이 없는 사람들은 나이가 들어가면 기껏해야 먹고 입는 것을 걱정하고 아들딸 걱정만 하는 것이 부부가 나누는 대화의 전부입니다. 그러나 동질의 신앙을 가진 사람은 하나님의 역사를 같이 이야기합니다.

하나님께서 우리 인생을 향하신 뜻을 부부가 함께 발견하고 함께 그것을 향해 정진합니다. 우리 인생에서 이것보다 더 큰 축복이 어디 있습니까? "믿음으로 사라 자신도 나이 늙어 단산하였으나 잉태하는 힘을 얻었으니 이는 약속하신 이를 미쁘신 줄 앎이라"(11절). "믿음으로 사라 자신도"라고 했습니다. 신앙은 항상 주체적이어야 합니다. 신앙은 다른 사람의 신앙에 끼어서 같이 신앙생활할 수 없습니다.

　키에르케고르의 책을 읽어보면 한때 불란서 사람들은 나폴레옹 전쟁 이후에 모두들 자기가 마치 나폴레옹인 양 착각하고 살았던 때가 있었다고 합니다. 그런데 우리 주변에서도 얼마든지 있을 수 있는 이야기입니다. 남편의 신앙이 좋으니까 아내의 신앙도 덤으로 따라간다든지, 아내의 신앙이 좋으니까 남편은 신앙이 없어도 문제가 없다든지, 내가 누구의 아들이고 딸이기 때문에 나는 신앙이 없어도 괜찮다든지 하는 그런 말은 통하지 않습니다. 지금은 우리 교회에서 좋은 신앙의 본을 보여 주시는 분입니다마는 그분의 아내가 저희 교회에 부군보다 먼저 혼자 나오셔서 참으로 충성스럽게 신앙생활을 하셨습니다. 그래서 제가 그 남편 되시는 분에게 전도를 하면 늘 하시는 말씀이 "우리 아내 믿음이 좋으니까 천당 갈 때 나는 아내 옷자락만 꽉 잡겠습니다." 늘 그런 식으로 대답하셨습니다. 내가 누구의 아내이고 누구의 남편이기 때문에 신앙이 저절로 자라는 것이 아닙니다.

　사사 시대에 엘리는 신앙이 있었습니다마는 엘리의 두 아들 홉니와 비느하스는 신앙이 없었습니다. 사무엘은 신앙이 좋았습니다마는 사무엘의 아들들은 신앙이 없어서 그것 때문에 이스라엘 백성이 하나님께 왕을 구하는 빌미가 되었습니다.

　모세의 손자인, 요나단은 레위 족속이라는 신분을 이용해 우상숭배자의 집에서 종 노릇 한 것을 우리는 사사기에서 봅니다.

　아브라함은 위대한 신앙을 가졌습니다. 그러나 사라도 아브라함과 동일한 신앙을 가졌습니다.

　신앙은 언제든지 주체적이고 주관적이어야 합니다. 저는 장로의 아들로 태어나서 스물여섯 살 때까지는 전혀 신앙 없이 자란 사람입니다. 예수 그리스도의 빛나는 영광이 무엇인지 몰랐기 때문에 신앙은 나에게 가장 지겨운 짐이었습니다. 그러다가 우리 아버지가 믿던, 어머니가 그처럼 감격해하시던 똑같은 예수님을 만나게 되었습니다.

아브라함도 신앙이 있었지만 사라 자신도 신앙이 있었다는 이 말이 얼마나 귀한 말씀인지 모릅니다. 이 말씀 속에서 우리들은 또 한 가지 기도해야 할 제목을 발견하게 됩니다. 나의 신앙이 아직도 연약한 가운데 있습니까? 하나님 앞에 그 귀한 신앙, 우리 선조들이 믿었던 신앙, 우리 부모님들이 매달렸던 그 신앙을 달라고 기도해야 할 것입니다. 내가 믿는 하나님을 나의 남편도 똑같이 살아계신 하나님으로 섬길 수 있게 하기 위해서 기도해야 할 것입니다. 그런가 하면 "믿음으로 사라 자신도"라고 성경은 말씀하고 있습니다. 믿음으로 남편만 축복받은 것이 아니라 자신도 믿음으로 축복받은 것을 알 수 있습니다. 이처럼 귀한 축복을 받을 때 사라에게 동일한 말씀을 계속 하나님이 반복하셨습니다.

그 가정을 향해서 하나님이 반복하여 말씀하셨습니다. 하나님의 약속은 우리의 신앙생활에 계속 반복되어야 할 진리입니다.

신앙생활을 하시면서 이런 위험은 피하시기 바랍니다. 신앙을 화끈한 감격이나 날마다 갖는 새로운 경험에 맞추지 마십시오. 우리가 전한 복음 또는 우리가 이미 받은 복음은 반복할 만큼 가치가 있고 반복할 만큼 자신이 있는 말씀입니다. 하나님께서 사라와 아브라함에게 자식을 주시겠다고 거듭거듭 반복하셨습니다. 반복할 때에 그들이 깨닫게 되었습니다. 이것은 우리에게 많은 것을 가르쳐 줍니다. 우리의 자녀들은 신앙생활을 하다가도 여러 번 흔들립니다. 그럴 때 우리 부모들은 옛날에도 같은 성경 말씀으로 가르쳤으나 역시 똑같은 말씀으로 가르쳐야 합니다. 저번에 강조하였지만 오늘도 아이가 의심할 때 또 말해 주어야 합니다. 하나님께서 그렇게 하셨습니다. 아이들은 초등학교 때는 참 신앙이 좋다가도 중학교만 가면 달라집니다. 아니, 대학교 입시 전에 또 크게 흔들립니다. 대학교에 가서도 사상문제로 휩쓸릴 때 또 반복해야 합니다.

그럴 때 부모들은, '내가 그렇게 강조했는데도 다 잊어버리다니 소망이 없다.' 그렇게 절망하지 마십시오. 또 말해 주어야 합니다. 제 아들이 초등학교 4학년 때 신앙진단을 해보았습니다. 해본 결과 아이에게 신앙이 없다는 것을 알고 깜짝 놀랐습니다. 그래서 제가 복음 제시를 했습니다. 그런데 중학교를 가더니 또 달라졌습니다. "아빠, 그 때는 믿었는데요. 지금은 또 의심이 생겨요." 그러면 저는 똑같은 말을 반복합니다.

우리가 반복한다고 자녀들이 지겨워하는 것이 아닙니다. 중요한 것은 이 세상에 되풀이해서 반복할 만큼 중요하고 자신 있는 진리가 없다는 것입니다. 사람들은 오늘 이 말했다가 내일은 저 말을 합니다. 기독교의 진리는 문화 형태에 따라 달라지지 않습니다.

기독교의 살아 있는 진리는 시대에 따라 달라지지 않습니다. 사도 바울이 말하기를 하늘로서 온 뭇 천사라 할지라도 내가 전한 복음 이외에 다른 복음을 전하면 저주를 받는다고 하였습니다. 기독교의 진리는 수없이 반복될 만큼 자신 있는 진리입니다. 자신 있는 종교입니다. 우리의 자녀들이 초등학교에 다닐 때 자신 있게 전한 복음이라면 중학교, 고등학교에 다닐 때라도 대학교에 다닐 때에도 말해야 합니다. 복음의 진리는 영원히 나의 진리입니다.

어느 한 시대, 어느 한 시점에서만 진리가 아니라 살아계신 하나님을 바라보아야 할 나에게, 살아계신 하나님의 능력을 의지해야 할 나에게 언제나 진리입니다. 그래서 하나님께서는 약속의 말씀을 하시되 변경하시지 않으시고 똑같은 말씀을 거듭거듭 반복해서 강조하셨습니다. 심지어는 이 약속의 말씀을 한 번 주신 이후에는 약속을 받은 인간의 믿음이 없어져도 그 약속은 취소되거나 변경되는 일이 없습니다.

사라는 하나님께서 말씀하실 때 믿지 않았습니다. 그래서 하나님 앞에서 웃었습니다. 하나님께서 말씀하십니다. "사라야, 네가 왜 웃느냐" 사라는 "제가 언제 웃었습니까?" 하고 부인하였습니다. 사람의 마음속 중심을 아시는 살아계신 하나님이신 것을 깨닫지 못하고 그는 웃지 않았다고 거짓말했습니다. 그러나 우리 하나님은 변경하거나 취소하시지 않는 하나님이십니다.

디모데후서 2장 13절에 "우리는 미쁨이 없을지라도 주는 일향 미쁘시니 자기를 부인하실 수 없으시니라"고 했습니다. 한 번 약속하신 것을 우리 주님은 언제나 지키십니다. 오늘 이 사라의 모습이 우리에게 귀한 격려가 됩니다. 그것은 사라가 하나님의 말씀을 믿지 못했기 때문입니다. 언약의 하나님을 불신했습니다. 그렇지만 히브리서 11장의 기록을 보면 사라의 불신에 대한 기록이 한 구절도 없습니다. 우리 하나님은 기생 라합의 거짓말을 기록하지 않으시고 "믿음으로 기생 라합은"이라고 기록하셨습니다.

히브리서 11장 31절에 라합의 믿음이 잘 나와 있습니다. 우리 주님은 우리 삶의 과정 가운데 있는 실패를 바라보시지 않고 우리가 살아계신 하나님을 믿는 그 마음을 귀하게 받으십니다.

야고보서 5장 11절을 보면 "보라 인내하는 자를 우리가 복되다 하나니 너희가 욥의 인내를 들었고 주께서 주신 결말을 보았거니와 주는 가장 자비하시고 긍휼히 여기는 자시니라"고 했습니다.

하나님께서는 동방의 의인 욥을 기록하실 때 그의 조그마한 악도 기록하지 아니하시고 욥의 승리하는 인내의 믿음을 기록하고 있습니다.

그런가 하면 화를 잘 내던 모세의 실패를 기록하지 아니하시고 그가 하나님 앞에서 믿음으로 달렸던 것을 기록하시는 하나님이신 것을 히브리서 11장은 우리에게 가르쳐 주고 있습니다. 우리의 연약하고 부족한 모습을 크게 보시지 않고 연약한 가운데에서도 하나님을 믿고 의지하는 우리의 모습을 하나님은 크게 보십니다. 우리 하나님은 자비의 하나님이십니다. 우리 하나님은 은총의 하나님이십니다. 그래서 나의 못난 것을 기억지 않으십니다.

히브리서 10장 17절에 "또 저희 죄와 저희 불법을 내가 다시 기억지 아니하리라" 말씀했습니다. 오늘 히브리서 11장 11절 말씀은 우리로 하여금 신앙이 그저 하루아침에 급성장해서 갑자기 자라는 것이 아니라 꾸준히 자라는 것임을 우리에게 가르쳐 줍니다.

11절과 12절의 말씀은 사라의 믿음을 아이 낳는 것에 비견하였지만 똑같은 사건이 로마서에서는 다르게 기록되어 있습니다. 그것은 아브라함 중심으로 기록되어 있습니다. 아브라함 중심으로 기록된 로마서 4장을 보겠습니다. 4장 19절입니다. "그가 백 세나 되어 자기 몸의 죽은 것 같음과 사라의 태의 죽은 것 같음을 알고도 믿음이 약하여지지 아니하고." 아브라함의 믿음이 어떠했습니까? 사라의 태가 죽은 것을 알았다고 하였습니까, 몰랐다고 하였습니까? 알았습니다. 이 상식적인 사실을 모르면 미신입니다.

신앙이라는 것은 상식을 무시하지 않습니다. 아브라함은 자기 몸의 죽음도 알았고 사라의 태가 닫힌 것도 알았습니다. 그렇지만 그는 한 가지를 더 알았습니다. 무엇을 알았습니까? 하나님은 약속을 능히 이루시는 하나님이심을 알았습니다. 이것이 믿음입니다. 이런 산 믿음을 그는 가졌습니다.

사실을 믿는 것이 신앙입니다. 사실을 믿지 않는 것을 성경은 불신앙이라고 말합니다. 아브라함은 믿었습니다. 그렇지만 그 믿음은 한꺼번에 생긴 것이 아니고 오랜 세월 속에서 자란 믿음입니다. 그가 75세 때 하나님의 부름을 받았습니다. 그때 하나님께서 하늘의 별처럼, 바다의 모래처럼 네 후손을 이 땅에 편만케 해 주겠다고 약속하셨습니다. 그런데 이 약속이 이루어지지 않자 아브라함은 하나님 앞에 이렇게 말합니다.

"하나님, 내가 다메섹 엘리에셀을 데려다가 내 후사로 삼겠습니다. 이것은 주께서 씨를 주시지 않은 연고입니다."

하나님의 말씀을 받은 이후 그 약속이 이루어지지 않자 그는 안타까웠습니다. 그래서 하나님을 좀 도와드리고자 제안한 것입니다. 하나님께서 말씀하십니다. "아니다, 네 몸에서 날 자라야 하리라." 그래서 기다렸으나 10여 년이 지났는데도 아이가 출생할 기미가 보이지 않았습니다. 그래서 그는 아내 사라가 그녀의 여종 하갈을 취하라고 권하자 하갈과 잠자리를 같이하였습니다.

오래전 미국에서 큰 법정사건이 있었습니다. 그것은 대리모 사건인데 인공수정을 하여 한 처녀의 몸을 빌려 아이를 낳아주면 돈을 주겠다고 약속하였습니다. 그래서 그 처녀가 인공 수정한 아기를 낳았습니다. 그런데 문제는, 아이가 자라자 그 엄마는 모성애가 일어나서 아이를 줄 수 없다고 고집하여 법정에 고소되었습니다. 처음 일어난 사건이었기 때문에 그것이 미국에서 계속 신문과 라디오, 중요 주간지에 기사화되었습니다.

아마 이런 대리모 사건을 염두에 두시면 이해하시기 쉬울지 모르겠습니다. 당시에 중동지방에서는 여종은 여주인의 소유물이었습니다. 그래서 여주인이 아이를 낳지 못할 때는 그 여종이 여주인을 대신해서 아이를 낳아주는 일이 흔히 있었습니다. 야곱의 두 아내 레아와 라헬 사이에도 언니 레아가 아이를 잘 낳자 시기가 난 라헬이 남편에게 청해 자기 여종을 통해 아이를 얻은 뒤 자기 아이라고 말합니다. 그러자 레아도 자기 여종을 통해서 아이를 낳았습니다. 그래서 야곱이 모두 열두 명의 자녀를 낳은 것을 알 수 있습니다. 그런데 이와 같은 일은 고대 중동지방에서 비일비재했던 일입니다.

사라는 하나님의 약속은 이루어지지 않고 이제 자기 몸의 조건으로는 아이를 낳을 수 없다고 판단되자 하갈에게서 아이를 낳을 것을 권고하고 있습니다. 그래서 아이를 낳았습니다. 애쓰고 수고해서 하나님의 일을 성취하는 것 같았습니다.

인간이 애쓰고 노력해서 하나님의 뜻을 도와드리려 하지만 하나님의 일에는 방해밖에 되지 않습니다. 그 일로 말미암아 아브라함의 가정에 불행이 찾아들었습니다. 아니, 이스라엘 백성이 지금까지 고생하고 있는 것은 이스마엘의 후손 때문입니다. 사람이 하나님을 도와드릴 수가 없습니다. 단지 하나님이 어떤 분이신가를 알고 하나님의 약속을 든든히 붙잡는 것이 믿음입니다. 우리가 무엇을 행하는 것이 믿음이 아닙니다. 참된 믿음은 어느 때나 하나님을 바라보는 것입니다. 아브라함은 수많은 사건을 통해서 하나님은 약속하신 것을 반드시 이루시는 분임을 인격으로 만나게 되었습니다.

이와 같이 사라도 동질의 믿음을 함께 가졌습니다. 그래서 "사라 자신도 나이 늙어 단산하였으나 잉태하는 힘을 얻었으니 이는 약속하신 이를 미쁘신 줄 앎이라"(11절).

사라도 믿을 수 없었고 아브라함도 믿을 수 없었습니다.

신앙생활을 할 때 갈등이 있을 수 있습니다. 그러나 갈등이 있다고 해서 무시하면 안 됩니다. 이 세상의 어떠한 사람도 하나님 앞에서 신앙을 가진 이후에 한 번도 의심하지 않고 한 번도 곁길로 가지 않고 마치 순풍에 돛단 듯이 순탄하게만 신앙생활을 하는 사람은 없습니다. 예수를 믿다가도 어떤 때 불신앙이 생길 수 있습니다. 그렇지만 나의 마음에 살아계신 하나님을 향한 신뢰를 더욱 든든히 하고 하나님을 향한 목표를 더 굳건히 세울 때 그 갈등과 불신은 내게서 사라질 것입니다. 하나님의 사람 세례 요한도 예수가 참 메시아인 것을 불신할 때가 있었습니다. '하나님, 나를 차라리 죽여 주시옵소서.' 이처럼 깊은 나락에 떨어지는 것이 인생입니다. 아브라함도 사라도 그랬습니다. 그렇지만 하나님을 향해서 시선을 떼지 않는 사람, 우러러 하나님을 바라보는 자에게 하나님은 새 힘을 주십니다.

그의 신앙은 계속 자랍니다. 그러나 우리가 하나님을 바라봄으로 하늘의 별처럼 바다의 모래처럼 많은 후손을 주신 이 사건, 나이 늙을 때 주어진 이 사건이 하나님의 약속에서 비롯된 사건이라는 사실을 우리가 기억해야겠습니다. "이는 약속한 이를 미쁘신 줄 앎이니라"(11절). 이것을 약속하신 분을 신실하게 붙잡았습니다. 그러므로 죽은 몸과 같은 한 사람으로 말미암아 하늘의 허다한 별과 또 해변의 무수한 모래와 같이 많이 생육하도록 하셨습니다. 이처럼 엄청난 생육의 약속을 주께서 약속하신 대로 이루셨습니다.

이 말씀을 잘못 오해하면 안 됩니다. 저희 교회에서도 실제로 그런 사건이 있었습니다. 자녀가 없는 가정을 위해서 온 구역원들이 전부 열심히 기도해서 자녀를 얻은 집이 있습니다. 참 하나님께 감사하였습니다. 그렇지만 하나님께서 자녀를 위해서 계속 기도하여도 주시지 않는 경우가 있습니다. 그럴 때에 사람들은 하나님이 나의 기도를 안 들어 주셨다, 하나님이 살아 계시다면 이럴 수 있을까? 하고 쉽게 설명하는 사람들을 만납니다. 그러면서 어디에서 예를 드는가 하면 바로 이 사라의 예를 듭니다. 이때는 사라의 예를 들어야 할 때가 아닙니다. 왜 그렇습니까? 하나님께서 사라에게 아들을 주시겠다고 약속하셨기 때문에 그 약속을 믿은 것이지 하나님이 아무 말씀도 안 하셨는데 그가 약속을 믿은 것이 아닙니다.

해변에서 3시간 동안이나 물 위를 걷게 해 달라고 열심히 기도했는데도 물 속에 빠지기만 하니 하나님은 안 계신다고 우기는 사람을 보았습니다. 베드로는 예수님이 걸으라고 해서 걸었던 것입니다. 예수님이 시키지도 않았는데 무턱대고 한 것이 아닙니다. 우리가 우리의 생각대로 혼자 열심히 가면 안 됩니다. 주의 부르심을 따라 가야 됩니다. 우리들은 말씀의 후반부만 좋아하는 경향이 있습니다. 기도해서 아들을 낳았다는 구절만 좋아합니다.

우리가 살아계신 하나님을 신뢰한다는 것은 하나님의 불변의 인격을 신뢰한다는 것입니다. 그 불변의 인격의 표현인 하나님의 말씀을 믿는 것입니다. 주께서 아들을 주신다고 약속하시니, 그 말씀을 믿었습니다. 항상 믿는다고 말할 때 내 믿음을 믿으면 안 됩니다. 자기 신념을 믿으면서 "될 줄로 믿사오니 주시옵소서." 하고 기도하고서 안 이루어지면, 하나님은 안 계시다고 말하는 사람들이 있습니다. 아닙니다. 주께서 나를 그렇게 부르셨는가 물어보아야 합니다. 주께서 내게 약속하셨는가가 중요합니다.

아브라함도 하나님의 약속을 믿었습니다. 약속하신 것을 능히 이루실 줄을 확신했다고 말합니다. 또 여기 11절에 사라에 대해서도 똑같은 말을 합니다. 이는 약속하신 이를 미쁘신 줄을 알았다고 말합니다. 믿음에 있어서 내 믿음이 중요한 것이 아닙니다. 믿음의 대상이신 하나님, 그분이 중요한 것입니다. 그분만이 우리 신앙의 전부입니다. 그가 그 약속을 믿었기에 그는 하나님의 약속의 실현을 보게 되었습니다. 언제 보게 되었습니까? 나이 늙어 단산했을 때였습니다. 이 말은 간단한 말인 것 같습니다. 그러나 오히려 짙은 어둠 가운데서 작은 불빛이 더욱 찬란한 것처럼 하나님의 권능이 영광을 받으시기 위해서 그가 단산된 다음에, 아이를 낳을 수 없게 된 그때에, 하나님께서 태를 여셨습니다.

부활의 능력으로 죽은 자와 방불한 그 몸을 다시 살리셔서 부활의 권세로 하나님의 약속을 성취하셨습니다. 오늘 이 시간 우리들은 아브라함과 동질의 믿음을 가진 믿음의 여인, 우리 믿음의 조상, 사라의 모습을 봅니다. 이 말씀을 묵상하면서 우리들은 우리 가정이 동질의 믿음을 갖기 위해서 기도해야 할 것입니다.

믿음의 사람들
제7강

모리아 산정에서

아브라함은 시험을 받을 때에 믿음으로 이삭을 드렸으니
저는 약속을 받은 자로되 그 독생자를 드렸느니라
저에게 이미 말씀하시기를
네 자손이라 칭할 자는 이삭으로 말미암으리라 하셨으니
저가 하나님이 능히 죽은 자 가운데서 다시 살리실 줄로 생각한지라
비유컨대 죽은 자 가운데서 도로 받은 것이니라
(히 11:17-19)

성경은 우리에게 시험이라는 단어를 여러 번 보여 주고 있습니다. 이 시험이라는 말에는 전혀 뜻이 다른 두 가지 개념이 있습니다. 하나는 유혹이라는 뜻의 시험입니다.

야고보 사도가 1장 13절에서 하나님은 우리를 시험하지 아니하신다고 말할 때, 이 시험은 유혹을 말한 것이며, 하나님은 우리에게 유혹(Temptation)을 주시지 아니하신다는 뜻입니다.

마태복음 4장을 보면 예수님이 사탄에게 시험받으시는 장면이 있습니다. 그때의 시험은 유혹의 시험입니다. 그런가 하면 사람이 자기 육신의 욕심을 따라서 미혹에 빠지기도 하는데 이것이 시험이고 유혹입니다. 그래서 우리들은 늘 기도할 때 '시험에 들게 하지 마옵시고' 이렇게 기도해야 합니다. 주께서 그렇게 기도하라고 명령하신 것은, 시험은 인생이 생각하는 것보다 더 크고 대적하기 어려우며 힘들기 때문입니다.

또한 시험의 또 다른 뜻으로 테스트(Test)가 있습니다. 이것은 마치 학생들이 공부를 열심히 해서 실력이 어느 정도인지 평가를 하기 위해서 시험을 치르는 것과 같습니다. 만약에 공부를 열심히 한 학생들에게 테스트가 없다면 그의 공부는 허사일 것입니다. 고등학교 3학년 학생들에게 이 시험의 기회가 주어지지 않는 것보다 더 큰 비극은 없을 것입니다.

유혹은 우리를 밑으로 끌어내리고 타락하게 만듭니다. 그러나 시험은 우리를 끌어 올려서 믿음의 생활을 더 든든하게 하며 더불어 하나님의 깊은 영광을 체험하도록 해 줍니다.

히브리서 11장 17절부터 19절에 나타난 아브라함이 받았던 시험은 하나님께서 아브라함에게 더 귀한 축복을 주시기 위해서 그를 테스트한 것입니다. 모든 사람이 유혹을 당하지만 모든 사람이 시험을 당하지는 않는다고 합니다. 하나님의 테스트는 믿음의 장성한 분량에 선 사람에게만 하나님이 허락하십니다.

하나님께서는 그때그때마다 시기에 맞춰서 우리를 인도하십니다. 중학생에게 고등학교 시험 문제를 내시지 않으며 고등학생에게 대학생 수준의 리포트를 요구하시지 않으십니다. 우리 하나님은 정확하신 하나님입니다. 그러나 하나님께서 우리에게 시험을 줄 때는 반드시 시험을 이길 수 있게 해 주시고 또 시험을 통과하는 과정을 통해서 하나님의 영광을 삶 전체로 만나는 놀라운 기회로 활용하십니다.

17절은 아브라함이 당했던 테스트입니다. "아브라함은 시험을 받을 때에 믿음으로 이삭을 드렸으니 저는 약속을 받은 자로되 그 독생자를 드렸느니라." 독자를 제물로 드리는 테스트를 받게 되었습니다. 그는 하나님께서 독자인 이삭을 바치라고 말씀하실 때 하나님의 인격을 전적으로 신뢰했습니다.

18절은 이렇게 말하고 있습니다. "저에게 이미 말씀하시기를 네 자손이라 칭할 자는 이삭으로 말미암으리라 하셨으니." 이삭을 바치라고 하시기 전에 하나님은 아브라함에게 하늘의 별처럼, 바다의 모래처럼 후손을 편만케 해주겠다고 약속하셨습니다. 그래서 아브라함은 이렇게 믿었습니다. "저가 하나님이 능히 죽은 자 가운데서 다시 살리실 줄로 생각한지라"(19절). 하나님께서 말씀하시면 반드시 이루어지며 하나님의 약속에는 변경이 없다는 사실을 그는 알았습니다. 그래서 그는 이삭을 도로 받았는데 이 도로 받은 사실을 성경은 이렇게 말합니다. "비유컨대 죽은 자 가운데서 도로 받은 것이니라"(19절). 아브라함은 하나님께 온전히 이삭을 드렸습니다. 그리고 이삭을 다시 받았습니다. 그 일 후에 모리아 산정에서 내려온 이삭은 하나님께로부터 새로이 다시 받은 이삭입니다.

이 사건을 좀 더 정확하게 살펴보기 위해서는 창세기 22장으로 가봐야 합니다. 창세기 22장입니다. "그 일 후에 하나님이 아브라함을 시험하시려고 그를 부르시되 아브라함아 하시니 그가 가로되 내가 여기 있나이다 여호와께서 가라사대 네 아들 네 사랑하는 독자 이삭을 데리고 모리아 땅으로 가서 내가 네게 지시하는 한 산 거기서 그를 번제로 드리라"(1-2절).

아브라함은 하나님 앞에 번제로 그 아들을 드릴 것을 요구받습니다. 번제로 드릴 것을 요구받을 때 하나님께서는 '네 사랑하는 독자 이삭'이라고 말합니다. 그러니까 아브라함이 아들 이삭을 얼마나 사랑하는지 하나님도 잘 아셨습니다. 하나님께서 그 이삭을 바치라고 요구하고 계십니다. 이러한 때 아브라함이 어떻게 차곡차곡 하나님의 은혜를 따라 순종으로 나아갔는지를 이 말씀을 통해서 살펴보겠습니다.

첫째로, 하나님께서 이삭을 바치라고 명령하실 때 그는 조금도 변명하지 않았습니다. 아브라함이 변명해 봄직한 말들을 생각해 봅시다. "하나님, 만물의 영장인 사람이 어떻게 천륜을 어길 수 있습니까? 이 천륜은 부모가 자식을 사랑하는 것입니다. 어미가 그 새끼를 사랑하는 것입니다. 심지어는 족제비마저도 독수리가 날아와서 자기 새끼를 낚아채려 할 때 어린 새끼를 위해서 몸을 내던집니다. 미물인 곤충과 짐승들도 자기 새끼를 보호하고 위할뿐더러 그 어미가 자식을 위해 죽는 일도 허다한데 어떻게 부모가 자식을 죽이라는 말입니까? 이것은 천륜을 어기는 것이 아닙니까?" 이렇게 말할 수 있었을 것입니다. 또 "하나님, 내가 하나님께 자식을 드릴 수는 있지만 만약 하나님께 드리면 하나님의 약속은 무너집니다. 하나님께서 내 아들을 통해서 하늘의 별처럼, 바다의 모래처럼 편만케 하겠다고 약속하셨습니다. 그런데 내 아들 이삭을 죽이면 하나님의 약속이 무너집니다. 그래서 제 마음으로는 드리고 싶지만 하나님의 영광을 위해서 안 됩니다." 이처럼 가장 이성적이고 가장 합리적이고 논리적으로 하나님의 요구를 거절할 수 있습니다.

우리 인생 속에서도 하나님의 명령과 요구를 받을 때마다 형편이 안 된다느니, 아브라함이야 그럴 수 있지만 아브라함과 나는 처지가 다르다느니, 몇천 년 전과 현재 이 말씀이 주는 의미가 다르다느니 하면서 얼마나 마음속으로 많은 변명을 하고 있습니까? 그 변명 때문에 하나님의 축복을 순종으로 받지 못하는 경우가 얼마나 많습니까? 그러나 이 아브라함은 변명이 없었습니다. 주의 말씀이 우리에게 임할 때 우리에게 없어져야 될 것은 변명과 핑계입니다.

두 번째로, 그의 순종은 신속했습니다.

창세기 22장 3절을 봅시다. "아브라함이 아침에 일찍이 일어나 나귀에 안장을 지우고 두 사환과 그 아들 이삭을 데리고 번제에 쓸 나무를 쪼개어 가지고 떠나 하나님의 자기에게 지시하시는 곳으로 가더니." 아브라함이 다음날 아침에 일찍 일어났다고 말합니다. 하나님께서는 지금 가라 혹은 내일 가라, 모레 가라 말씀하시지 않고 그냥 가라고만 말씀하셨습니다.

하나님께서 시간까지 명령하시지 않았습니다. 사랑하는 자기 아들을 죽여야 하는 그 아버지의 마음에 밤새도록 얼마나 번민이 많았겠습니까? 하나님이 그 일을 확정적으로 허락하셨고 명령하셨다고 마음 속에 확신이 올 때에도 혹시나 하는 기대감 때문에 우리는 얼마나 많이 시간을 끌고 지체합니까? 그러나 이 아브라함은 그 다음날 아침에 일찍 일어났습니다. 그런데 이 "일찍 일어났다"는 말과 정반대되는 의미가 창세기 19장 16절에 기록되어 있습니다. 하나님께서 소돔과 고모라를 불로 멸망시키기로 작정하셨습니다. 천사를 보내서 롯을 구하고자 재촉할 때 "롯이 지체하매"하였습니다. 사랑하는 자식을 죽이는 그 아버지가 자식을 죽이기 위해서 아침에 일찍 일어나 하나님의 뜻이라고 순종하는 모습과 멸망의 도성을 빠져나갈 것을 명령받았을 때 롯이 지체하는 모습은 참으로 대조적입니다.

하나님의 명령을 마음에 받고 하나님의 말씀을 내 심령에 받은 다음에도 우리는 얼마나 많은 시간을 지체합니까? 젊은날에 주님 앞에서 지체하지 않았더라면 우리가 누렸을 그 축복과 특권을, 지체함으로 얼마나 많이 놓치고 있습니까? 노년에 긴 한숨으로 인생을 지내는 사람이 얼마나 많습니까? 그래서 우리의 신앙의 선배들은 우리에게 이런 격언을 남겨 주고 있습니다. "지체는 또 다른 종류의 불순종이다."

순종은 즉각적이어야 합니다. 신속한 순종이어야 합니다. 아브라함은 자기가 조금이라도 지체한다면 결심이 흔들리게 될까봐 하나님의 말씀을 받자 그 다음날 아침 일찍이 일어났습니다. 아브라함은 신속한 순종을 하였습니다. 그러나 그는 신속한 순종만으로 끝나지 않았습니다. 아브라함은 일어나서 제사에 쓸 장작을 쪼개었습니다. 장작을 패는 일은 당시 어떤 신분의 사람이 하는 일인지 여호수아서에서 찾아볼 수 있습니다.

여호수아가 이스라엘 회중을 이끌고 가나안을 정복하자 가나안 족속 중에서 기브온 사람들이 화친할 것을 원하여 속임수와 계교를 써서 결국 화친을 맺게 되는데 화친의 조건으로 이스라엘이 기브온에게 너희들은 우리의 종이 되라고 했습니다.

"그 날에 여호수아가 그들로 여호와의 택하신 곳에서 회중을 위하며 여호와의 단을 위하여 나무 패며 물 긷는 자를 삼았더니 오늘까지 이르니라"(수 9:27). 이때부터 물 긷고 장작을 패는 일은 종들이 하는 일이었습니다. 아브라함은 아침에 일어나서 당시 종들이 하는 장작 패는 일을 조용히 순종하는 마음으로 하였습니다.

왜 이 말이 우리에게 소중한 의미를 줍니까? 교회에서 봉사할 때도 어느 일이 더 영광스러운가, 어느 것이 사람들의 눈에 더 띄는가를 생각해서 순종하고, 사람들이 알아주지 않고 관심이 없는 일은 기뻐하지 않습니다. 저는 늘, 주보를 접으시는 어머님들의 모습을 통해서, 그리고 토요일이면 주일을 위해서 화장실을 청소하시는 자매님들의 모습을 보면서 저분들이 참 귀한 순종을 하고 있다고 생각합니다. 노족장인 아브라함은 그 일이 명예로운 일인가, 명예롭지 않은 일인가를 따지지 않았습니다. 그 일 자체가 천한 일인가, 인기가 있는 일인가, 고상한 일인가, 사람들이 알아주는 일인가를 생각하지 않았습니다. 그는 하나님의 명령인고로 장작을 팰 뿐입니다.

스펄전은 장작을 패고 있는 아브라함의 모습을 상상하며 이런 기록을 남겼습니다.

"노족장이 도끼날을 내리칠 때마다 장작들이 산산조각 났다. 그러나 자식을 죽여야 되는 그 아버지의 마음보다는 갈라지지 않았다."

참으로 기가 막힌 일이 아닙니까? 그러나 그는 순종했습니다. 어떤 순종이었습니까? 순종하되 의지적인 순종을 하였습니다.

"제삼일에 아브라함이 눈을 들어 그 곳을 멀리 바라본지라"(창 22:4). 얼마나 갔느냐 하면 사흘 동안 갔습니다. 우리 말 중에 "작심 삼일"이라는 속담이 있습니다. 그런데 제가 어디 가서 사람들에게 질문을 해보니까 작심 삼초라고 하는 분들도 있었습니다. 사람들이 결심해 놓고 얼마나 쉽게 변덕을 부리고 마음이 금방 변하는지를 잘 표현해 주는 말입니다. 이 시대를 꼬집는 말입니다. 그렇지만 아브라함은 3일 동안 길을 갔습니다. 3일이라는 시간은 그에게 일어날 수 있는 모든 가능성들을 상상해 볼 수 있는 시간입니다.

사람이 한번 화난 김에 감정적으로 고조되었을 때는 무슨 일이든 저지를 수 있습니다. 사람이 이성을 잃고, 높은 곳에서 떨어져 죽으려고 할 때, 여기서 떨어지면 가속력이 붙어서 몇 초 후에 죽겠다고 계산을 하면 못 죽습니다. 어떤 사람이 너무나 절망을 한 나머지 강물에 빠져 죽으려 한강에 나갔습니다. 그날은 바람이 불고 날씨가 쌀쌀했는데 외투를 입고 나오는 것을 잊었습니다. 그래서 다시 외투를 입으러 집에 들어갔다가 결국은 마음이 약해져서 죽지 못했습니다. 이처럼 찰나적이고 순간적으로 바뀌는 것이 인간의 마음입니다.

3일간의 여행 동안 아브라함은 일어날 수 있는 모든 가능성들을 다 생각했을 것입니다. 정말 이것이 하나님의 뜻일까 하는 마음에 번민이 생겼을 것입니다. 눈에 넣어도 아프지 않을 자식을 생각할 때 그 마음이 천 갈래 만 갈래로 찢겼을 것입니다. 그러나 그는 그 황량한 헤브론 광야를 3일 동안 번민 속에서 묵묵히 갔습니다. 의지를 굽히지 않고 순종하면서 인내로 나아갔습니다. 스펄전 목사는 이렇게 말합니다. "그가 걷는 헤브론 광야 길은 매우 황량하고 적막했다. 그러나 자기 자식을 죽여야 하는 노족장의 마음보다는 쓸쓸하지 않았다."

그는 순종했습니다. 순종하되 신중한 순종을 했습니다. 그가 빨리 떠났다고 하니까 생각 없이 간 것 같지만 그렇지 않습니다. 5절을 봅시다. "이에 아브라함이 사환에게 이르되 너희는 나귀와 함께 여기서 기다리라 내가 아이와 함께 저기 가서 경배하고 너희에게로 돌아오리라." 사환을 모리아 산 밑에서 기다리게 합니다.

만약 사환을 데리고 갔다면 무슨 일이 일어났을까요? 그들은 열심히 아브라함이 제단을 쌓도록 도왔을 것입니다. 그러다가 마지막에 아브라함이 시퍼런 비수를 뽑아서 자기 아들을 죽이려고 나아갈 때, 옆에 있는 두 사환이 자기의 젊은 주인이 위험에 처한 것을 보고 몸을 날려서 말렸을 것입니다. 우리 같으면 이렇게 변명할 수 있을 것입니다. "하나님, 저는 순종하기로 결심해서 내 아들을 여기까지 데려왔습니다. 그런데 무식한 이 사환 녀석들이 하나님의 뜻을 잘 모르고 방해를 했습니다. 저는 바치려는 마음이 있었는데 저 녀석들 때문에 못 바쳤습니다." 이렇게 핑계대기가 얼마나 쉽습니까? 사람들은 싸움을 할 때도 구경꾼들을 세워놓고 말릴 사람이 있어야 싸웁니다. 그런데 그는 신중하게 생각했습니다. 아침에 빨리 갔지만 정신없이, 생각 없이 떠난 것이 아닙니다.

심지어 그의 신중성은 사라와 의논하지 않은 데서 더욱 빛납니다. 만약에 사라와 의논했다고 합시다. 사라는 평생 아이를 낳지 못해서 마음에 고통이 심했던 여인입니다. 그래서 자기 여종에게까지 멸시를 당해야 했던 여인입니다. 그것뿐만 아니라 모성본능을 가진 어머니입니다. 아브라함이 그의 결심을 이야기했다면 사라는 아마 차라리 나를 죽이고 데려가라고 몸부림쳤을 것입니다. 그랬다면 아브라함은 사라 때문에 못 바쳤다고 하나님께 변명할 수도 있었을 것입니다. 그러나 아브라함은 그런 일이 일어날 가능성마저도 배제했습니다. 하나님께 불순종하게 될 수도 있는 모든 가능성을 제거했습니다. 하나님의 사람 아브라함은 깊이 생각했습니다. 자기 아들을 주님 앞에 드리는 데 방해될 요소들을 깊이 생각하고 우연적인 요소마저도 배제하는 아브라함의 순종을, 우리는 이 모리아 산에서 만나게 됩니다.

우리는 하나님의 뜻을 이 땅에서 이룰 때 깊이 생각하지 않으면 안 됩니다. 생각하고 또 생각해 봐야 합니다. 그저 내 마음속에 어떤 충동이 와서 순종하는 것이 아닙니다. 깊이 생각한 후에 내린 결단이어야 합니다. 오래도록 생각하고 인내해야 합니다. 인내하면서 의지적으로 하나님 앞에 드려야 하는 것입니다. 어떤 사람은 하나님께 불순종한 것을 변명하면서 성령께서 내게 충동하시지 않아서, 충만히 임재하지 않아서 불순종했다고 말합니다. 또 어떤 사람은 내가 이렇게 순종에 실패한 것은 귀신이 와서 움직였기 때문에 불순종했다고 귀신 핑계를 댑니다. 그러나 아브라함은 하나님께 불순종할 요소들을 철저히 분석하고 하나님 앞에 순전한 순종을 바쳤습니다. 그는 순종하되 자기 혼자만 순종하는 것이 아니라 그 순종의 믿음을 자기 자식에게 그대로 물려준 것이 그의 순종의 영광입니다.

산으로 올라가는 이삭의 등에 장작을 지게 했습니다. 도중에 아브라함에게 아들이 이렇게 묻습니다. "아버지, 불과 나무는 여기에 있습니다. 그런데 하나님께 드릴 제물은 어디 있습니까?" 기가 막히는 질문이었을 것입니다. 그는 이렇게 대답합니다. "아들아, 번제할 어린 양은 하나님이 친히 준비하셨다." 이때 이삭의 나이가 18세쯤 되었을 것이라고 많은 사람들은 생각합니다. 제단을 쌓고 그 위에 자기 아들을 묶었습니다. 스펄전 목사는 "노족장의 노구에 그 아들을 들어 올리는 것은 매우 무거웠다. 그러나 자식을 죽이는 아버지의 마음보다는 무겁지 않았을 것이다"라고 하였습니다. 그는 무겁게 아들을 들어 올렸습니다. 그러나 열여덟 살 먹은 청년이 발버둥치고 몸을 구르면 그 아버지는 어찌할 수 없었을 것입니다. 그런데 이삭은 묶일 때도 가만히 있었고 자기 아버지가 자기를 해하려고 할 때도 그대로 순종하고 있었습니다. 왜 이것이 귀합니까?

어떤 가정은 부모님의 신앙이 참 좋습니다. 그런데 그 자녀가 부모의 신앙을 물려받지 않고 부모와 같은 동질의 신앙을 갖지 못한 가정이 있습니다. 가정의 비극입니다. 예를 든다면 엘리의 가정에 임한 자녀의 불순종입니다. 사무엘은 하나님께 거룩하고 아름다운 신앙을 소유했으나 그 자녀들은 하나님께 불순종하였습니다. 모세의 손자, 또 이사야의 아들과 예레미야의 아들들은 아버지의 신앙을 계승하지 않았습니다. 그러나 죽음의 고통까지 감수하고 이삭은 아버지께 순종하며 그 믿음을 그대로 이어받습니다. 이 순종으로 말미암아 성경은 우리 하나님은 아브라함의 하나님이고, 이삭의 하나님이고, 야곱의 하나님이라고 말합니다. 이삭은 그의 순종으로 말미암아 성경의 가장 위대한 축복을 붙잡았습니다.

이런 순종이 어떻게 이루어졌을까요? 자녀들은 그들의 부모가 말한 대로 살지 않고 부모가 행한 대로 산다고 말합니다. 부모가 가르친 것보다는 행동으로 보여준 대로 산다고 합니다. 아브라함의 순종의 영광은 자기만 순종한 것이 아니라 자기 아들도 동질의 순종을 똑같이 하나님께 드리게 한 데에 있습니다. 아브라함은 처음에만 순종한 것이 아니라 마지막까지 똑같은 순종을 하였습니다. 우리의 순종은 어떻습니까? 용두사미의 순종이 참 많습니다. 처음에는 그럴 듯합니다. 그런데 가면 갈수록 그 순종이 모아지지 않고 흩어집니다. 마음의 결심도 처음에는 대단합니다만 어려운 환경을 만나면 그 결심이 점점 줄어들어서 나중에는 명분만 남고 결국에는 불순종으로 떨어지는 경우가 허다합니다. 그러나 아브라함은 처음 시작도 순종을 잘했고, 과정도 순종을 잘했고, 마지막 자기 아들의 심장에 칼을 겨누는 그 순간까지 순종을 잘했습니다. 이 마지막에 순종을 잘하지 못했다면 지금까지 순종했던 것이 다 허사였을 것입니다. 그러기 때문에 우리들은 '주여, 우리로 하여금 우리의 시작만이 아니라 우리의 과정뿐만이 아니라 우리의 결론까지 순종을 잘하게 하여 주십시오' 라고 기도해야 합니다. 그리고 우리의 젊은날의 신앙만이 아니라 우리의 노년의 신앙의 영광을 위해서 기도해야 합니다. 그리고 또 기도해야 할 것은 임종의 순간을 위해서 기도하십시오. 끝까지 순종을 잘하기 위해서 기도하시기를 바랍니다.

아브라함은 처음만 순종을 잘한 것이 아니라 자기 아들의 심장에 칼을 대는 그 순간까지 끝까지 순종을 잘했습니다. 아브라함이 순종할 때 하나님이 굽히셨습니다.

하나님이 "아브라함아! 아브라함아!" 급하게 부르셨습니다. 서두르지 않으시는 하나님이 그때만은 서두르셨습니다. "네 아들 이삭의 몸에 손대지 말라. 네가 참으로 나를 경외하는 줄을 내가 알았다. 너의 진짜 믿음의 비밀을 네가 내게 보였도다. 내가 확신했다"고 하셨습니다. 그는 이렇게 순종함으로 놀라운 축복을 경험했습니다. 그것은 하나님께서 순종하는 자를 위하여 마련하신 여호와 이레의 축복입니다. 하나님께서는 늘 우리를 위해 축복 주시기를 원하십니다.

그런가 하면 그는 모리아 산정 꼭대기에서, 순종의 영광의 절정에서 또 한 가지 사건을 바라보았습니다. 요한복음 8장 56절을 보겠습니다. "너희 조상 아브라함은 나의 때 볼 것을 즐거워하다가 보고 기뻐하였느니라." 무슨 의미입니까? 왜 너희 조상 아브라함입니까? 예수님이 말씀하신 '나의 때'가 무엇입니까? 주님은 아직 '내 때'가 이르지 않았다고 거듭거듭 말씀하셨습니다. 이 '때'는 예수 그리스도께서 십자가에 못 박혀 죽으시는 때입니다.

그때를 아브라함이 보았다고 말합니다. 보고 기뻐했다고 말합니다. 왜 여기서 모세라고 하지 않았을까요? 왜 이사야가 아니고 예레미야가 아닙니까? 그것은 이 모리아 산정에서, 그 순종의 절정에서 그는 자기 자식을 죽이는 하나님의 사랑이 얼마나 큰 줄을 알았기 때문입니다.

어떻게 그가 하나님의 사랑을 만났을까요? 그는 자식을 죽이는 아버지의 심정을 알았습니다. 자식을 죽이는 희생이 얼마나 큰 것인지를 그는 알았습니다. 그렇기 때문에 "너희 조상 아브라함"이라고 성경이 말합니다. 하나님께서는 이 아브라함이 하나님께 드리고자 했던 마지막 순종을 중지시키셨습니다. 그러나 2천 년 후에 우리 하나님께서는 자기 아들을 이 모리아 산으로 올라가게 하셨습니다. 2천 년 후에 이 모리아 산에서 예수님은 돌아가셨습니다. 이삭이 장작을 등에 멘 것처럼 예수님은 자기가 달려서 죽을 십자가를 등에 지고 모리아 산으로 올라가셨습니다.

하나님은 그때 중지시키지 않으셨습니다. 많은 사람이 예수님을 조롱했습니다. 네가 만일 하나님의 아들이거든 뛰어내리라고 희롱했습니다. 하나님은, 예수님이 그 전능하신 두 팔을 스스로 묶이시고 십자가 위에서 죽는 그 놀라운 희생을 우리를 위해서 허락하셨습니다. 언제 그렇게 하셨습니까? 우리가 아직 죄인되었을 때입니다. 이것이 하나님의 사랑입니다. 우리가 하나님을 위해서 순종할 때 그 순종의 절정에서 하나님이 우리를 위하여 행하시는 그 놀라운 희생을 내 것으로 만나게 됩니다. 우리가 순종할 그때에야말로 "하나님이 세상을 이처럼 사랑하사 독생자를 주신" 그 놀라운 사랑을 만나게 됩니다. 하나님의 사랑을 의심하시는 분이 계십니까? 하나님이 사랑이면 내게 이런 고통을 주실 리가 있겠는가라고 말하는 분이 계십니까?

아브라함의 순종을 보면서 우리 죄인들을 위해서 하나밖에 없는 외아들을 희생하신 하나님의 사랑을 바라봅시다. 하나님은 사랑이십니다. 오늘 이 아침 내게 사랑으로 찾아오셨습니다. 예수께서 십자가에 달리심은 나를 사랑하시는 증거입니다. 무엇을 얼마나 사랑하는가는 무엇을 희생하느냐와 비례합니다. 하나님은 우리를 이처럼 사랑하셨습니다. 순종의 절정에서 하나님의 사랑을 만나게 됩니다. 그 사랑은 우리의 순종의 폭이 커지면 커질수록 더욱 크고 깊게 만나게 될 것입니다. 순교자들과 선교사들이 마지막에 순교의 고통을 당하면서 십자가에서 자기를 희생하신 예수 그리스도의 사랑을 만나게 됩니다. 하나밖에 없는 외아들을 희생하신 하나님의 사랑을 만나게 됩니다. 이것이 순종의 영광입니다. 이 아브라함이 모리아 산정에서 인간으로서 할 수 없는 자식을 죽이는 그 명령을 받고 순종했던 그 영광을 추적하면서 끝까지 순종한 그 순종의 모델을 본받읍시다.

믿음의 사람들

제**8**강

이삭

> 믿음으로 이삭은 장차 오는 일에 대하여
> 야곱과 에서에게 축복하였으며
> (히 11:20)

우리들은 성경에서 여러 믿음의 영웅들의 모습을 봅니다. 그분들의 승리를 볼 때 감격과 기쁨이 있습니다. 그러면서도 우리의 마음 한구석에는 이런 영웅적인 순종과 헌신만이 하나님을 기쁘게 하는 것일까 하는 의문이 있습니다. 그러면 나는 하나님의 거룩한 역사 앞에서 어떤 대우를 받고 어떤 평가를 받게 될 것인가 하는 생각들을 간간이 하게 됩니다.

또 교회 안에서 사람들 보기에 뛰어나고 두드러진 헌신과 열정과 지혜를 가진 분들을 보면 마음에 감동과 기쁨을 누립니다. 그런데 그 분들을 바라보던 눈길이 나에게로 머물면 나에게 그런 뜨거운 헌신이 없음을 봅니다. 나에게는 주님을 향한 저런 열정적인 사랑이 없습니다. 그때 주께서 이런 나를 싫어하시지나 않을까 하는 두려움과 당혹감을 갖게 됩니다. 평범한 인생을 사는 우리들은 자극적이지 않은 나의 생애로 인해 마음에 깊은 좌절을 경험하기도 합니다. 이런 평범한 사람들의 생애를 하나님께서 어떻게 보실까 생각해 보겠습니다.

오늘 이삭의 삶은 우리에게 이 문제를 해결해 주는 중요한 열쇠를 제공해 줍니다. 그는 영웅적인 아버지와 유능한 아들 사이에서 살았던 평범한 사람이었습니다. 특징도 별로 없습니다. 아마 아버지와 아들 사이에서 가장 오래 산 사람일 것입니다. 성경을 보면, 180세를 살았다고 말합니다. 성경은 아버지 아브라함에 대해서 거의 열다섯 장이 할애하여 그의 생애를 기록하고 있습니다. 아들 야곱은 열두 장 이상 그 기록이 나타나 있습니다. 그러나 가장 오래 산 이삭은 석 장밖에 그의 생애가 기록되어 있지 않습니다. 그것도 25장의 경우에는 자기 아버지의 말년의 사건을 기록해 놓은 그 중간에 끼어서 기록되어 있습니다.

이삭은 도대체 어떤 사람입니까? 이 사람은 첫째로 아버지의 약점을 그대로 물려받은 사람이었습니다. 아니 더 정확히 말하자면 거짓말쟁이였습니다. 창세기 26장을 보면 그가 흉년을 만나자 그랄 지방에 거하게 됩니다. 이 지방은 블레셋 사람들이 거하는 지방이었고 당시 왕은 아비멜렉이었습니다. 그는 그곳에서 나그네로 거했는데 당시에 나그네는 인권이 전혀 보장되지 않는 신분이었습니다. 호적도 없고 인권 보호가 전혀 되지 않던 그 시대에 그가 이방인으로 우거하면서 한 가지 문제가 생겼습니다.

그에게는 아름다운 아내 리브가가 있었습니다. 그래서 생각다 못해 아내 리브가를 자기 누이동생이라고 속였습니다. 왜냐하면 예쁜 아내를 빼앗기 위해서 자기를 죽일까봐 두려웠던 것입니다. 어쩌면 그렇게도 자기 아버지가 행한 일 가운데서 가장 나쁜 약점만 쏙 빼 닮았는지 모릅니다. 이렇게 사람은 남의 약점을 먼저 배우는 경우가 흔합니다.

예술을 하시는 분들은 자기 선생님의 훌륭하고 좋은 점보다는 약점을 먼저 배운다고들 얘기합니다. 또 어떤 분은 이렇게 말하는 분도 있습니다. 자신은 나폴레옹을 많이 닮았다고 합니다. 그래서 어디를 닮았느냐고 물으니까 작은 키를 닮았답니다. 나폴레옹의 특징 중에서 좋은 장점이 얼마나 많습니까? 그런데 그 중에서 작은 키만 닮아놓고 나폴레옹을 닮았다고 우기는 제 친구가 있습니다. 사실, 이삭의 아버지 아브라함의 영웅적인 삶을 볼 때 얼마나 귀한 모습이 많이 있습니까? 그 많은 특징 중에서 자기 아버지가 거짓말한 것을 똑같이 그대로 흉내 내는 아들의 모습을 봅니다. 그래서 우리들은 오늘도 내 삶을 살펴보면서 내 속에 내 자녀들이 본받을 나쁜 점들은 없는가 살펴보아야 합니다. 하여튼 그는 아버지에게서 나쁜 약점만 물려받은 아들이 었습니다.

두 번째 그의 삶은 소극적이었습니다. 그가 만약 현대사회에서 살았다면 도대체 어떻게 생활하였을까 생각될 정도로 그는 무능한 사람이었습니다. 요즘은 자기가 노력을 안 하고 얻은 것도 그것이 자기에게 이익이 되면 목숨을 걸고 지키려 드는 그런 세상입니다.

이삭에게 소떼와 양떼가 많아지는 것을 시기했던 사람들이 물을 주지 않자 그는 과거에 아버지 아브라함이 파놓았던 샘을 팠습니다. 이 샘은 블레셋 사람들이 메워 버린 샘이었는데 그는 물줄기를 알았기 때문에 다시 팔 수 있었습니다. 그러나 그곳 사람들이 와서 이 샘은 원래부터 우리의 샘이라고 빼앗았습니다. 메워진 것을 네가 파내었을 뿐이지 이 샘은 우리의 것이라고 억지를 쓰니까 자기 아버지가 팠고 또 다른 사람이 관리를 잘못해서 메워진 샘을 자기가 다시 판 것인데도 불구하고 이삭은 그 사람들에게 우물을 양보합니다. 그런 뒤 이삭은 다른 곳에 가서 또 다른 샘을 팠습니다. 그랬더니 그것도 자기들 것이라고 우물을 또 빼앗았습니다. 이삭의 생애에서 업적을 남긴 것이 있다면 샘을 세 개 판 것밖에 없습니다. 그런 평범한 삶이었습니다. 그런데 그에게 영웅적인 순종이 한 번 있었습니다. 그것도 능동적인 순종이 아니라 아버지의 영광스런 순종 앞에 수동적으로 따라가는 순종이었습니다. 그러니까 이삭의 경우는 이끌어가는 리더만 좋으면 얼마든지 순종을 멋있게 하고, 리더가 나쁘면 순종 자체도 형편없는 순종을 할 수밖에 없는 수동적인 사람이었습니다. 어쩌면 그렇게도 꼭 나의 모습과 닮지 않았습니까? 적극성이 없습니다. 다른 사람의 강압 앞에 쉽게 양보해 버립니다. 또 어려운 일을 만나면 쉽게 타협하고 쉽게 거짓말쟁이가 되어버리는 것이 우리의 모습입니다. 그런데 그것으로 끝나지 않고 이 사람의 삶은 하나님의 뜻을 발견하는 데도 참 더딘 사람이었습니다. 그것은 하나님께서 자기의 두 아들에게 어떤 뜻을 주셨는가를 그가 끝까지 알지 못했던 것입니다.

그도 아버지처럼 늦게까지 자식이 없었습니다. 그래서 하나님께 기도하였더니 하나님께서 자식을 주셨습니다. 그때 태중에 있는 아이를 두고 리브가에게 하나님께서 큰 자가 작은 자를 섬기리라고 말씀하셨습니다. 이것도 하나님의 주권입니다. 왜 그렇게 말씀하셨는지 우리는 전혀 모릅니다. 단지 하나님께서 그들이 태 안에 있을 때부터 정하신 것이었습니다.

이 문제를 로마서 9장 11절에서 13절까지는 이렇게 말씀하셨습니다. "그 자식들이 아직 나지도 아니하고 무슨 선이나 악을 행하지 아니한 때에 택하심을 따라 되는 하나님의 뜻이 행위로 말미암지 않고 오직 부르시는 이에게로 말미암아 서게 하려 하사. … 기록된 바 내가 야곱은 사랑하고 에서는 미워하였다 하심과 같으니라." 리브가에게 큰 자가 어린 자를 섬기리라 하신 것은 하나님의 절대주권이었습니다. 두 형제가 복 중에 있을 때 하나님께서 그렇게 정하셨습니다. 우리들은 그것을 공평치 못하다고 말할 수 있을 것입니다. 그래서 로마서 9장 14절은 이렇게 말합니다. "그런즉 우리가 무슨 말 하리요 하나님께 불의가 있느뇨 그럴 수 없느니라." 우리 눈으로 볼 때는 불공평하신 하나님이신 것 같습니다. 그러나 하나님은 하나님의 가치 판단과 기준 가운데서 불쌍한 자를 불쌍히 여기시고 긍휼히 여기실 자를 긍휼히 여기시고 사랑할 자를 사랑하신다는 말입니다. 이것은 사람의 관점이 아니라 불의가 없으신 순수하신 하나님께서 그렇게 정하셨다는 말입니다. 이런 하나님에 대해서 우리들은 또 공의의 하나님이 아니라고 말할 수 있을 것입니다.

이럴 때 성경은 말합니다. "이 사람아 네가 뉘기에 감히 하나님을 힐문하느뇨. 지음을 받은 물건이 지은 자에게 어찌 나를 이같이 만들었느냐 말하겠느뇨. 토기장이가 진흙 한 덩이로 하나는 귀히 쓸 그릇을, 하나는 천히 쓸 그릇을 만드는 권이 없느냐"(롬 9:20-21).

사람이 진흙덩이로 무엇을 만들어도 자기 계획대로 만드는데 하나님께서 인생을 창조하실 때 자기의 선하신 뜻을 따라 공평하신 하나님께서 가장 귀한 지혜로 사람의 생애를 정하신다는 말씀입니다. 그것이 너희에게 불행이냐고 말씀하십니다. 하여튼 우리는 하나님의 선하신 뜻을 잘 모릅니다. 그런데 하나님께서 야곱은 사랑하시고 에서는 미워하셨다고, 싫어하셨다고 성경은 말하고 있습니다.

하나님의 뜻이 분명히 그 가정에 임했는데도 이삭이 하나님의 뜻을 좇지 않았던 것은 몇 가지 방해물이 있었기 때문입니다. 첫째로, 그는 몹시 상식적인 사람이었습니다. 당시의 상식으로는 큰아들에게 축복권이 내려가는 것이었습니다. 하나님께서 어떻게 정하셨든지 간에 아버지인 자기로서는 큰아들에게 장자의 축복권을 줘야 된다고 굳게 믿었습니다. 그래서 아내가 하는 말에도 귀를 기울이지 않았습니다.

두 번째로, 그는 지극히 세속적인 삶을 산 사람이었습니다. 이삭은 나이가 들면서 고기를 좋아했습니다. 옛날 우리 어른들이 말씀하시기를 나이가 들면 비단옷을 입어야 따뜻하고 고기를 먹어야 배가 부르다고 하셨습니다. 그런데 아마 이 이삭도 나이가 들면서 고기 먹는 것을 몹시 좋아하였던 것 같습니다. 큰아들은 사냥꾼이어서 늘 밖에 나가서 고기를 잡아다가 아버지에게 대접했습니다. 그것을 아버지는 매우 기뻐했습니다. 그러니까 좋고 나쁜 것을 평가하는 기준이 자기 이익이었습니다.

어떤 경우에 사람들은 의복으로 사람을 평가합니다. 우리 교회 앞에서 넝마를 줍는 형제들 가운데 우리 교회에 나오는 형제들이 몇 분 계셨습니다. 그런데 그분들이 몇 달 계속 교회를 나오시다가 나오지 않으셨습니다. 그래서 왜 그러느냐고 물었더니 모두들 자기 옷에서 냄새가 난다고 사람들이 옆에 있는 것을 싫어해서 교회에 나올 수가 없다고 얘기하였습니다. 슬픈 일입니다. 수치스러운 일입니다. 옷으로 그 사람을 평가하는 것은 안 될 일입니다. 교회의 겉모습을 고쳐서라도 그분들이 자연스럽게 교회에 나올 수 있어야 합니다. 이것은 세속적인 생각이고 하나님이 기뻐하시지 않는 일 중에 하나입니다. 물론 넝마를 주우시는 분들이 주님 앞에 나오는 것을 방해한다면 이것은 소자 하나를 실족시키는 것과 같습니다. 연자맷돌을 메고 차라리 바다에 빠지는 것이 낫다는 주의 경고를 들어야 합니다.

또 어떤 사람은 달고 다니는 액세서리로 그 사람을 판단합니다. 그 사람이 걸고 다니는 귀고리가 뭘로 만들어진 것인지 또 그 사람이 어떤 시계를 찼는지 관심을 갖습니다. 제가 아는 어떤 분은 외국에 갈 때마다 고가품 시계를 사가지고 들어오셔서 저한테 시계 많은 것에 대해 자랑합니다. 그것을 보면 '얼마나 사람이 가치가 없어 보이면 시계로 무게를 잡으려고 할까' 생각됩니다. 하여튼 사람의 기호와 액세서리로 사람을 평가하는 경우가 우리 주변에 얼마나 많은지 모릅니다. 이것은 속물근성이나 다름없습니다.

이런 속물근성이 이삭에게도 있었습니다. 그래서 두 아들 중에 한 아이에게만 편애를 갖고 있었습니다. 그 편애는 큰아들이 좋은 음식을 가져다주었기 때문이었습니다. 보통사람들인 우리와 얼마나 흡사한 사람입니까? 이삭은 자기 아들이 어떤 사람인가에 대해 관심이 없었습니다. 나에게 어떤 이익을 가져다 주는가에 따라서 평가했습니다.

그런데 에서는 큰아들이면서도 장자권에 관심이 없었습니다. 그래서 쉽게 팥죽 한 그릇에 장자권을 팔아먹었습니다. 그렇지만 이삭은 두 가지 이유, 즉 상식적인 이유와 자기에게 이익을 준다는 이유로 큰아들을 편애하였습니다. 우리들도 자식이 여럿이지만 특별히 사랑이 더 가는 자식이 있고 사랑이 덜 가는 자식이 있다는 것을 부인하지 못합니다. 그러나 이것이 자녀들에게 그대로 표출되어서는 안 될 일입니다.

리브가와 이삭 부부의 편애가 형제를 사랑으로 만날 수 없도록 갈라서게 만든 무서운 불화의 근거였습니다. 그에게 이것을 교정하도록 권고할 수 있는 사람이 그의 아내 리브가였습니다. 리브가는 영적으로도 깨어 있었고 사려가 깊은 여인이었습니다. 왜냐하면 아브라함의 하인이 처음 우물가에서 리브가를 만났을 때 그녀는 싹싹하고 붙임성 있게 잘 영접했기 때문입니다. 그에 비하면 이삭은 다른 사람과 차를 같이 타고 가도 차에서 내릴 때까지 옆 사람과 말 한마디 없이 가만히 앉아 있을 사람입니다. 이삭보다 좀 더 융통성도 있고 영적으로도 하나님의 음성을 들을 줄 아는 이는 리브가였습니다.

리브가는 두 아들을 향한 하나님의 선한 뜻을 알았습니다. 그래서 계속 이삭에게 강조했던 것 같습니다. 그러나 이삭은 듣지 않았습니다. 이것도 오늘날 우리 가정의 모습과 얼마나 닮았습니까? 왜냐하면 한 가정이 모두 교회에 나오기 전 대부분의 경우, 아내가 먼저 나오게 됩니다. 그래서 먼저 나온 아내들이 남편보다 더 영적으로 성숙할 수 있습니다. 그러면 남편들은 영적으로 아내들이 리드할 때 도무지 교회에 가까이 가지 않으려 하고 더욱더 아내의 권고에 반대로 행동하려 합니다. 그것이 남자들의 근성입니다.

그런데 그 대표적인 사람이 이삭이었던 것 같습니다. 별로 고집도 없고 남들에게 양보도 잘하고 쉽게쉽게 사는 것 같은데 아내에 대해서만은 강한 남자였습니다. 그래서 아내의 말을 듣지 않았습니다. 이삭의 모습을 종합해 보면 그의 업적이 기껏해야 우물 세개 판 것외에는 한 것이 없고 어딜가도 사람들과 어울리지도 않고 늘 조용하고 자기 음식의 기호에 따라 사람을 평가하는 편협한 사람, 이렇게 평범한 모습이 바로 이삭의 모습입니다.

그러나 이삭에게 특기할 만한 것은 하나님의 뜻이 어떤 것인가를 확인한 다음에는 요지부동인 사람이었습니다. 처음에 이삭은 자기의 큰아들에게 축복을 주기로 작정했습니다.

그 이야기를 들은 아내 리브가가 하나님의 축복이 둘째아들에게 임해야 될 것을 확신했습니다. 그래서 계교를 꾸며 큰아들이 먼 곳에 나가 사냥을 하고 있는 동안, 집에 있는 양의 새끼를 잡아 맛있게 요리를 했습니다. 평생 남편의 입맛을 맞추어 왔던 그 아내가 그날은 얼마나 정성을 들여서 맛있게 준비했겠습니까? 그러고는 자기 남편이 속도록 양털로 야곱의 몸의 노출되는 부분을 감쌌습니다. 그리고 음식을 이삭에게 갖다 주게 했습니다. 음식을 맛있게 먹으면서 눈이 어두운 아버지 이삭은 야곱을 향해서 네가 정말로 에서냐고 묻습니다. 그러자 야곱은 에서라고 대답합니다. 정말 에서인가 확인해 보겠다고 아버지가 아들의 몸을 더듬어서 촉감으로 확인해 봅니다. 그래서 노출된 부분에 손을 댔는데 양털인 줄 모르고 큰아들의 털인 줄로만 알고 의심 없이 에서인 것으로 생각했습니다. 그러면서 "너는 참 이상하다. 네 피부는 분명히 에서인데 목소리는 오늘따라 어쩜 그렇게 야곱 같으냐" 하면서도 고지식한 이삭은 아들에게 속아 그를 몰라봅니다.

이삭의 모습을 보면서 어쩌면 그렇게 나와 똑 같은지 모르겠다고 생각하시는 분이 많으실 것입니다. 늘 양보합니다. 소심합니다. 사람들과 사귀는 것에는 별로 즐거움이 없습니다. 이런 평범한 인생이 바로 이삭의 생애입니다. 그런데 이삭이 하나님의 축복을 선포한 다음에 큰아들이 돌아와서 "아버지여, 내게 축복해 주옵소서." 하자 "내가 아까 이미 축복을 했다"고 말합니다. 그때 아들이 "아버지, 그때 축복을 받은 사람은 내가 아닙니다" 하고 방성대곡하면서 내게 남겨줄 축복이 없느냐고 합니다. 세 번이나 애걸하며 아버지에게 조르지만 그는 둘째아들 야곱에게 하나님의 축복이 임한 것을 확인하고는 요지부동입니다. 마지막으로 에서에게 축복을 내리면서도 네가 동생을 섬겨야 할 것이고, 너의 후손들이 네 동생의 후손들을 섬길 것이라고 말합니다. 하나님의 뜻이 어디에 있는 줄을 알고 하나님이 원하시는 것이 무엇인 줄을 알았을 때 그는 그 말씀을 분명히 붙잡을 줄 아는 사람이었습니다.

야곱의 생애는 휘황찬란한 생애였습니다. 그런가 하면 아브라함의 생애는 영웅적인 생애였습니다. 그에 비해 이삭의 생애는 그저 평범한 생애이고 특징이 없는 생애입니다. 소시민적인 삶입니다. 이런 삶을 향해서 오늘 히브리서 11장은 영웅열전에 큰 이름으로 이삭의 이름을 기록하고 있습니다. 아니, 하나님께서 말씀하셨습니다. 대대로 말씀하시기를 나는 아브라함의 하나님이요, 이삭의 하나님이요, 야곱의 하나님이라고 말합니다. 인생은 하나님 앞에서 사람들이 보기에 호화 찬란했는가, 그렇지 않으면 시시했는가로 판결나지 않습니다. 사람들 눈에 두드러졌는가, 숨겨졌는가 그것에 따라 하나님은 우리 인생을 평가하시지 않습니다.

하나님의 평가는 하나님의 관점에서 불쌍히 여길 자를 불쌍히 여기시고 높이실 자를 높이시며 사랑할 자를 사랑하십니다. 하나님의 평가는 사람과 다릅니다. 제가 하나님 말씀에 불순종한 뒤 마음속에 깊은 번민과 고통 속에서 이제는 하나님께서 나를 버리시지 않았는가 하고 아파할 때가 있었습니다. 이제는 하나님의 사랑과 축복은 나와 상관이 없게 된 것이 아닌가 생각할 때가 있었습니다. 그러다가 평소에 읽지 않던 구약의 스바냐서를 읽게 되었습니다.

스바냐서 3장 17절입니다. "너의 하나님 여호와가 너의 가운데 계시니 그는 구원을 베푸실 전능자시라 그가 너로 인하여 기쁨을 이기지 못하여 하시며 너를 잠잠히 사랑하시며 너로 인하여 즐거이 부르며 기뻐하시리라 하리라." 제가 이 구절을 읽은 때는 몹시도 하나님께 미안하고 죄송스러워할 때였습니다.

이제 하나님과 나는 상관이 없게 되었다고 생각할 때였습니다. 내가 가진 자질이 얼마나 형편없는가를 알게 되었습니다. 그래서 나 같은 놈은 별 쓸모가 없다고 생각했을 때 이 말씀이 어둠 가운데 불빛처럼 내게 임했습니다. 나를 향해서 내가 나를 필요 없다고 생각하였고, 내가 나의 값을 한참 낮추어 보며 내가 나를 봐도 만족스럽지 못할 그 때였습니다. "너의 하나님 여호와가 너의 가운데 계시니 그는 구원을 베푸실 전능자시라 그가 너로 인하여 기쁨을 이기지 못하여."

우리 하나님께서 평범한 나로 인해서 기쁨을 이기지 못하십니다. 주변 사람들이 나를 우습게 볼 때가 있습니다. 모든 사람들이 나를 멸시할 때가 있습니다. 그러나 하나님께서는 나를 사랑하시되 온 천하보다도 더 사랑하십니다. 그 사랑은 기쁨을 이기지 못하는 사랑입니다. 누가복음에 보면 탕자가 실패한 뒤 낙심하고 좌절한 후에 집으로 돌아옵니다. '나는 아버지의 아들이라 칭함을 받을 자격이 없다'고 말하며 돌아오자 아버지는 기쁨을 이기지 못하여 뛰어나갑니다.

동양 사람은 서둘지 않는 게 미덕이라고 말합니다. 그러나 그 아버지는 미덕도 따지지 않습니다. 뛰쳐나가서 목을 껴안습니다. 입을 맞춥니다. 그의 누더기를 비단옷으로 갈아입히고 그의 맨발에 신을 신기고 손에 가락지를 끼우시며 내 아들이 죽었다가 다시 살았고 잃었다가 다시 얻었다며 크게 기뻐합니다. 기뻐하고 즐거워하자고 잔치를 베푸십니다. 이렇듯 나로 인하여 기쁨을 이기지 못하시는 하나님이십니다.

사랑하는 성도 여러분! 평범하십니까? 화려하지 못합니까? 영웅이 아닙니까? 그래서 나를 쓸모없는 존재라고 생각하십니까? 아닙니다. 하나님은 나로 인해서 이 아침에도 기쁨을 이기지 못하시는 하나님입니다. "그가 너로 인하여 기쁨을 이기지 못하여 하시며 나를 잠잠히 사랑하시며" 깊이 사랑하신다는 말입니다. 사랑하시기를 잠잠히 사랑하십니다. 너로 인하여 즐거이 부르며 기뻐하신다고 하셨습니다. 내가 하나님의 기쁨의 대상입니다.

어떤 사람은 그의 평생에 영웅처럼 하나님의 쓰임을 받을 수도 있습니다. 그러나 어떤 사람은 평범하게 어떻게 보면 실패한 것 같고 어떻게 보면 실수한 것 같고 어떻게 보면 손해인 것 같은 생을 삽니다. 그러나 우리가 아직 죄인 되었을 때 예수를 십자가에 죽이신 그 하나님이 나로 인하여 기쁨을 이기지 못합니다. 이삭의 생애를 객관적으로 평가해서 칭찬할 것이 무엇이 있습니까? 그러나 하나님은 내가 이삭의 하나님이라고 누누이 말씀하십니다. 그 하나님이 오늘 이 아침에 주의 전에 나오는 사랑하는 성도들에게 말씀하십니다.

'내가 너로 인하여 기쁨을 이기지 못하며 너를 잠잠히 사랑할 것이고 내가 너를 부르며 너를 기뻐하리라.'

이삭의 생애를 영광스럽게 받으시고 기뻐하시는 하나님, 사랑이신 하나님, 그래서 우리들은 괜한 고민을 하지 않아도 됩니다. 내가 주의 일을 자랑하고 영광을 받을 때는 하나님이 나를 무척이나 사랑하시는 것 같고 내가 실패하고 좌절했을 때는 하나님이 나를 버리시는 것 같습니다. 그러나 아닙니다. 내가 낙담하고 실패하고 좌절했을 때도 나를 향해서 기쁨을 이기지 못하시는 우리 아버지이십니다. 이 깊은 은혜가 오늘도 성령으로 충만하여 평생에 나에게 주시는 말씀이요 복된 말씀이 되시기를 주님의 이름으로 축원합니다.

믿음의 사람들

제**9**강

야곱

> 믿음으로 야곱은 죽을 때에 요셉의 각 아들에게 축복하고
> 그 지팡이 머리에 의지하여 경배하였으며
> (히 11:21)

어린아이들이 그린 그림에서 우리는 생각지도 못한 지혜를 발견하기도 하고 또 문제를 만나기도 합니다. 일반적으로 엄마가 집에서 큰 소리를 많이 치고 말이 많은 집의 아이들은 그림을 그릴 때 엄마의 모습 중에서도 입을 몹시 크게 그린다고 합니다. 만약 여러분의 자녀들이 여러분의 모습을 그린다면 어떤 모습으로 그릴지 한번 상상해 보십시오. 과연 우리 아이들이 부모님에 대해서 어떤 인상을 갖고 있을까요?

성경의 인물 가운데서도 아브라함의 생애의 한 특징을 강조하여 그린다면 그의 옆에 제단을 그리면 되지 않을까 싶습니다. 아브라함 할아버지가 어떻게 생겼는지는 모르지만 그의 옆에 제단이 있으면 그분이 아브라함 할아버지인 것을 알 수 있을 것입니다. 그런가 하면 이삭은 그의 옆에 우물을 그리면 이삭이라는 것을 금방 알 수 있을 것입니다. 왜냐하면 이삭은, 우물을 팠다가 그 우물을 다른 사람이 힘으로 차지하면 계속 쫓겨 다니며 다시 우물을 파면서 살았기 때문입니다. 그래서 그의 생애에 우물 세 개 판 것이 그가 이룬 최대의 공로입니다.

그러나 이삭의 생애를 자세히 살펴보면 그는 굉장히 큰 지혜를 가지고 살았던 삶인 것을 우리에게 보여 줍니다. 그는 시시한 것은 많이 놓쳤습니다마는 중요한 것은 절대로 놓치지 않았습니다. 그는 하나님의 축복을 향해서 바로 섰습니다. 작은 것들은 다 빼앗겼지만 크고 온전한 것은 꼭 붙잡고 그 마음속에 세상이 주지 못하는 하나님과의 평화를 누리며 180년 동안 살았습니다. 그렇게 긴 세월을 그가 살았지만 성경에서는 간단하게 3장에 걸쳐 기록될 정도로 그의 생애는 평탄하고 조용한 인생이었습니다.

그에 비해서 야곱은 파란만장한 삶을 살았습니다. 그래서 그의 생애를 그려본다면 아마 옆에 지팡이를 넣어서 그리면 되지 않을까 생각합니다. 그는 하란 광야로 쫓겨 갈 때 지팡이를 의지하고 갔습니다. 그는 라반의 집에서 양떼들을 칠 때도 지팡이를 의지하였습니다. 그가 고향으로 돌아올 때도 지팡이를 의지하였고, 마지막 임종 순간에도 온 힘을 기울여 지팡이를 의지해서 하나님을 경배했습니다. 그는 믿음으로 죽음의 순간을 맞이했다고 성경은 말합니다. 그는 죽음을 맞이하기 직전에 두 소자에게 축복을 해주었습니다.

저에게 한 가지 욕심이 있다면 좋은 할아버지가 되는 것입니다. 좋은 아버지가 되기는 이미 틀린 것 같습니다. 유명해져서 널리 알려진 이름을 남기기도 힘들고 돈을 많이 벌어서 남겨 주기도 틀렸고 또 아이들에게 좋은 머리를 남겨 주기도 힘든 것 같습니다. 그런데 우리 아이들도 그런 말을 합니다. 우리 아빠는 '나빠'는 아니지만 '바빠'라고 합니다. 아빠가 그리 나쁘게 대해 주지는 않지만 늘 바빠서 같이 놀아주지 못한다는 뜻입니다. 자기들과 함께 하지 못하는 아빠를 마음속으로 은근히 원망하는 의미가 담겨 있는 것 같습니다.

제가 외출했다가 집으로 돌아오면 저의 목을 껴안고 "아빠, 나 사랑해?"하고 묻는 것이 아이들의 버릇입니다.

그러나 지금은 아이들도 다 커버려서 이제는 아빠하고 같이 있고 싶어 하는 시기도 지나갔습니다. 그래서 이미 좋은 아빠가 될 수 있는 기회는 놓쳤다는 생각이 듭니다. 모처럼 아이들과 외출을 하려고 해도 이제는 부모와 같이 안 가려고 합니다. 그러니까 좋은 아빠가 된다는 것은 그 인생이 뛰어나야 하고, 그 인생에 여유가 좀 있어야 하고, 젊었을 때 그 인생에 축복스러운 것이 많아야 합니다.

그러나 좋은 할아버지가 된다는 것은 또 다른 얘기입니다. 노년은 인생의 많은 사건을 경험한 시기입니다. 고통스러운 일들도 겪었습니다. 그래서 인생의 모든 지혜를 손자들에게 들려 줄 수 있는 할아버지가 됩니다. 그러므로 좋은 할아버지가 되려는 인생은 꾸준히 자라는 인생이어야 합니다. 꾸준히 정진하는 삶이어야 좋은 할아버지가 됩니다. 좋은 아빠가 되는 것은 타고나야 가능하지만 좋은 할아버지가 되는 것은 타고나는 것이 아니라 계속 꾸준히 정진하는 삶만이 좋은 할아버지가 되도록 합니다.

여기 좋은 할아버지가 있습니다. 그는 야곱입니다. 그가 자기 생애를 모두 모아서 자기가 사랑하는 손자들에게 축복해 주는 모습을 봅니다.

이 히브리서 11장 21절에 "믿음으로 야곱은 죽을 때에 요셉의 각 아들에게 축복하고 그 지팡이 머리에 의지하여 경배하였으며." 야곱은 요셉의 아들들에게 축복하였습니다. 자기 손자들에게 축복하고 있는 야곱의 모습을 봅니다. 어떻게 인생의 마지막에 하나님을 경배하는 아름다운 임종을 맞이할 수 있을 것인가를 야곱의 생애에서 배워야 합니다.

야곱은 태어날 때부터 독특한 인생을 살았습니다. 그는 자기 형과 쌍둥이로 태어나면서 발뒤꿈치를 붙잡고 형보다 빨리 나오기를 원했던 아이였습니다. 누구한테든지 경쟁에서 질 수 없다는 생각으로 인생을 살았던 사람입니다. 그는 자기가 동생인 것을 늘 못마땅하게 생각했습니다. 형인 에서가 장자에 대해서 별로 관심이 없는 것을 알자 형이 몹시 배고파하던 날, 계책을 써서 형의 장자권을 팥죽 한 그릇으로 샀습니다. 팥죽 한 그릇으로 장자가 되고 차자가 될 수 있겠습니까 마는, 에서는 장자가 되는 것에 관심이 없었고, 동생 야곱은 이 가계가 하나님의 축복으로 이어지는 가계인 줄을 알았습니다.

그래서 할 수 있으면 하나님의 축복에 가까이 가고 싶어 했던 인생이었던 것을 우리에게 보여 줍니다.

또 그는 그것으로 만족하지 않고 어머니와 공모해서 자기 아버지를 속였습니다. 이삭이 에서에게 "네가 맛있는 음식을 만들어 오면 내가 너에게 축복을 해 주겠다"는 말을 들은 리브가는 자기가 사랑하는 아들 야곱으로 하여금 남편의 축복을 받게 하기 위해 남편을 속였습니다. 그래서 음식을 만들어서 야곱의 손에 들리고 야곱의 손과 가슴 부분에 양털을 붙여서 아버지에게 나아가게 했습니다. 그래서 이삭은 야곱을 에서로 알고 축복해 주었습니다.

여러분이 부흥회를 갈 때 이런 부흥회는 절대 가지 마시기 바랍니다. 별미 헌금을 가져오라는 집회가 있습니다. 이 별미 헌금의 근거를 어디에 두는가 하면 야곱이 눈이 어두운 아버지 이삭을 속이는 이 말씀을 근거로 해서 야곱처럼 축복을 받기 위해서는 별미를 바쳐야 한다고 합니다. 그래서 성도들이 교회에 헌금하는 것보다 부흥회 때에 사사롭게 강사를 찾아와서 주머니에 헌금을 넣어주어야 진짜 축복을 받을 수 있다고 하는 부흥사들이 많이 있습니다. 그것은 모두 가짜입니다. 왜 가짜인지 그 다음을 보면 알 수 있습니다.

눈 먼 아버지를 속였던 야곱이 나중에 그의 아들들에게 어떤 대가를 받습니까? 양 껍질을 자기 몸에 붙여서 아버지를 속였더니 야곱의 아들들은 야곱이 자기 생명보다 더 사랑했던 요셉의 옷을 벗겨서 양의 피를 바르고 야곱을 속였습니다. 죄는 죄를 낳습니다. 거짓은 거짓을 낳습니다. 자기 아버지를 속였던 것 때문에 평생 자신은 자기 아들들에게 속아서 고통 속에서 살았습니다.

야곱은 아버지를 속여 축복을 가로챘고 그 축복을 동생에게 빼앗긴 에서는 동생을 죽이기로 작정합니다. 결국 야곱은 그 형 때문에 집에 있을 수가 없게 되어 도망을 갑니다. 야곱이 브엘세바에서부터 하란으로 가는 도중이었습니다. 루스라는 동네에 이르렀는데 해가 져서 더 이상 갈 수가 없어 돌을 취해서 베개를 하고 잠이 들었습니다. 그가 꿈을 꾸었는데 꿈속에서 하늘까지 닿은 사닥다리를 보았습니다. 아니 땅에서 하늘로 올라가는 사닥다리가 아니라 하늘에서 땅으로 내려진 사닥다리를 보게 되었습니다.

창세기 28장 12절과 13절에 "또 본즉" 하였습니다. 그것은 그저 보이니까 보았다는 뜻이 아니라 기대감을 갖고 응시하여 뚫어지게 보았다는 뜻입니다. 그는 하늘에서부터 내려온 사닥다리만 본 것이 아니었습니다. 또 보았다고 하였습니다. 그랬더니 그 위에 하늘의 천사가 오르락내리락 하였습니다. 천사를 만난다는 감정은 굉장했을 것입니다. 그런데 그것을 보는 것만으로 포기하지 않고 또 보았습니다. 그랬더니 보좌에 하나님이 계셨습니다. 그 하나님께서 말씀하십니다. "나는 여호와니 너의 조부 아브라함의 하나님이요 이삭의 하나님이라. 너 누운 땅을 내가 너와 네 자손에게 주리니 네 자손이 땅의 티끌같이 되어서 동서 남북에 편만할지며 땅의 모든 족속이 너와 네 자손을 인하여 복을 얻으리라. 내가 너와 함께 있어 네가 어디로 가든지 너를 지키며 너를 이끌어 이 땅으로 돌아오게 할지라. 내가 네게 허락한 것을 다 이루기까지 너를 떠나지 아니하리라 하신지라"(13-15).

그는 하나님의 축복을 좋아했던 사람입니다. 신앙의 분위기를 좋아했던 사람입니다. 하나님께로부터 주시는 은혜를 몹시 갈망했던 사람입니다. 그렇지만 그는 그때까지 하나님을 인격적으로 만나지 못했습니다. 하나님의 사랑은 좋아할 수는 있지만 하나님 그분은 모를 수 있습니다. 하나님의 자비는 좋아할 수 있고 하나님의 공의는 좋아할 수 있으나 참 하나님을 모르는 사람이 많습니다. 하나님을 안다는 것과 하나님의 사랑을 안다는 것이 전혀 별개일 때가 있습니다.

저는 이번에 일본에 가서 집회를 하면서 일본 사람들의 책을 읽다가 일본의 문제가 무엇인가를 생각해 보았습니다. 일본인 작가 미우라 아야꼬의 글이 참 좋습니다. 그는 하나님의 사랑에 대해서 참 좋은 글을 많이 썼습니다. 그러나 살아계신 구속주의 인격성에 대해서는 말하지 않았습니다. 일본의 문제는 바로 그것에 있겠다는 생각이 들었습니다. 우찌무라 간조의 글은 예수 그리스도의 보배로운 피와 대속의 원리에 대해서 많이 강조합니다. 그러나 오늘도 살아계셔서 내 속에 와 계시고 나와 교제하시는 산 예수 그리스도에 대해서는 언급하고 있지 않습니다. 저는 개인적으로 일본의 문제가 이것이라고 생각합니다.

야곱도 신앙의 분위기에서 자랐습니다. 그렇지만 그는 하나님을 인격적으로 만나지 못했습니다. 그는 이 루스에서 살아계신 하나님을 만나는 최초의 인격적인 경험을 하게 됩니다. 그는 하나님을 생각할 때 자기의 머릿속으로 한계를 지은 하나님을 생각했습니다. 일정한 공간에 한정되어서 자기의 집에만 계시는 하나님으로 생각했습니다. 가나안 땅만 다스리시는 하나님으로 생각했습니다. 자기 할아버지와 아버지가 제사드릴 때만 나타나시는 하나님으로 생각했습니다. 그렇게 생각했던 그가 어디에나 계시는 하나님을 만나게 됩니다.

당시에는 하나님을 지역적인 하나님(Local God)으로 생각했습니다. 그래서 요나라는 선지자는 니느웨로 가라는 명령을 듣고 하나님의 명령을 가나안만 벗어나면 피해도 될 것이라고 생각하고 다시스로 도망을 갔습니다. 그는 하나님의 명령을 들었던 그 장소만 회피하면 하나님이 안 계실거라고 생각했습니다. 그러다가 깊은 바닷 속, 물고기 뱃속에서 하나님을 만납니다.

이와 같은 하나님을 만나는 최초의 경험이 이 야곱에게도 이르렀습니다. 그가 하나님을 인격적으로 만나는 경험을 시작으로 그의 신앙은 새롭게 전개되었습니다. 그는 하나님의 약속하신 축복으로 그 땅에 가서 수많은 부를 축적했습니다. 그러나 그곳에서도 오랫동안 있을 수가 없어서 다시 고향으로 돌아오게 되었습니다. 그는 돌아오면서 두려움에 떨었습니다. 왜냐하면 고향에는 아직도 자기를 죽이고자 하는 형 에서가 살아 있었기 때문입니다. 또 사람을 보내어서 알아보니 에서가 아직도 동생에 대해서 노기가 남아 있다고 말합니다. 그런가 하면 동생 야곱이 돌아온다는 소식을 듣고 하인 400명을 거느리고 에서가 마중 나온다는 소식을 듣게 되었습니다. 그래서 그는 자기의 소유인 양떼와 하인들로 하여금 먼저 얍복강을 건네게 하였습니다. 그리고 마지막으로 자기 식구들로 강을 건네게 하고 그는 나룻터에서 밤을 지샜습니다.

많은 생각들이 몰려왔을 것입니다. 그날 밤 그는 그곳에서 새로운 경험을 하게 됩니다. 밤새도록 어떤 사람과 힘껏 씨름을 하는 경험을 하게 되었습니다. 이 씨름하는 장면을 두고 루터는 "구약에서 가장 설명하기 어려운 장면"이라고 말합니다. 그런데 호세아 12장 3절, 4절을 보면 야곱이 태어날 때 자기 형의 발꿈치를 붙잡았던 것처럼, 그는 천사와 힘을 겨루되 울며 그에게 간구하여 기도했다고 말하고 있습니다. 간절히 간구했다고 말합니다. 그가 하나님께 기도했습니다. 밤이 새도록 간구하였습니다.

하나님께서 그 밤에도 과거에 그에게 약속했던 약속의 말씀을 다시 확인시켜 주십니다. '내가 너로 복을 주겠다. 이 땅을 네게 주겠고 네 후손들을 하늘의 별처럼 바다의 모래처럼 채워 주겠고 이 땅에서 형통케 해주겠다' 고 약속하십니다. 그는 하나님이 축복해 주지 않으면 절대로 놓지 않겠다고 붙잡았습니다. 하나님께서는 야곱을 축복하시되 그에게 한 가지 무서운 일을 시행하셨습니다. 그의 환도 뼈를 치셨습니다. 그래서 그는 유대전서에 의하면 평생 절름발이로 살았다고 합니다.

그는 정욕의 사람이었습니다. 자기 육신을 의지하는 사람이었습니다. 자기 지혜를 의지하는 사람이었습니다. 자기를 의지하는 사람은 인생에 늘 고통이 옵니다. 아픔이 옵니다. 하나님께서 이 야곱을 축복하기로 작정하셨습니다. 그러나 먼저 야곱이 자신을 의지하는 것을 벗기셔야 했습니다. 그래서 하나님께서 한 상징으로 그의 환도 뼈를 부러뜨리셔서 평생을 절면서, '네 육체를 의지하지 말라, 네가 의지해야 할 것은 오직 하나님' 이시라는 것을 잊지 않도록 하셨습니다.

야곱이 하나님 한 분만을 신뢰하도록 하나님은 새 인생을 그에게 허락하셨습니다. 어떤 경우에 하나님은 자기 마음대로 살겠다고 고집 피우는 인생들의 환도 뼈를 치십니다. 하나님께서 축복하시기는 하셔야겠고, 은혜를 주기는 주어야겠는데 먼저 그 인생을 성화시키고 하나님의 뜻에 맞도록 제련하시기 위해서 어떤 경우에는 환도 뼈를 꺾으시기도 하십니다.

야곱의 인생이 그러했습니다. 하나님께서는 그를 더욱 거룩하게 키우셔야 했습니다. 아브라함에게 임재했던 그 영광을, 이삭이 가졌던 그 축복을 이 야곱이 진정으로 누리기를 하나님은 원하셨습니다. 축복하시되 환도 뼈를 꺾으면서까지 축복하시는 하나님이십니다. 그래서 정욕의 사람이 무너지게 되었습니다. 그래서 그 이름을 바꿉니다.

네 이름이 이제는 야곱이 아니라 이스라엘이다. 하나님과 싸워서 이긴 너를 축복해 주지 않을 수가 없다. 그러나 너는 네 육체를 의지하지 말라. 그 표시로 야곱의 환도 뼈를 치신 것입니다.

하나님은 어떤 때는 우리를 이처럼 사랑하시되 환도 뼈를 치시기까지 사랑하십니다. 하나님의 사랑이 너무 크고 놀라와서 작은 인생에게 그 사랑이 임할 때 이처럼 아프게도 임하는 법입니다. 그것뿐만 아니라 야곱은 또 다른 아픈 경험도 합니다. 사랑하는 아들 요셉을 빼앗겼습니다.

많은 세월이 흘렀고 하나님께서는 요셉을 축복하시되 요셉 한 사람을 세우시고 축복하시기 위해서 애굽을 7년이나 축복하셨고, 또 7년 동안 온 땅에 흉년이 들게 하셨습니다. 그래서 가나안 땅에 내린 흉년으로 사람들은 식량을 얻기 위해서 애굽으로 나아갔습니다. 그때 애굽의 총리인 요셉 앞에 그 형들은 서게 되었고 요셉은 그 형들에게 곡식을 주면서 집의 형편을 물어본 뒤에 너희들이 다음에 다시 올 때는 막내동생을 데려오라고 명령합니다. 그 형들이 아버지에게 이 말을 할 수가 없었습니다. 왜냐하면 아버지 야곱이 요셉을 잃은 뒤에 막내인 베냐민을 더욱더 지극히 사랑하고 아끼는 것을 잘 알기 때문입니다. 그래도 먹을 식량이 떨어지자 더 이상 견딜 수가 없어서 아버지에게 사실을 고합니다. "우리가 애굽 총리에게 가서 아버지와 동생의 얘기를 했더니 너희의 말이 사실인지 아닌지 확인해 보기 위해서 다음에 올 때에는 너희 동생을 데려오라고 했습니다. 그래서 꼭 데려가겠다고 약조를 했습니다."

처음에는 야곱이 베냐민을 보내는 것을 허락하지 않았습니다. 그러나 형제 중 유다가 '만약 베냐민마저 살아 돌아오지 못한다면 나도 같이 죽겠다'고 맹세하자 할 수 없이 야곱은 베냐민을 보내면서 이렇게 말합니다.

창세기 43장 14절입니다. "전능하신 하나님께서 그 사람 앞에서 너희에게 은혜를 베푸사 그 사람으로 너희 다른 형제와 베냐민을 돌려보내게 하시기를 원하노라." 그 사람이 베냐민을 다시 돌려보내기를 원한다고 합니다. 그 사람이란 요셉을 두고 하는 말입니다.

또 그 다음 구절을 보면 "내가 자식을 잃게 되면 잃으리라" 하였습니다. 여러분, 야곱이 처음으로 자기를 포기하는 말입니다. 야곱은 욕심의 사람입니다. 한 번 붙잡은 것은 절대로 놓지 않는 사람입니다. 평생 손해를 보지 않는 사람이었습니다. 한 번 목표를 세운 것은 수단과 방법을 가리지 않고 계속 추진해서 반드시 목표를 달성하고야 마는 사람이었습니다. 그런데 이제는 내 아들 베냐민을 잃게 되면 잃으리라 하는 체념의 인생, 포기의 인생으로 바뀌었습니다. 이것은 자포자기가 아닙니다. 자포자기가 아닌 이유는, 그 앞에 "전능하신 하나님"이라고 말했기 때문입니다. 그는 살아계신 하나님, 전능하신 하나님을 믿었습니다. 그분께서 인생을 섭리하심을 믿었습니다. 우리가 하나님의 전능하심을 믿는 것과 하나님이 우리를 다스리시고 우리의 삶에 역사하심을 믿는 것은 별개의 경우가 참 많습니다.

그런데 그는 전능하신 하나님을 믿을 뿐 아니라 하나님께서 나의 자녀를 빼앗아 가신다면 빼앗기겠다고 말합니다. 처음으로 자기의 것을 하나님 앞에 내려놓고 하나님의 섭리를 신뢰하는 마음으로 자기의 의지를 꺾어버리는 야곱의 새로운 신앙의 모습을 우리는 보게 됩니다.

야곱은 언제나 자기의 것은 반드시 챙기고야 마는 사람이었습니다. 자기가 세운 목표를 위해서는 절대로 뒤로 물러서지 않는 사람이었습니다. 그런데 그가 그처럼 사랑하는 아들을 빼앗기게 되면 빼앗기겠다고 말합니다. 하나님의 전능하신 손에 의탁하는 사람으로 그의 생애가 바뀐 것을 알 수 있습니다. 그는 이제 자기를 주장하지 않기로 결심했습니다. 이것이 그의 생애에 일어난 또 다른 큰 변혁입니다.

그는 자기의 정욕이 꺾이고 환도 뼈가 꺾인 고통으로 절름발이의 인생을 살았습니다. 그리고 자신의 의지를 꺾어버리고 하나님의 전능하신 섭리와 그 인도하심에 그의 인생을 맡기는 삶을 살게 되었습니다. 그의 삶에 변화가 일어났습니다. 그는 하나님 안에서 자라고 자랐습니다. 욕심쟁이이고 자기만 의지했던 인생이, 그의 일생에 있어서 정욕과 욕심이 꺾이는 삶을 살게 되었습니다. 이제는 자기의 의지마저도 하나님께 부탁하는 삶으로, 자기 아버지처럼 다른 사람을 축복하는 사람으로 바뀌었습니다.

우리 그리스도인들의 삶은 축복의 저장소가 아닙니다. 그리스도인들은 축복의 통로인 삶을 삽니다. 그래서 하나님께서 아브라함에게 약속하시기를 내가 너로 복을 주어 너로 복의 근원을 삼겠다고 말씀하셨습니다. 진정으로 축복받은 사람은 내가 축복을 받는 것이 근거가 되어 이웃들도 같이 축복을 받게 되는 경우가 참 많습니다. 야곱의 인생이 그와 같은 삶으로 바뀌었습니다. 그래서 그는 하나님 앞에서 자기가 사랑하는 자녀들을 하나하나 축복합니다. 그리고 특별히 요셉의 두 아들은 자기 슬하에 있지 않았기 때문에 한 번 더 축복해 주었습니다.

　야곱이 축복할 때에 형인 므낫세는 오른쪽에 있었습니다. 요셉은 야곱이 순서대로 축복해 줄 것이라고 기대했습니다. 그래서 오른쪽에는 므낫세를 왼쪽에는 에브라임을 앉혔습니다. 그런데 야곱은 축복해 줄 때 앉은 대로 축복하지 않고 손을 엇갈리게 바꾸어서 축복하였습니다. 오른손은 둘째 아들인 에브라임에게, 왼손은 큰아들인 므낫세 머리 위에 얹고 축복하였습니다. 이것을 보고 있다가 요셉이 아버지에게 축복의 순서가 바뀌었다고 말하였습니다. 오른쪽에 있는 아이가 큰아들이니 오른쪽의 아이에게 오른 손을 얹고 축복하라고 하였습니다. 그때 야곱은, "내 아들아, 나도 안다. 그러나 내가 축복할 자를 축복한다"고 했습니다.

　야곱에게 이 요셉은 얼마나 사랑스러운 아들입니까? 얼마나 자랑스러운 아들입니까? 그 요셉이 원한다면 눈이라도 뽑아주고 싶을 정도로 사랑스러운 아들입니다. 그런데도 하나님의 축복을 빌어줄 때는 사랑하는 아들의 정마저도 뿌리치고 하나님께서 축복하시는 자를 축복하고 있는 하나님의 사람임을 봅니다. 인정마저도 넘어서서 하나님의 뜻만을 순종하고 있는 위대한 노족장의 영광스런 최후의 모습을 우리는 만나게 됩니다.

　우리 인생에서 가장 영광스러운 것이 있다면, 인간이 알아야 할 가장 위대한 지식이 있다면 그것은 하나님의 뜻을 아는 지식입니다. 하나님을 아는 것보다 더 위대하고 고상한 지식은 이 세상에 없습니다. 하나님의 사람 바울은 말했습니다. "내가 이제까지 가지고 있었던 것, 또 내가 알았던 모든 것을 이제는 쓰레기, 배설물같이 여긴다. 왜냐하면 예수 그리스도를 아는 지식이 나에게 가장 고상하기 때문이다." 바울은 과거에 자랑할 만한 것이 많았던 사람입니다. 그것은 마치 밤하늘에 초롱초롱 빛나는 별과 같았습니다. 그러나 그 별들은 동녘하늘에 눈부신 태양이 떠오르면 희미하게 사라질 것입니다. 보석상의 루비나 사파이어가 아무리 자기 광채를 자랑하고 뽐내어도 값비싸고 진귀한 진주가 들어오면 그 고상한 진주의 찬란한 빛깔에, 이제까지 반짝이던 뭇 보석들은 그 광채가 사라집니다. 그와 같이 바울의 생애도 자랑할 만한 것, 붙잡을 만한 것, 영광스러운 것들이 많았습니다. 그러나 예수 그리스도라는 분을 아는 지식을 갖게 되자 모든 지식은 그 앞에서 의미를 잃었습니다.

우리 생애에서 가장 위대하고 고귀한 것은 하나님의 뜻을 바로 분별하는 그것입니다. 그것이야말로 가장 위대한 지식입니다. 인생에서 이것보다 더 귀한 지식은 없습니다. 그런가 하면 우리가 남길 수 있는 가장 위대한 업적은 하나님의 뜻을 이루는 것입니다. 인간적인 성취들을 많이 이루는 것이 아닙니다. 사람들을 놀라게 하는 업적이 아닙니다. 사람들을 기쁘게 하는 것이 우리의 업적이 아닙니다. 한 생애를 통해서 얼마나 하나님의 뜻을 이루었는가, 이것이 우리 생애에서 가장 큰 업적입니다. 하나님의 사람 야곱은 참으로 이 축복을 알았던 사람입니다.

욕심의 생애, 이기적인 인생에서 출발해서 그가 하나님을 만났고 그 인격적인 만남 가운데서 그의 정욕적인 것이 무너졌습니다. 육체의 다리를 절룩거리면서 자신의 육체를 의지하지 않는 인생으로 변화되어 자기 의지를 꺾고 하나님의 인도와 섭리 앞에 완전히 자신을 맡기는 삶을 살았습니다. 그뿐만 아니라 하나님의 뜻을 발견하고 그 뜻을 온전히 순종하는 인생으로 그가 점점 자랐습니다. 그래서 믿음의 조상들의 반열에 서게 되었고 믿음으로 자기 손자들에게 축복했습니다. 성경은 야곱이 믿음으로 임종을 맞이하는 영광의 모습을 우리에게 이렇게 설명합니다.

히브리서 11장 21절입니다. "믿음으로 야곱은 죽을 때에 요셉의 각 아들에게 축복하고 그 지팡이 머리에 의지하여 경배하였으며." 창세기 47장을 보면 야곱이 마지막 순간에 침상에서 일어나 하나님을 경배했다고 말했습니다. 이 두 가지 묘사가 하나입니다. 야곱이 침상에 앉아서 최후의 기력을 다해 평소에 붙잡고 다녔던 지팡이를 의지하여 하나님께 경배하였다는 말입니다. 그의 최후의 임종의 모습입니다. 여러분은 어떤 임종을 맞이하길 원하십니까? 거짓 선지자 발람도 이렇게 말했습니다. "내가 의인 같은 죽음을 죽기를 원하노라." 이 가짜 선지자도 의인의 죽음을 그처럼 원했습니다. 하나님의 사람 야곱은 임종할 때 우리 주님을 만나기 원했습니다. 하나님의 사람 야곱은 임종할 때 우리 주님을 만나기 위해서 있는 힘을 다하여 일어나서 하나님을 경배하였습니다. 자신의 힘이 부족하니까 지팡이를 의지했다고 말씀합니다. 우리는 기도할 때 여러 가지 모습으로 기도할 수 있습니다.

어떠한 모습으로 기도를 드려도 하나님은 우리의 중심을 받으시는 분이시기에 우리의 기도를 들어 주십니다. 그런데 기도를 해도 잠자는 모습으로 반듯이 누워서 기도하는 것은 하나님께 불손한 것 같습니다. 여러분들은 어떤지 모르겠습니다만 저는 누워서 잠자려고 하다가도 기도제목이 생각나면 꼭 몸을 돌려서 엎드려서 기도하게 됩니다. 저희 할머니께서는 새벽기도회를 다녀오셔서 기도하시다가 기도하는 모습 그대로 임종하셨습니다. 그런데 그때 저 혼자만 할머니의 임종 모습을 지켜봤습니다. 시간이 오래 지나도 그대로 계시기에 "할

머니, 주무세요?" 하고 흔들어 보았습니다.

한참 동안 시간이 흘러도 그 임종의 복됨을 전혀 못 느꼈습니다. 그러나 지금 생각해 보니 그렇게 임종할 수 있다면 얼마나 좋을까 하는 생각을 하게 됩니다. 임종할 때 강단에서 설교하다가 죽었으면 좋겠다고 말하는 목사님도 계셨습니다. 그렇지만 저는 그렇게까지 욕심을 부리고 싶지는 않습니다. 설교하다가 세상을 떠나면 저로서는 무척 영광스럽지만 교인들이 얼마나 놀라겠습니까? 그 목사님은 끝까지 강대상을 다른 분에게 물려주지 않았습니다. 연세가 팔십이 넘으셔서도 강단에서 순교하기를 원하신다면서 설교를 다른 분에게 맡기지 않으셨습니다. 결국에는 병원에서 돌아가셨고 강대상에서 돌아가시지도 못하시면서 교회만 어지럽게 하셨던 것을 보았습니다. 그것을 보면서 그것도 좋은 것이 아니로구나 생각했습니다.

제가 잘 아는 어느 신학교의 교수님 한 분은 임종하시기 전에 깊은 혼수상태에 빠지셨습니다. 그분을 옆에서 간호하시던 분이 갑자기 병실에서 뛰어나와서 우리 목사님이 방언하신다고 하였습니다. 그래서 들어보니까 무의식 중에서도 계속 히브리어로 시편 23편으로 하나님을 찬양하셨습니다. 우리의 무의식 속에 시편이 있다면 얼마나 좋겠습니까? 우리가 주님을 만날 때 시편의 영광 가운데 만난다면 얼마나 귀하겠습니까?

이것은 내가 멋있게 죽고 싶다는 희망만으로 되는 것이 아닙니다. 결심으로 되는 것이 아닙니다. 하나님을 날마다의 삶으로 경배하는 자만이 죽음의 순간에도 하나님을 경배할 수 있을 것입니다. 우리의 임종은 우리의 삶의 연장입니다. 믿음으로 그 인생을 살았던 자는 믿음으로 우리 주님을 만날 것입니다. 찬송함으로 평생을 살았던 사람은 찬송의 영광으로 임종을 맞이할 것입니다. 기도의 사람은 기도 가운데 주님을 만날 것입니다.

하나님을 경배했던 야곱은 마지막 순간에도 하나님을 경배하고자 있는 힘을 다해서 침상에서 일어났습니다. 자신의 몸을 지탱할 수 없으니까 그는 지팡이를 의지해서 살아계신 하나님을 경배함으로 우리 주님을 만나는 영광스런 임종을 맞이하였습니다. 여러분은 어떤 임종을 맞게 되기를 원하십니까? 야곱은 욕심 많은 인생을 살았습니다. 누구에게든지 지지 않으려는 야심에 찬 인생을 살았습니다. 자기 스스로도 상처를 많이 입었고 다른 사람에게도 상처를 많이 주는 인생을 살았습니다. 그러나 그는 하나님이 그를 성화시켜 주시는 은혜를 따라서 하나님의 축복을 의지하며 하나님과 교제하는 위대한 족장으로 임종하였습니다. 최후 마지막 순간에 지팡이를 의지하여 하나님께 예배함으로 하나님 앞에 갔습니다. 이 귀한 생애가 우리 생애 가운데도 계속 연결되기를 축원합니다.

믿음의 사람들
제10강

요셉

> "
>
> 믿음으로 요셉은 임종 시에 이스라엘 자손들의 떠날 것을 말하고
> 또 자기 해골을 위하여 명하였으며
> (히 11:22)
>
> "

요셉의 생애는 어떻게 시작되었습니까? 그는 아버지의 특별한 사랑 속에서 인생을 시작하였습니다. 그가 가나안에 돌아왔을 때 아마 그의 나이는 한창 재롱을 떨 나이였을 것이고 할아버지 이삭은 어린 요셉을 품에 안고 자기의 아버지 아브라함에 대해서 가르쳤을 것입니다. 하나님께서 이삭에게 어떤 축복과 약속을 하셨는지를 그는 가르쳤을 것입니다. 그런가 하면 야곱은 자기 옆에 요셉을 앉히고 자기가 믿는 살아계신 하나님을 가르쳤을 것입니다. 여러분, 우리가 우리 자녀들을 어릴 때부터 가르치는 것은 참 중요합니다.

잠언은 권고하기를 "마땅히 행할 길을 아이에게 가르치라. 그리하면 늙어도 그것을 떠나지 아니하리라"(22:6) 하였습니다. 할아버지, 아버지의 품안에서 들은 그 말씀이 나중에 그의 생애에 어떻게 역사했는지 뒤에 가서 생각해 보겠습니다마는 어릴 때부터 주의 말씀으로 가르치는 것보다 더 큰 축복은 없습니다. 그가 어릴 때부터 배운 말씀은 늘 그의 마음속에 살아 있어 그가 어떤 사건에 부딪힐 때마다 그를 온전케 세웠습니다. 정말 하나님을 신뢰하는 그 신앙이 온전한 신앙인가 온전치 못한 신앙인가는 사건을 만나보아야 알 수 있습니다. 그가 첫 번째로 만난 불행한 사건은 형들이 자기를 애굽에 팔아버린 사건입니다. 자신을 죽이고자 하는 형들의 모의도 들었습니다. 그리고 자기를 노예로 팔아버린 잔인한 형들의 모습도 보았습니다.

이런 상황에서 그는 마음에 얼마나 깊은 타격을 입었겠습니까? 요즘도 이렇게 생각하는 사람들이 많이 있습니다. 예수 믿는 사람들의 삶을 보니까 확실히 하나님은 안 계신다. 하나님이 살아계시다면 교회 다니는 사람들이 그렇게 살 수 있나? 그래서 더러 사람들 때문에 예수를 믿지 않는 사람들이 있습니다. 교회에 다니다가도 사람들 때문에 신앙생활을 그만두신 분들이 계십니다. 지금 예수 믿는 사람들 때문에 신앙생활 못하겠다고 핑계댄다면 요셉보다 더 핑계대기 좋은 사람이 어디 있습니까?

세상에서 그 한 가정만 여호와께 예배드리는 가정이었습니다. 날마다 감사와 찬송으로 하나님을 경배하던 가정이었습니다. 형제들이 한마음으로 하나님께 제사 드린 가정이었습니다. 그랬는데 형들이 자기를 팔아버렸습니다. 얼마나 마음이 아프고 괴로웠겠습니까? 그러나 그럼에도 불구하고 요셉은 조금도 흔들리지 않았습니다.

다른 사람들이 어떻게 살든지 그와 상관없이 요셉은 살아계신 하나님 앞에서 살았습니다. 다른 사람들이 어떻게 하든지 하나님의 약속의 말씀을 굳건히 붙잡고 살았습니다. 그에게 두 번째의 시련이 왔습니다. 그는 애굽에서 종 노릇을 했습니다. 많은 사람들은 그 당시 그의 나이가 12살에서 17살 사이였을 것이라고 말합니다. 나이가 얼마나 됐는지 우리는 정확히 알 수 없습니다. 어린 나이에 그는 팔려갔습니다. 어린 나이에 인간의 정이 차단된 채 가족의 품을 떠나 혼자 산다는 것은 매우 고통스럽습니다. 저는 초등학교 4학년 때부터 부모님과 떨어져 살았기 때문에 부모와 떨어진다는 고통이 자녀들에게 얼마나 큰 영향을 미치는 것인지를 잘 압니다. 아직 어릴 때에 가족과 떨어져서 혼자 살아가는 것은 마음에 깊은 공허와 허전함을 남깁니다.

사람에게 가장 강한 본능이 있다면 그것은 사랑하고 싶은 본능입니다. 사랑을 받는 것이야 사랑을 하는 강도에 비하면 10%도 미치지 못합니다. 누군가를 사랑할 때는 사랑의 감정을 100% 느낍니다. 그래서 사랑을 할 때까지는 진정한 사랑을 모릅니다. 사랑을 받아서는 사랑을 모릅니다. 사랑이 차단된 요셉이 객지에서 외롭게 살다가 자기가 사랑할 수 있는 유일한 대상을 만났습니다. 그 가정의 존귀한 여인입니다. 그 여인은 주인 보디발의 아내입니다. 이것은 한 젊은 청년의 단순한 성욕 차원을 넘어선 이야기입니다. 사랑의 대상을 목마르게 찾았던 그 영혼은 유혹을 받을 때 하나님의 약속의 말씀으로 승리하였습니다.

그 결과가 무엇입니까? 요셉은 감옥에 들어갔습니다. 그럴 때 우리는 이렇게 말할 수 있습니다. '하나님이 살아계시다면 이런 일이 나에게 일어날 수 있는가, 하나님이 살아계시지 않기 때문에 나에게 고통이 따르는 것이 아닌가, 나는 하나님을 섬긴 죄밖에 없지 않은가? 하나님 앞에 거룩하고 하나님 앞에 온전한 죄밖에 없지 않은가, 이러한 때에 하나님이 역사해 주지 않으면 언제 하나님이 역사해 준단 말인가?' 라고 말하며 하나님을 떠날 수도 있습니다. 그러나 요셉은 그가 자기 형들에 의해 팔렸을 때나 또 무죄하게 감옥에 들어갔을 때나 조금도 그 인생이 흐트러지지 않았습니다.

이 요셉의 생애는 어느 한 면을 잘라보아도 아름다운 그림입니다. 칭찬할 만합니다. 사랑스럽습니다. 덕이 있습니다. 존귀합니다. 그는 어느 때이든지 하나님을 향한 신뢰가 조금도 흔들리지 않습니다. 누가 이렇게 거룩한 삶을 살 수 있습니까? 지금 생각해 보아도 요셉의 생애는 그 삶 자체가 경이입니다. 그리고 정말로 선한 삶이란 것이 무엇인지 우리에게 가르쳐 줍니다.

마치 향나무를 갈라 보면 어느 곳에 톱날을 대든지 어느 단면에서나 아름다운 향기가 나는 것처럼 요셉은 고통의 때, 그의 슬픔의 때, 그가 낮은 곳에 처할 때, 또 높은 곳에 처할 때 어느 때이든지 향기가 진동하는 삶입니다. 아름다운 삶입니다. 저는 민중 신학자들이 말하는 한의 신학을 부정하는 사람입니다. 그것이 철학일 수는 있으나 기독교는 아닙니다. 우리 주님과 상관없는 학문입니다.

요셉의 생애 어느 곳을 살펴봐도 한은 기독교의 용어가 아닙니다. 그는 원수를 사랑했습니다. 그의 모습 어디를 보아도 그의 삶은 참으로 선했습니다.

하나님을 의지하는 뿌리가 없이는 진정한 선이 있을 수 없습니다. 꽃꽂이의 꽃이 아무리 아름답다 하여도 그 뿌리가 잘려졌기 때문에 이 꽃들이 시드는 것은 시간 문제입니다. 마찬가지로 인간의 정의감이라는 것이 하나님을 의뢰함이 없으면 언제든지 악으로 변할 수 있는 것입니다. 정의로웠던 만큼 그 정도로 더 악해집니다. 그것이 바로 이란의 호메이니입니다. 그것이 공산주의입니다. 공산주의의 정의감은 참으로 대단합니다. 그렇지만 공산주의의 정의감은 무서운 인류의 악으로 우리에게 도전하고 있습니다.

진정한 선은 요셉의 삶처럼 어느 단면을 살펴보아도 향기가 있고 경건함이 있고 칭찬할 만하고 어떤 모습을 찾아보아도 사람에게 푸근함을 주고 사람들로 하여금 깊은 존경감을 불러일으킵니다. 요셉의 생애는 그런 삶이었습니다. 요셉이 어떻게 그런 삶을 살 수 있었습니까? 그것은 그가 하나님을 의지하고 하나님의 축복을 바라는 삶을 살았기 때문입니다.

히브리서 11장으로 다시 돌아가겠습니다. 11장 21절에 이렇게 말했습니다. "야곱은 죽을 때에 요셉의 각 아들에게 축복하고 그 지팡이 머리에 의지하여 경배하였으며." 요셉이 자기 아버지 야곱이 임종의 때가 가까운 것을 알았습니다. 그래서 그는 자기 두 아들을 야곱에게 데리고 갔습니다. 이 두 아들은 애굽에서 낳았기 때문에 하나님의 축복에 대해서 잘 모릅니다. 그 자녀들은 어렸을 때부터 아버지의 높은 지위와 그 거대한 부 속에서 축복받으며 자랐습니다. 요셉은 인간적으로 사람들이 말하는 축복들을 다 경험한 사람이었습니다. 물질에도 부족함이 없었습니다. 지위도 누렸습니다. 사람들의 존경과 아름다운 평판도 얻었습니다. 지혜도 있었습니다. 그 밖에 모든 것을 다 가졌습니다. 인간적인 생각으로 볼 때 그는 축복에 겨워서 더 이상 사모할 만한 축복이 없을 것 같았습니다. 그런데 하나님의 사람은 그렇게 생각하지 않았습니다. 눈에 보이는 것, 이것이 축복의 전부가 아니라는 것을 알았습니다.

사람들은 축복을 생각할 때 눈에 보이는 축복으로 만족합니다. 여러분들도 예수를 믿지 않을 때 축복을 이렇게 생각했을 것입니다. 건강과 물질의 부유함과 사회적인 높은 신분을 축복이라고 생각했을 것입니다.

그런데 여러분이 예수를 믿고 나서 바뀌어진 축복의 개념은 무엇입니까? 예수를 믿고 나서도 돈이 있어야 축복이라고 생각하지 않습니까? 그것은 예수를 믿고도 달라진 것이 없기 때문입니다. 기독교로 방향만 바꾸었지 하나님이 주시는 진정한 축복을 사모하지 않습니다. 이제는 어느 정도 갖추어질 것이 갖추어지니까 예전처럼 하나님을 간절히 찾지 않게 됩니다. 이것이 문제입니다.

인간적으로 가질 것을 다 가진 요셉이, '내 아들들아, 사랑하는 두 아들아, 눈에 보이는 축복 그것이 전부가 아니다. 믿음의 사람은 보지 못하는 한 증거를 가졌다. 우리가 누리는 이것이 축복이 아니라 살아계신 하나님 그분이 바로 축복이다. 그분을 만나는 것이 축복이고 그분과 교제하는 것이 축복이다. 그분의 놀라운 임재와 그분과 함께하는 삶을 누려라. 내 사랑하는 두 아들들아, 그 하나님은 너희 할아버지가 믿었던 하나님일 뿐 아니라 아버지의 하나님이시다. 그 하나님을 만나야 된다.' 요셉은 두 아들을 아버지에게 데리고 가서 "아버지, 이 아들들에게 축복해 주시옵소서. 진실한 축복을 받기 원합니다" 하였습니다.

예수 믿는 성도의 가장 위대한 특권은 우리의 소유나 우리의 환경이나 우리의 여건이 아닙니다. 그것들이 우리의 행복을 결정하지 못합니다. 그리스도인들은 아무것도 없는데 행복합니다. 왜 그렇습니까? 아무것도 갖지 못한 자 같으나 모든 것을 가졌기 때문입니다. 슬퍼하는 자 같으나 다른 사람을 기쁘게 합니다. 사람들에게 멸시를 받는 것 같으나 진실로 하나님의 인정을 받는 자입니다. 사람들이 주는 상급 이상의 영광스런 상급이 있다는 것을 믿음의 사람들은 압니다.

요셉은 자신의 사랑하는 두 아들에게 "아들아, 사람의 칭찬이 전부가 아니고 사람들의 물질의 부유나 눈앞에 보이는 것이 전부가 아니다. 더 위대한 축복이 있다. 그분은 하나님이시다. 그분을 붙잡아야 한다. 내 사랑하는 아들들아, 나의 생애 가운데 가장 남겨주고 싶은 것이 있다면, 그리고 너희 할아버지에게서 참으로 너희가 받아야 할 것이 있다면 다른 것이 아니라 바로 하나님이다. 그 하나님과의 교제다. 그 하나님을 붙잡아라" 라고 권고하며 야곱에게로 데려가고 있습니다. 왜 우리는 눈에 보이는 것이 전부인 양 살고 있습니까? 왜 귀에 들리는 것이 전부라고 생각하며 삽니까? 요셉의 생애는 진정한 축복을 붙잡고 산 생애입니다. 우리들은 각자 축복에 목말라 하고 주려 있지 않습니까? 열심히 기도를 하며 하나님께 구하는 것이 무엇입니까?

여러분들은 도대체 하나님으로부터 무엇을 원하십니까? 믿음은 바라는 것들의 실상이요 보지 못하는 것들의 증거입니다. 이런 엄청난 축복, 하나님의 영광을 만나는 축복이 우리에게 있습니다. 우리에게는 세상이 알지 못하는 부요가 있습니다. 어떤 부요입니까? 주의 일에 부요합니다. 자기를 향해서는 가난할 수 있습니다. 그러나 주님의 일에 대해서는 부요합니다.

가진 자들에게 경고합니다. 정함이 없는 재물에 소망을 두지 마십시오. 그것을 주어서 후히 누리게 하시는 하나님을 바라보십시오. 그분을 신뢰하십시오. 요셉이 자기 두 아들을 데리고 아버지 야곱에게 나아갔던 이유는, 진정한 축복은 하나님이라는 것을 알았기 때문입니다. 요셉은 아름다운 생애를 살다가 드디어 임종을 맞이하게 되었습니다. 성경은 요셉의 임종의 영광을 우리에게 보여 줍니다.

히브리서 11장 22절에 이렇게 기록되어 있습니다. "믿음으로 요셉은 임종 시에 이스라엘 자손들의 떠날 것을 말하고 또 자기 해골을 위하여 명하였으며." 이 두 가지를 명령했습니다. 이스라엘 자손들이 이곳 애굽을 반드시 떠나게 될 것이라고 말했습니다. 언제 요셉이 이 말을 했습니까? 지금 애굽에 이스라엘 백성들이 내려와서 고센 땅에 정착하여, 처음으로 물 걱정, 목초 걱정 없이 목장을 꾸릴 그때였습니다. 다른 사람 같으면 여기가 좋사오니 영원토록 이 땅을 우리에게 주시옵소서라고 할 만한 좋은 땅이었습니다.

그런데 임종 때 요셉은 말합니다. "아들아, 여기는 떠나야 하는 땅이다. 너희 눈에 보기 좋으냐? 아름다우냐? 그러나 그것이 전부가 아니다." 그렇습니다. 사람들은 누구나 죽음을 맞이합니다. 주께서 재림하시기 전이라면 우리도 죽음의 관문을 반드시 통과할 것입니다. 주님의 재림을 직접 보게 될 분이 있을지 모르겠습니다마는 그렇지 않은 경우에 우리는 반드시 이 세상에서 죽음을 맞습니다. 마지막 임종 때 하나님의 사람들은 하나님께 영광을 드립니다. 하나님의 축복을 구합니다. 그것이 야곱의 생애였습니다. 그것이 아브라함의 삶이었습니다. 지금 하나님의 사람 요셉은 그 찬란한 빛을 우리에게 던지고 있습니다.

"자녀들아, 너희들은 나에게 두 가지 약속을 해야 한다. 너희는 이 땅을 떠나야 한다. 이 땅은 안주할 땅이 아니다. 우리는 나그네다. 그 때에, 이곳을 떠날 때 나의 해골을 꼭 가지고 가라." 요셉의 이 말이 무슨 뜻입니까? 이것은 요셉이 그가 어렸을 때부터 그 가슴속에 하나님의 말씀을 간직하고 있었다는 뜻입니다. 창세기 15장 13-14절에 이런 말씀이 있습니다.

"여호와께서 아브람에게 이르시되 너는 정녕히 알라. 네 자손이 이 방에서 객이 되어 그들을 섬기겠고 그들은 사백 년 동안 네 자손을 괴롭게 하리니 그 섬기는 나라를 내가 징치할지며 그 후에 네 자손이 큰 재물을 이끌고 나오리라."

400년 동안 다른 나라에 가서 종이 될 것을 하나님이 미리 말씀하셨습니다. 요셉은 어릴 때 할아버지를 통해서 이 말씀을 가슴에 담았던 것입니다. 하나님이 아브라함에게 하신 그 말씀을 가슴에 담았습니다. 언제 그런 증거가 있었습니까?

그가 자기 형들을 만났을 때였습니다. 형들은 죽은 줄 알았던 요셉이 애굽의 총리가 된 것을 알고 그가 자기들의 생명을 해할 수도 있고 살릴 수도 있는 사람인 줄을 알았습니다. 그래서 두려워하며 한탄하고 떨었습니다. 그때 요셉이 말합니다. "형들이여, 안심하소서. 두려워하지 마소서. 이 일은 당신들이 한 것이 아니라 하나님께서 나를 먼저 보내서 이 땅을 준비하시기 위한 것"이라고 말합니다. 그는 하나님의 약속된 말씀이 자기 생애를 통해 이루어진 것을 알게 되었습니다.

하나님의 말씀이 내 생애 속에서 이루어지는 것에 대해서 전혀 느끼지 못하고 사는 사람들이 얼마나 많은지 모릅니다. 하나님의 말씀은 내 생애 속에 지나가는데 하나님의 말씀의 한가운데에 서 있다는 사실을 모르는 채 지나가는 인생들이 많이 있습니다. 그러나 하나님의 말씀을 마음에 담은 이 요셉은, '바로 이때가 하나님의 약속이 이루어지는 때이다. 하나님께서 신실하게 그 역사를 이루시는구나' 하고 깨닫게 되었다는 말입니다.

시편 105편 17-18절을 보면 "한 사람을 앞서 보내셨음이여 요셉이 종으로 팔렸도다. 그 발이 착고에 상하며 그 몸이 쇠사슬에 매였으니." 그리고 19절에 "곧 여호와의 말씀이 응할 때까지라 그 말씀이 저를 단련하였도다." 그 말씀이 저를 연단했다고 말합니다. 그 고통의 때에 하나님의 말씀이 그 생애 가운데 계속 따라주었다는 말씀입니다.

그는 하나님의 약속의 말씀을 든든히 붙잡았습니다. 그 고통의 때에, 옥중에 착고에 묶여 몸이 상할 그때에도 그는 살아계신 하나님의 약속의 말씀이 이루어질 것을 믿었습니다. 이스라엘 백성이 이방에서 객이 될 것이며 또한 이 땅에서 하나님께서 큰 민족을 이루실 것이고 다시 때가 되면 가나안 복지로 돌아가게 하실 것을 믿었습니다. 고통 중에 하나님의 말씀을 신뢰했습니다. 천지는 없어지지만 주의 말씀은 없어지지 않습니다. 하나님의 말씀은 단지 문자로 기록된 말씀이 아니라 요셉의 생애 가운데 일어난 사실이었습니다.

그 약속의 말씀이 자기의 생애를 통해서 이루어지는 것을 보면서 그는 '이스라엘은 이 땅에서 큰 민족을 이룬다. 하나님의 약속대로 될 것이다. 그러나 이 땅도 너희가 영원히 살 땅이 아니다. 돌아가야 된다. 하나님께서 약속하신 가나안 복지로 돌아가라. 그때 너희들이 한 가지 기억할 것은 내 해골을 반드시 가져가야 된다'고 말합니다. 야곱의 장례식은 요셉이 애굽의 실권자로 있었기 때문에 70일 동안이나 치러졌습니다.

그는 그만큼 막강한 힘을 가지고 있었기에 야곱의 시신을 가나안까지 가져가서 막벨라 굴에 묻고 돌아왔습니다. 그러나 요셉은 그 길이 너무 멀고, 힘 없는 백성들이 자기 시신을 그곳까지 가져가서 장례를 치르는 것이 얼마나 큰 어려움이 될 것인지 알았습니다. 그러므로 그것을 부탁하지 않습니다.

그는 임종 때마저도 남에게 조금이라도 누가 되는 일은 부탁하지 않았습니다. '그러나 이 마지막 때에 너희들에게 단 한 가지 작은 것을 부탁하노니 너희들이 가나안으로 떠날 때에 내 해골을 가져가다오.' 왜 여기서 시체라고 말하지 않고 해골이라고 했습니까? 그 일이 당장 이루어지지 않을 것을 알았기 때문입니다. 그의 몸은 썩게 될 것이고 해골이 다 드러나야 백성들이 떠나게 될 것이라고 믿었기 때문입니다.

그는 임종의 때에도 하나님의 약속의 말씀을 붙잡고 있습니다. 그 약속의 말씀이 이루어질 것을 믿고 있습니다. 약속의 땅, 그 땅을 믿음으로 바라보고 있습니다. 말씀이 있기 때문에 말씀의 사람은 임종 때에도 말씀으로 승리합니다. 박윤선 목사님은 제가 참 존경하는 목사님입니다. 그분은 돌아가시기 전, 혼수상태에 빠지신 이후에도 계속 입으로 기도를 하셨습니다. 평생을 기도하신 분이었습니다.

"여러분 성도들이여, 산에 올라 아름답고 멋있는 바위를 보면 아, 이 바위 위에 앉아 하나님께 기도하면 얼마나 좋을까 왜 이런 생각을 못합니까?" 하고 말씀하셨습니다. 우리는 이 바위를 보면서 참 반듯하게 멋있게 생겼다 하는데 그분은 이 위에 앉아 하나님께 기도하면 얼마나 좋을까를 생각하십니다.

기도의 사람은 기도로 마칩니다. 가슴에 말씀이 있는 사람은 후손들에게도 그 말씀을 그대로 물려줍니다. 요셉은 그 사실을 알았습니다. 이 말씀 배후에 있는 하나님의 약속이 이루어져서 메시아가 올 것을 믿었습니다.

그래서 그는 가나안 복지를 믿음으로 바라보며 메시아를 보낼 약속의 땅을 믿음으로 바라보았습니다. 그 땅에 내 해골을 묻어달라고 부탁하는 요셉은 죽음으로 그 생애 전체를 우리에게 말씀하고 있습니다. 여러분은 임종을 어떻게 맞이하시겠습니까?

우리 교회 집사님 한 분이 위궤양으로 위를 삼분의 일이나 잘라내었습니다. 그분이 신앙생활을 하기 전입니다. 수술을 한 그날 밤에 같은 병실에 있던 위암 환자가 임종을 맞이하게 되었습니다. 그러자 이 집사님은 수술 때문에 배가 너무 아파 견딜 수가 없었지만 옆에서 사람이 죽어가니까 죽음의 공포가 엄습해서 배가 아픈 것도 잊고 두려움에 벌벌 떨면서 그 임종을 지켜보았답니다. 임종을 맞이하는 분이 마침 장로님이셨는데 임종 직전에 이름을 하나하나 부르면서 자녀들에게 축복을 하고 자녀들에게 신앙의 유언을 남긴 후 마치 어린아이가 엄마 품속에서 새근거리고 자는 것처럼 임종을 맞이하더랍니다. 이분에게 그것이 충격이 되었습니다. 다음날 아침에 간호사가 들어오니까 간호사가 예수를 믿는 사람인지 아닌지도 모르면서, 어떻게 하면 예수를 믿을 수 있느냐고 그 간호사에게 물었더니, 오늘 오후에 병원에서 예배가 있지만 당신은 수술한 지 얼마 안 되었기 때문에 거기에 갈 수 없다고 하였답니다. 그러나 내가 꼭 참석하고 싶으니 나를 업어서라도 데려가 달라고 해서 그 병원에서 첫 예배를 드렸습니다. 그리고 건강이 회복되어 퇴원한 후 우리 교회에서 집사 직까지 받아서 교회 생활에 열심이십니다.

임종의 영광. 그것은 진정한 영광입니다. 사람이 살아 있을 동안은 제법 큰 소리를 쳐도 결국 보면 가짜가 많습니다. 임종의 때, 요셉은 하나님의 약속을 가슴에 담고 후손들에게 그 약속의 말씀을 던지고 있습니다. 여러분은 이 세상을 떠날 때 자식들에게 무엇을 남겨주시겠습니까? 우리들이 평생 아무리 노력해도 결국 놓치는 것을 자녀들에게 물려주려고 애쓰지 않습니까?

요셉은 모든 것을 가져 본 사람입니다. 애굽의 재물도 가졌습니다. 애굽의 높은 지위도 가졌습니다. 학문도 가졌고 지혜도 가졌습니다. 업적도 있었습니다. 그런데 그 모든 것을 던져 버리고 하나님의 약속의 말씀을 자기 자손들에게 전하고 있습니다. 이 승리의 삶! 이 삶은 믿음을 가졌기에 가능한 것입니다. 믿음으로 야곱과 요셉은 그 임종의 때에 그 후손들에게 애굽을 떠날 것을 명령했고 그리고 그 약속의 땅에 들어갈 때 자기 해골도 같이 가져가 달라고 부탁했습니다. 왜냐하면 그 땅은 영광의 땅이기 때문입니다. 사실 가나안은 요셉에게는 한 맺힌 땅입니다. 슬픔의 땅입니다. 저주의 땅입니다. 인간적으로는 고통을 당했고 설움을 당했던 땅이지만 그것을 생각하지 않고 그 땅은 하나님이 약속하신 땅이고 하나님이 세상을 향해서 보내실 메시아가 임할 땅인 것을 믿음으로 바라보면서 해골이라도 그곳에 묻히기를 바라고 있습니다. 임종 때마저도 그의 신앙을 아름답게 주 앞에 고백한 가나안 땅입니다.

믿음의 사람들

제**11**강

모세 부모의 믿음

> 66
>
> 믿음으로 모세가 났을 때에 그 부모가 아름다운 아이임을 보고
> 석 달 동안 숨겨 임금의 명령을 무서워 아니하였으며
> (히 11:23)
>
> 99

"자유를 달라. 그렇지 않으면 나에게 죽음을 달라." 이 말은 민주주의가 확산되는 과정에 있는 모든 국가에서 가장 중요한 슬로건 중의 하나입니다. 이 말은 미국 건국 초기의 정치가 가운데 한 사람인 페트릭 헨리의 말입니다. 1765년 당시 미국의 버지니아 주가 미 독립국 편에 가담해야 될지 그렇지 않으면 영국 황실에 귀속돼야 될지 결정하지 못하고 방황하고 있을 때 페트릭 헨리가 버지니아에 가서 유명한 연설을 하게 되었는데 이 연설의 마지막 부분을 옮겨 보면 이렇습니다.

"나는 다른 사람들이 어떤 길을 걸어갈는지 알 수 없다. 그러나 나에게 자유를 달라. 그렇지 않으면 죽음을 달라." 이렇게 그가 연설의 마지막 부분을 맺었습니다. 이 연설로 말미암아 버지니아가 결국 참전하게 되었고 이 일로 인해서 독립전쟁의 승패의 향방이 바뀌었다고 합니다.

이분이 남겨놓은 많은 연설 가운데 목회자를 위로하는 연설은 지금까지 목회자들에게 큰 힘이 되고 있습니다. 그런데 그 중에서도 인상적인 연설은 그가 조그만 모임에서 가진 연설입니다. 노년에 자기 가족에게 전부 유산을 분배한 다음 그는 이렇게 말했습니다.

"나는 이제 나의 모든 재산을 나의 가족에게 양도하였다. 나는 이들에게 한 가지 꼭 더 주었으면 좋겠다고 희망하는 것이 있는데 그것은 기독교 신앙이다. 만일 저들이 이 신앙을 가졌으면 내가 저들에게 한 푼도 준 것이 없다 하여도 저들은 부자일 것이고 만일 저들이 신앙을 갖지 못하였다면 내가 저들에게 온 세상을 다 준다 하여도 저들은 가난한 사람일 뿐이다."

사랑하는 자녀들에게 여러분은 무엇을 남겨 주기를 원하십니까?

부동산입니까? 그렇지 않으면 번창하는 사업입니까? 또 그렇지 않으면 부모가 누렸던 고상한 명예입니까? 페트릭 헨리는 그리스도에 대한 참 신앙을 자녀들에게 유산으로 물려주기를 원했습니다. 자녀들에게 무엇을 남기시기를 원하십니까?

이제 우리들은 자녀들에게 모든 것을 맡기고 떠나야 될 인생입니다. 우리는 이미 너무나 많은 생애를 살아버렸는지도 모릅니다. 사실 1950년대 한국 사람들의 평균 연령은 46세였습니다. 그러면 우리는 이미 그 나이를 지나버린 사람들이 아닙니까? 대부분이 그럴 것이라고 생각합니다. 내 자녀들에게 무엇을 남기고 떠나시겠습니까? 자녀들이 앞으로 당하게 될 어려운 도전들을 바라보면서 내 자녀들이 어떻게 자라기를 원하십니까? 이것은 부모로서 우리가 갖는 심각한 문제들입니다. 자녀교육이 참 어렵고 힘듭니다.

그러나 모세의 부모만큼은 아닐 것입니다. 왜냐하면 모세의 부모는 모세를 낳자마자 아이를 죽이든지 그렇지 않으면 나일 강에 빠뜨리든지 둘 중의 하나를 택해야 하는 그런 어려운 시대에 살았습니다.

23절 말씀 "믿음으로 모세가 났을 때에 그 부모가 아름다운 아이임을 보고 석 달 동안 숨겨 임금의 명령을 무서워 아니하였으며"를 읽으면서 모세의 부모가 그를 어떻게 키웠는가, 이 신앙의 위대한 위인을 어떻게 길렀는가를 생각하고 주께서 우리에게 주신 은혜를 누리고자 합니다.

그것을 위해서 출애굽기 2장으로 돌아가겠습니다. 아마 아담 때부터 예수 그리스도가 나실 때까지 성경의 인물 가운데 가장 중요한 인물이 바로 이 모세일 것입니다. 이 위인 모세의 신앙이 어디서 자랐는가를 생각해 보겠습니다. "레위 족속 중 한 사람이 가서 레위 여자에게 장가들었더니"(1절). 결혼을 할 때 같은 신앙을 갖는 것은 이처럼 소중합니다. "그 여자가 잉태하여 아들을 낳아 그 준수함을 보고"(2절). 히브리서에서는 아름다움을 보았다고 하였는데 출애굽기에서는 "준수함을 보고"라고 기록하고 있습니다.

재미있는 것은 모세의 부모가 자기 자식이기 때문에 사랑스러웠다거나 예뻤다는 의미가 아닙니다. 사도행전 7장 20절에 나오는 스데반의 설교에는 "그때에 모세가 났는데 하나님 보시기에 아름다운지라" 하였습니다.

하나님이 모세를 아름답게 보신 것을 어머니가 알았습니다. 하나님의 시각으로 모세를 바라보았습니다. 우리는 우리 자녀들을 본능적으로 예쁘게 봅니다. 그의 재능이 신통하게 보이고 그의 삶이 어디를 봐도 예쁩니다. 부모가 자녀를 보는 일반적인 눈입니다. 그러나 모세의 부모는 그것만 보지 않았습니다. 하나님께서 아름답게 보시는 이 아들 모세를 보았습니다.

사람들의 시선은 자신의 관심을 따라 여러 가지로 다르게 볼 수 있습니다. 돌멩이 하나를 보면서 미켈란젤로는 그 돌멩이 속에서 천사를 보았습니다. 크고 못생긴 돌멩이 하나를 쪼고 있는 미켈란젤로에게 "당신은 지금 무엇을 하는 것입니까?"하고 물으니까 "나는 이 돌 속에 갇혀 있는 천사를 끄집어내는 작업을 하고 있습니다"라고 대답하였답니다.

다른 사람의 눈에는 돌멩이지만 이 예술가의 눈에는 그 돌은 돌이 아니라 살아 있는 천사였습니다. 우리가 우리의 자녀를 보면서 우리의 육의 눈으로만 자녀를 볼 때 실패할 수가 있습니다. 우리는 자녀를 볼 때 이렇게만 봅니다. 이 아이가 어떤 재능을 가졌는가, 이 아이가 내게 호감을 주는가, 아니면 불쾌하게 행동하는가, 그렇지 않으면 내 자녀가 학교에서 점수를 얼마나 맞았는가. 그것이 부모가 갖는 관심의 전부입니다. 그러나 믿음을 가진 부모의 관심은 다릅니다.

믿음의 눈은 자녀를 볼 때 하나님께서 아름답게 지으신 그 영혼을 봅니다. 그 아이 속에 있는 하나님의 형상을 볼 수 있어야 합니다. 모세 부모의 태도는 믿음의 눈을 가진 하나님의 사람의 태도입니다. 모세의 부모는 하나님이 아름답게 보시는 그 아이 모세를 보았습니다. 유대에 내려오는 전승에 의하면 모세가 태어나기 전에 하나님께서 이 모세는 이스라엘의 구원자라고 지시했다고 합니다. 요세푸스의 사기에 이 내용이 적혀 있습니다. 그렇지만 저는 그것을 확증할 만한 참고구절을 성경에서 보지 못했기 때문에 그것을 인정할 수 없습니다마는 아무튼 이 모세가 자라는 모습을 보면서 그 부모는 하나님의 영혼이 숨 쉬며 하나님의 숨결이 함께하고, 하나님의 사랑이 쏟아지는 아들 모세를 보았습니다.

"그 준수함을 보고 석 달을 숨겼더니." 준수함을 본 것으로 끝나지 않고 그들은 이 아이를 석 달 동안 숨겼습니다. 왜 숨겼을까요? 그에게는 하나님의 약속을 믿는 산 믿음이 있었습니다. 하나님께서 창세기 15장 13, 14절에서 "여호와께서 아브람에게 이르시되 너는 정녕히 알라. 네 자손이 이방에서 객이 되어 그들을 섬기겠고 그들은 사백 년 동안 네 자손을 괴롭게 하리니 그 섬기는 나라를 내가 징치할지며 그 후에 네 자손이 큰 재물을 이끌고 나오리라."

하나님은 400년 동안 네 자손이 괴롭힘을 받을 것이라고 하셨습니다. 지금 이스라엘 백성들은 괴로움의 극에 이르렀습니다. 아들을 낳으면 무조건 죽이든지, 하천에 빠뜨리든지 둘 중에 하나를 택해야 하는 기구한 운명 속에서 부모들은 자녀를 낳았습니다. 그렇지만 모세의 부모는 하나님의 약속의 해를 헤아려 보고 하나님의 약속의 때가 다 된 줄을 알았습니다. 저도 일람표를 보고 모세가 태어난 때가 이스라엘 백성이 종살이를 한 지 400년이 다 된 때인 것을 확인했습니다.

모세의 부모는, 백성들의 고통은 깊지만 하나님의 약속의 때가 이르러 고통의 저편에 하나님의 구원 역사가 임재하는 것을 느끼면서 이 아이를 석 달 동안 키웠습니다. 왕의 명령을 거절했습니다. 우리는 로마서 13장을 읽을 때마다 위에 있는 권세에게 복종하라는 말씀을 듣습니다. 읽을 때마다 왕의 명령에 어느 정도로 순종해야 될 것인가를 늘 고민합니다.

특별히 이 말씀을 좋아하는 사람들이 있습니다. 역사적으로 독재자들이 꼭 이 말씀을 아전인수격으로 해석하여 그들의 이익을 위해 이용했습니다. 왕의 명령과 하나님의 명령이 부딪칠 때 어떤 명령에 우리가 우선적으로 순종해야 합니까?

자녀들에게 부모를 공경하는 것이 이 땅에서 약속 있는 첫 계명이라고 주께서 명령하셨습니다. 그러나 단서가 붙습니다. 주 안에서 부모에게 순종하라고 하셨습니다. 주님의 말씀과 부모의 말씀이 부딪칠 때, 부모에게 순종하는 것이 하나님 말씀에는 범죄가 될 때, 우리는 하나님의 말씀에 순종하는 것을 택해야 합니다. 또 아내들에게, 남편에게 순종할 것을 성경처럼 강조하는 책이 없습니다. 어느 정도로 순종하라고 했는가 하면 주께 하듯 하라고 했습니다. 그러나 그것도 하나님의 명령과 부딪칠 때는 불순종 할 수도 있습니다. 물론 내가 내 위에 있는 권세에게 순종을 해야 된다는 태도는 버리지 않아야 합니다.

우리가 세상 사람들에게 인정을 못 받는 데는 이유가 있습니다. 그 가장 큰 이유 중의 하나로, 삶의 태도가 그리스도인답지 않기 때문에 멸시당하는 경우가 많습니다.

하나님의 사람 다니엘은 왕의 명령을 거절했습니다. 거절하면서도 '내가 원래는 당신께 순종해야 될 사람이나 더 큰 권세이신 하나님의 명령에 순복해야 하기 때문에 당신의 명령을 받들 수가 없습니다' 라고 하였습니다. 그리고 사자 굴에 들어갔습니다.

믿음의 사람 모세의 부모는 왕의 명령을 거절했습니다. 그리고 석 달 동안 이 아이를 숨겼습니다. 하나님께서 이스라엘에게 큰 구원을 베푸실 것을 믿었던 그들은 아들을 숨겼습니다. 우리들이 신앙생활하면서 잘못 오해하는 것 중에 하나는 하나님의 특별 은총과 하나님의 자연 은총을 혼동하는 것입니다. 그래서 많은 문제들을 야기시킵니다. 참된 믿음을 가진 사람은 하나님의 영광이 깃든 그 아이를 숨겨서 왕의 명령을 피해 최선을 다해서 키웠습니다. 어떤 사람은 우리가 신앙만 가지면 되고 아무것도 하지 않아도 하나님이 다 하신다고 말하는 사람들이 더러 있습니다. 그것은 잘못된 말입니다. 우리가 안 하면 하나님도 안해 주시는 부분이 많이 있습니다.

요즘 한국 교회가 강조해야 할 것은 이 일반 은총입니다. 어떤 사람은 자기의 믿음만 믿고 병원에 가기를 싫어합니다. 병이 났으면 병원에 가십시오. 의사에게 가는 것은 하나님께서 우리에게 주신 축복입니다. 자연섭리 가운데서 우리를 치료하시는 하나님의 놀라운 섭리이고 계획입니다. 그러므로 병원에 가는 것이 곧 신앙이 없는 증거라고 말하는 것은 잘못된 것입니다. 하나님께서 우리에게 특별히 직접적으로 나타나시고 역사하시고 계시하실 수도 있습니다. 그러나 자연 질서를 통해서 우리를 축복하시고 우리에게 은혜 베푸심도 말할 수 없이 크신 하나님의 은총이고 축복입니다. 그 자연 은총은 놀랍도록 크게 역사합니다.

많은 사람들이 일본은 왜 그렇게 잘 사는가 의아해합니다. 그처럼 미신이 많고 불신앙으로 가득 찬 나라가 어떻게 그렇게 잘 살 수 있는가 생각합니다. 잘 사는 데는 그들이 하나님의 자연 은총의 질서를 붙잡고 있는 부분이 있기 때문입니다. 가령 그 국민들의 정직성입니다. 일본에 집회를 인도하러 여러 목사님들과 함께 갔을 때였습니다.

그 여러 사람들 중에서 전 대학생선교회 총재이신 김준곤 목사님의 짐을 잃어버렸습니다.

오사카 공항에서 동경으로 떠날 때 다른 짐에 잘 부쳤는데 김 목사님의 짐만 놓고 떠났습니다. 알고 보니 다른 사람들의 짐은 별로 값이 나가지 않는 짐이었는데 목사님의 짐에 제일 소중하고 아끼시는 물건들이 많았습니다. 그래서 동경 공항의 직원에게 협조를 구했더니 오사카 공항으로 연락을 취해 두 시간 반 만에 정확하게 그 짐이 우리 호텔 숙소로 도착했습니다. 정직한 사람은 정직의 열매를 맺습니다. 이것이 하나님의 자연 은총입니다. 성실한 사람은 성실의 열매를 땁니다.

수고하지 않고 철야기도만 열심히 한다고 해서 일이 잘되는 것으로 착각하지 마시기 바랍니다. 오히려 자기는 불법을 행하면서 하나님께 봐달라고 기도하는 그런 잘못된 기도가 얼마나 우리 주변에 많습니까? 하나님께서 우리 구속을 위해서 특별 은총을 베푸시는 것에 대해 우리는 요구할 권리가 없습니다. 아무리 기도해도 음식이 안 생기는 경우가 있습니다. 아무리 기도해도 물 위를 못 걸을 수 있습니다.

왜냐하면 하나님이 물 위를 걸으라고 명령하시지 않았기 때문입니다. 주님께서 특별히 한 사람을 주목하여 "물 위를 걸으라." 하실 때만 물 위를 걸을 수 있습니다. 주께서 부르시지도 않았는데 자기 혼자 걷겠다고 물속으로 들어가서 물에 빠진 뒤에 믿어도 안 된다느니 하는 사람이 있습니다.

믿음이라는 것은 객관적인 하나님의 말씀이 있을 때 구사해야 합니다. 모세의 부모는 자식을 잘 키우기 위해서 석 달 동안 최선을 다했습니다. 석 달 동안 키운 것으로 끝나지 않고 "더 숨길 수가 없이 되매" 그를 위하여 갈 상자를 가져다가 역청과 나무진을 칠하고 아이를 거기 담아 하숫가 갈대 사이에 두었습니다. 저는 히브리어로 된 성경을 읽다가 깜짝 놀랐습니다. 거기에는 이 갈대상자라는 말이 방주라고 기록되어 있습니다. 갈대 방주에 역청을 바르고 아이를 그 곳에 넣었다고 하였습니다.

과거에도 몇 번 이 구절을 읽었으나 별다른 것을 못 발견했었는데 이번에 보니 갈대상자를 히브리어 성경에서는 갈대방주라고 하였습니다. 배와 방주는 다릅니다. 배는 동력으로써 가고 싶은 방향과 목적을 향해서 갈 수 있으나 방주는 그냥 물 위에서 부력을 이용하여 떠 있기만 합니다. 방주와 배는 서로 다르기 때문에 방주는 방주라고 번역해야 되고 배는 배라고 번역해야 합니다.

공동번역에는 노아가 배를 지었다고 하였는데 사실은 배가 아니라 방주를 지었습니다. 노아의 방주는 어느 목적지를 향해서 가기 위해 지은 것이 아니라 홍수가 나면 물 위에 떠 있기 위해서 지은 것이었습니다. 지금 모세의 부모도 그와 똑같은 방주를 만들었다고 합니다. 갈대로 역청을 발라 방주를 지었습니다.

방주는 무엇을 의미합니까? 그것은 장차 예수께서 우리의 구원자 되시고 우리의 구속자 되셔서 우리를 모든 죄악에서 완전히 구원하실 것에 대한 예표입니다. 그 예표 위에 믿음을 실어서, 어린 모세를 넣고 방주를 애굽 하수에 띄워 보냈습니다. 그리고 그들은 그것으로 끝내지 않았습니다.

출애굽기 2장 4절입니다. "그 누이가 어떻게 되는 것을 알려고 멀리 섰더니." 그렇게 보내놓고 다음에 어떻게 되는가 믿음의 눈으로 지켜보아야 했습니다. 신앙생활을 하면서 우리는 최선을 다한 다음에 하나님께서 역사하시는 것을 눈으로 볼 수 있어야 합니다. 하나님께서 어떻게 하시는가 모세의 누이는 망을 보았습니다.

그때였습니다. "바로의 딸이 목욕하러 하수로 내려오고 시녀들은 하숫가에 거닐 때에 그가 갈대 사이의 상자를 보고 시녀를 보내어 가져다가 열고 그 아이를 보니 아이가 우는지라 그가 불쌍히 여겨 가로되 이는 히브리 사람의 아이로다." 현대주의 신학자들은 이것을 신화라고 생각했습니다. 왜냐하면, 왕궁에 목욕할 장소가 없어서 대낮에 공주가 목욕하러 강가에 나왔겠느냐, 이것은 옛날의 신화에 불과하다고 생각했습니다. 그런데 요 근래에 발견된 고고학 자료에 의하면 재미있는 기록이 있는데, 이집트에는 두 개의 신이 있었습니다. 첫째는 하늘의 태양신인데, "바로"는 바로 "태양의 아들"이라는 의미입니다. 또 하나는 나일 강이었습니다. 이 나일 강은 그 당시 생산의 신으로 숭배되어, 자녀를 못 낳는 여자들은 강에서 목욕을 하면 아이를 얻는다고 생각했습니다. 나일 강에서 모든 생명이 탄생된다고 생각했습니다. 그럴 수밖에 없는 것이, 그 주변은 모두 사막이었습니다마는 이 나일 강이 있는 곳에는 생명이 있고 푸르른 식물들이 있었기 때문에 나일 강은 곧 생명의 원천이라고 했습니다. 그래서 여인들이 생명을 얻기 위해 나일 강에서 목욕하는 풍습이 있었다고 합니다. 아마 이 공주에게도 자녀가 없었던 것 같습니다. 그는 거기 나왔다가 갈대상자를 열어보게 되었고 아이가 곧 울었습니다.

어떤 성경학자는 작은 아이의 울음이 바로 공주의 마음에 모성애 본능을 일깨웠다고 말합니다. 아마 그럴 수도 있었을 것입니다. 우는 아이를 보고 공주는 "이는 히브리 사람의 아이로다" 하였습니다.

그 아이가 노예 민족의 아이라는 것을 알았습니다. 공주가 갈대상자의 아이를 건져낼 때 누이가 쫓아 나갑니다. 끝까지 최선을 다하는 모습을 봅니다. 최선을 다하는 인생에게 하나님께서 함께하십니다. 그리고 하나님의 자녀들을 보호해 주십니다.

출애굽기 2장 7절부터 9절까지입니다.

"그 누이가 바로의 딸에게 이르되 내가 가서 히브리 여인 중에서 유모를 불러다가 당신을 위하여 이 아이를 젖 먹이게 하리이까? 바로의 딸이 그에게 이르되 가라 그 소녀가 가서 아이의 어미를 불러오니 바로의 딸이 그에게 이르되 이 아이를 데려다가 나를 위하여 젖을 먹이라 내가 그 삯을 주리라. 여인이 아이를 데려다가 젖을 먹이더니." 자기 아들을 키우면서 삯까지 받게 되었습니다. 이것이 하나님의 방법입니다. 애굽의 모든 지역은 바로의 명령을 벗어날 길이 없었습니다. 그런데 왕의 명령을 벗어날 수 있는 유일한 품으로 모세를 보내시더니 이제는 그 가난한 히브리 사람이 삯을 받아 가면서 자기 자식을 키울 수 있었습니다. 어떻게 키웠는지 자세히는 모르나 어릴 때 키워준 그 부모의 신앙은 아이가 자란 40년 후에 그 모습이 나타납니다.

40년 동안에 애굽의 모든 학문을 다 배웠습니다. 그 문화를 다 받았습니다. 그 풍성한 것을 다 누리고 왕자의 도를 배웠습니다. 그렇지만 어렸을 때 어머니에게서 배웠던 살아 있는 신앙은 흔들리지 않았습니다. 출애굽기 2장 11, 12절을 보겠습니다. "모세가 장성한 후에 한 번은 자기 형제들에게 나가서 그 고역함을 보더니 어떤 애굽 사람이 어떤 히브리 사람 곧 자기 형제를 치는 것을 본지라 좌우로 살펴 사람이 없음을 보고 그 애굽 사람을 쳐죽여 모래에 감추니라." 모세가 멸시받는 히브리 사람, 곧 노예를 자기 형제로 생각했습니다. 이것은 그 부모의 신앙의 가르침 때문이었습니다. 어렸을 때 어머니가 아이에게 젖꼭지를 물려놓고 가르쳤던 신앙은 계속 살아서 움직였습니다.

그 신앙은 40년이 지난 다음에도 그 하나님을 잊지 못하고 자기 백성을 잊지 못하는 모세로 만들었습니다. 그러면 이 말씀을 오늘 우리의 삶에 어떻게 적용시킬 수 있을까요?

이 세상의 시대정신은 우리에게, 오늘날 너희 자녀를 쾌락의 나일 강에 던지라고 말합니다. 네 자녀를 나일 강에 던지듯이 시대정신의 조류에 던지라고 말합니다. 물결치는 대로 바람 부는 대로 흘러가다가 암초에 부딪치고 풍랑에 부딪칠 것을 시대정신은 요구하고 있습니다. 이 시대에 세계를 지배하고 있는 암흑의 세력은 우리에게 명령합니다. 너희 자녀를 던지라. 그럴 때 우리는 어떻게 해야 합니까? 우리의 자녀를 보호해야 합니다. 우리의 힘이 이 시대정신의 힘에 비해서는 너무나 연약합니다. 그렇지만 승리해야 합니다.

하나님의 깊은 말씀 안에서 내 어린아이들을 정성을 다해서 키워야 할 것입니다. 그리고 언젠가는 우리가 우리 자녀들을 반드시 품 안에서 떠나보내야 할 때가 있습니다. 부모의 손이 미치지 못할 때가 옵니다. 언젠가는 우리 손에서 완전히 보내야 할 날이 있습니다. 그런 때에 어떻게 하시겠습니까? 갈대상자를 만들어 그 속에 모세를 넣어서 보내듯이 우리의 구속주이시고 인생을 완전히 구원하신, 방주 되신 예수 그리스도 안에서 그 인생이 살도록 해야 합니다.

하나님의 사람 사도 바울이 사도행전 20장 32절에서 에베소 성도들을 떠나가면서 이렇게 말합니다. "지금 내가 너희를 주와 및 그 은혜의 말씀께 부탁하노니 그 말씀이 너희를 능히 든든히 세우사 거룩케 하심을 입은 모든 자 가운데 기업이 있게 하시리라." 예수 안에 있는 자에게 풍성한 기업을 누리게 하겠다고 말합니다. 지금 바울은 무서운 시대정신이 파고드는 에베소의 성도들 곁을 떠나면서 그들을 주와 그 은혜의 말씀에 부탁하고 있습니다.

우리는 약합니다. 나일 강은 우리 주위에서 우리를 삼키려고 출렁이고 있습니다. 이와 같은 상황에서 우리 부모들은 우리 자녀들을 보호할 수 있겠습니까? 마약이란 놈이 우리 자녀들 주변에 가까이 있습니다. 요즘 고등학교에 다니는 학생들 가운데 투신자살하는 학생들이 많이 있는데, 이들 중 대부분은 본드 냄새를 맡고 환각 상태에서 겁없이 떨어져 죽는 경우가 많다고 합니다. 우리 자녀들이 지금 마약의 무방비 상태에 처해 있습니다.

또 성적인 무서운 타락이 우리의 부유함과 함께 싹트고 있습니다. 하이틴 소설들 가운데 저급한 내용의 책들이 얼마나 많은지 모릅니다. 이럴 때 우리가 어떻게 자녀들을 바로 키울 수 있겠습니까?

우리 구원의 방주이신 예수 그리스도 안에서 그 인격이 자랄 때 우리 아이들이 바로 자랄 수 있습니다. 우리나라보다 앞서서 그 부요를 이기지 못해 몸을 못 가누는 미국의 가정들을 봅니다. 요즘 저희 집에서 미국에서 나온 조카들이 같이 지내고 있습니다. 태어나서 처음으로 한국에 나온 조카들입니다. 한국을 알기 위해 방문했는데 귀국해서 서울 교육원이라는 곳에서 두 주간 교육을 받고 관광을 했습니다.

조카들이 여행을 갔다 온 이야기를 하는데 자신들도 깜짝 놀랐답니다. 같이 귀국한 교포 학생들이 대부분 중, 고등학생 나이인데, 술, 담배를 하고 밤에는 디스코텍에 가서 밤늦도록 춤을 추고 새벽이 되면 쌍쌍이 짝을 지어 여관에 갔다가 아침이 되어 돌아오더랍니다. 미국의 아이들이 그렇게 자랍니다. 미국이 풍부를 견디지 못하고 있습니다. 얼마나 가슴 아픈 일인지 모릅니다.

제 넷째 동생이 미국에서 거주할 때 결혼할 나이가 되었습니다. 우스운 얘기지만 미국에 있던 둘째 동생이 말하기를 미국에서 고등학교까지 교육을 받은 사람은 결혼 상대에서 제외하라고 했습니다. 결국 동생은 미국에서 자란 아가씨와 결혼을 했는데, 그 삶을 보면 얼마나 귀하고 거룩한지 모릅니다. 왜 그런가 생각해 봤더니 그가 교회 안에서 자랐기 때문입니다. 미국에서도 교회에서 자란 교포 2세들은 정직하고 성실합니다. 그런가 하면 세속의 물결에 내맡겨 놓은 아이들은 중학교에 가기도 전에 마리화나를 피우고 형편없이 자랍니다. 그러나 이 무서운 세속정신을 승리할 수 있는 원동력이 있습니다. 그것은 우리의 구원의 방주이신 예수 그리스도입니다. 그분 안에서 우리의 자녀들은 승리할 것입니다. 우리 자녀들이 어떤 세월을 만날지 모릅니다. 그러나 예수 그리스도와 그 말씀은 우리 자녀들에게 거룩한 기업의 삶을 누리게 만들 것입니다. 그렇기 때문에 우리 믿음의 부모들은 자녀들을 믿음으로 키워야 합니다. 아이들을 떠나보낼 때 어떠한 경우든지 믿음의 방주 속에 내 자녀들이 확실히 있는가를 확인한 다음에 보내야 합니다. 우리들은 자녀들의 성적에는 열심입니다만 자녀들이 구원 안에 있는가에 대해서는 관심이 없습니다.

　내 자녀들의 재능에 대해서는 관심이 있지만 자녀들이 예수 그리스도와 진실로 깊은 인격적인 관계를 맺으며 살고 있는가에 대해서는 관심이 없습니다. 모세의 부모는 어려운 일을 많이 당했습니다. 아이를 죽여야 하는 위협도 당했습니다.

　그러나 그 부모의 교육이 얼마나 진실했으면 모세가 40년 동안이나 받은 그 애굽의 호사스러운 모든 문화와 가르침에서 승리하고 하나님의 백성으로 살았겠습니까? 이 모세의 부모의 믿음을 본받아서 우리들도 하나님께서 우리에게 주신 자녀들을 믿음으로 키우는 은혜를 누려야 합니다. 믿음의 눈으로 자녀를 볼 수 있어야 합니다. 믿음으로 내 자녀들이 어떻게 바로 살아야 될지를 가르쳐야 합니다.

믿음의 사람들
제12강

거절하는 믿음 I

> 믿음으로 모세는 장성하여
> 바로의 공주의 아들이라 칭함을 거절하고
> 도리어 하나님의 백성과 함께 고난 받기를
> 잠시 죄악의 낙을 누리는 것보다 더 좋아하고
> 그리스도를 위하여 받는 능욕을 애굽의 모든 보화보다
> 더 큰 재물로 여겼으니 이는 상 주심을 바라봄이라
> (히 11:24-26)

해외여행이 자유화되고 나서 사람들이 모이는 곳에 가면 으레 해외여행을 어떻게 할 것인가 의논하는 모습을 많이 봅니다. 그런데 대부분의 많은 사람들이 유럽을 여행할 때는 반드시 로마는 맨 나중에 가라고 말합니다. 만약 로마를 첫 번째로 여행하면 그 다음에는 놀랄 만한 일이 하나도 없기 때문이라고 합니다. 조각물로는 로마보다 더 아름다운 곳이 없다고 합니다.

로마의 유적지 중에서 그다지 유명하지 않은 장소인데도 많은 사람들이 들르는 곳이 있습니다. 그곳은 바로 교황 율리우스 2세의 무덤입니다. 율리우스 2세가 누구인지는 모르면서도 그의 무덤을 빠뜨리지 않는 이유가 거기에 미켈란젤로의 유명한 모세상이 있기 때문입니다. 한낱 돌멩이가 어떻게 그처럼 아름다우며 숨을 쉬고 핏줄이 흐르고 있는 것 같은 착각을 줄 수 있는가 찬탄을 금하지 못합니다. 그러나 이 천하의 모세상보다도 실제 모세의 삶은 더 극적이고 더 아름답고 위대합니다.

홀드 맨이라는 사람이 모세의 생애를 이렇게 말했습니다.

모세의 생애는 일련의 충격적인 대조를 나타내 보여 주는 삶이다. 그는 노예의 자녀였으나 황녀의 아들이었고 오두막에서 태어났으나 궁중에서 살았다. 그는 가난을 물려받았으나 국왕의 부를 누렸고 군대의 지도자였으나 양떼를 지키는 목동이었다. 그는 전사였으나 온 세상에서 가장 온유한 사람이었다. 궁정에서 교육을 받았으나 광야에서 거했다.

그는 애굽의 지혜를 가졌지만 하나님을 어린아이와 같이 신뢰하는 믿음을 가진 자였다. 그는 도시 생활에 익숙했으나 광야에서 방황하는 유랑자였고 그는 죄악의 유혹을 받았지만 경건함으로 승리하였다. 그는 눌변이어서 말을 잘 못했지만 하나님과 밤 깊고 배고픈 줄 모르고 깊은 사랑의 얘기를 나눌 줄 아는 사람이었다.

그는 목자의 지팡이 하나밖에 가진 것이 없었지만 무한한 능력을 행사한 자이며 바로 왕 앞에서 도망자였지만 하늘나라의 사신이었다. 그는 율법을 받은 사람이었으나 은혜의 선구자였고 그는 느보 산에서 그처럼 그리던 가나안을 바라보며 한을 품고 돌아갔지만 그 후에 그리스도와 함께 이스라엘 한복판 변화 산에서 예수 그리스도의 대속의 십자가를 의논한 사람이었다.

그의 장례는 아무도 거들떠 보지 않았지만 하나님께서 친히 그를 장사지내셨다.

이 글은 아름다운 짤막한 찬사입니다마는 그의 생애를 전부 펼치기에는 부족한 찬사입니다. 모세는 참 믿음으로 장성하여 바로의 공주의 아들이라 칭함을 거절했다고 말합니다.

믿음이라는 말은 확신이라는 뜻입니다. 믿음이라는 말은 살아계신 하나님에 대한 신뢰라는 말입니다. 그러나 믿음은 신뢰하는 것만으로 끝나지 않습니다.

이 신뢰를 근거로 해서 결단하는 것이 바로 믿음의 삶입니다. 결단하지 않으면 삶이 아닙니다. 우리들은 아침에 일어납니다. 오늘은 주일이기 때문에 한 시간 늦게 일어나야겠다 해서 한 시간 더 주무신 분도 계실 것입니다. 그러나 생각난 김에 자리를 박차고 일어나야 새벽 기도도 나오게 되고 아침에 일찍 깹니다. 10분만 더, 5분만 더 졸다가는 한 시간, 두 시간을 넘기는 것이 우리의 삶입니다. 결단을 잘 못하기 때문입니다. 우리는 아침에 어떤 음식을 먹을 것인지 결단해야 합니다. 집에서 나올 때도 옷장에서 어느 옷을 골라 입을 것인가 넥타이는 어느 것으로 맬 것인가를 결정해야 합니다.

사실, 우리는 모든 것을 결정합니다. 이 결단이 바로 삶입니다. 실존주의 철학자들이 말한 것 중에 결단이 없는 인생은 무 인생이라고 말했습니다. 그것은 일반 사실입니다. 모세는 결단하는 믿음을 가졌습니다. 아니, 모세의 산 믿음은 자기 앞에 여러 가지 선택적으로 주어지는 사건 앞에서 바른 결단을 했습니다.

성숙한 그리스도인은 올바른 결단을 하는 사람입니다. 성숙한 그리스도인들은 계속해서 올바른 결단을 합니다. 미성숙한 그리스도인들은 결단을 잘 못합니다. 그때 결단했으면 문제가 안 될 것을 가장 어려울 때서야 결단합니다. 그때 결정했으면 쉬웠을 것을 미루고 미루다가 좋은 기회를 다 놓치고 아무것도 못해 버리는 무 인생을 사는 사람들이 참 많습니다.

또 어떤 때는 결정을 잘하는데 어떤 때는 결정을 형편없이 하는 것이 성숙하지 못한 인생의 모습입니다.

믿음은 결정입니다. 결단입니다. 그래서 성경은 우리에게 결정해야 할 것을 이렇게 경고합니다. 신명기 30장 19절에 "내가 오늘날 천지를 불러서 너희에게 증거를 삼노라. 내가 생명과 사망과 복과 저주를 네 앞에 두었은즉 너와 네 자손이 살기 위하여 생명을 택하고." 하늘과 땅으로 증거를 삼았다고 말했습니다. 하나님께서 이스라엘에게 "너희들은 믿음으로 산다. 그런데 너희들 앞에 내가 복과 저주를 두었고 생명과 죽음을 두었다. 무엇을 선택하겠느냐" 그 말입니다.

우리 앞에 예수 믿은 다음에 무단히 선택의 기회가 많이 주어집니다. 여호수아는 자기의 결단을 이렇게 유언처럼 피력했습니다.

여호수아 24장 15절입니다. "만일 여호와를 섬기는 것이 너희에게 좋지 않게 보이거든 너희 열조가 강 저편에서 섬기던 신이든지 혹은 너희의 거하는 땅 아모리 사람의 신이든지, 너희 섬길 자를 오늘날 택하라 나와 내 집은 여호와를 섬기겠노라."

열왕기상 18장 21절에 "엘리야가 모든 백성에게 가까이 나아가 이르되 너희가 어느 때까지 두 사이에서 머뭇머뭇 하려느냐. 여호와가 만일 하나님이면 그를 좇고 바알이 만일 하나님이면 그를 좇을지니라 하니 백성이 한 말도 대답지 아니하는지라."

지금 결단할 것을 요구합니다. 지금 결정할 것을 요구하지만 백성들은 아무 말도 하지 않았다고 말하고 있습니다. 우리가 결정할 때는 처음에는 이렇게 생각합니다.

첫 단계는 옳은 것과 그른 것을 결정합니다. 그러나 조금 더 나아지면 더 좋은 것과 나쁜 것을 결정합니다. 그리고 더 성장하면 더 좋은 것과 그냥 좋은 것을 결정합니다. 그러나 참으로 성숙한 신앙인은 최선의 것을 선택합니다. 최상이냐 아니냐 이것은 성숙한 그리스도인들의 선택입니다.

모세는 최상의 것을 선택하여 결단한 사람의 대표적인 삶의 모습을 보여주고 있습니다. 그의 나이 40세가 되었을 때가 그에게 중대한 결단의 시기였습니다. 애굽인으로 살아야 될 것인가, 아니면 노예 민족인 이스라엘 사람으로 살아야 될 것인가를 그는 결정해야 했습니다.

그는 애굽의 모든 정규교육을 받았습니다. 사도행전 7장에서 스데반은 설교 시에 모세가 애굽 사람의 학문을 다 배웠다고 했습니다. 그러나 그는 그 전에 배운 것이 있었습니다. 자기 어머니로부터 이스라엘 민족이 어떤 민족인지, 이스라엘이 섬기는 살아계신 하나님이 어떤 분인지를 배웠습니다. 아브라함의 하나님, 이삭의 하나님, 야곱의 하나님이 자기 민족 속에서 어떻게 역사하셨고 그리고 하나님께서 이스라엘 민족에게 어떤 미래를 약속하셨는지를 그는 가슴에 담고 있었습니다. 짧은 어린 시절의 기간이었지만 그 살아 있는 교육으로 그는 이제 애굽과 이스라엘 사이에서 결정해야 했습니다. 하나님의 교육을 우선으로 선택할 것인가, 애굽의 합리적인 사고를 결정할 것인가 둘 중에 하나를 선택해야 했습니다.

성경은 말합니다. "믿음으로 모세는 장성하여 바로의 공주의 아들이라 칭함을 거절하고"(24절). 애굽의 왕 바로의 공주의 아들이라 칭함을 거절했다는 말은 무슨 뜻일까요? 첫째로는 애굽의 그 놀라운 권세를 버렸다는 말입니다. 요세푸스가 그의 사기에서 우리에게 이런 사실을 가르쳐 줍니다. 역사적으로 확인불능의 사실이기 때문에 제가 꼭 주장하고 싶은 생각은 없습니다마는 이 바로에게는 무남독녀 외딸밖에 없었다고 합니다. 그 이름이 테르무티스입니다. 이 테르무티스에게는 자녀가 없었습니다. 그래서 지금 유일하게 바로의 대를 이을 수 있는 양자는 모세였습니다. 이것은 모세에게 절호의 기회였습니다. 아니 애굽의 왕족은 다 호화의 극을 달렸던 왕가였습니다. 요세푸스의 사기에 보면 그는 에티오피아를 정복한 전승 장군으로 기록되어 있습니다.

그는 높은 권력을 가졌습니다마는 이것을 버렸다는 말입니다. 권력의 속성을 아는 사람들은 이 권력이 얼마나 큰 유혹인가에 대해서 우리에게 말합니다. 언론의 문제가 우리 앞에 당면한 큰 문제 중의 한 문제로 남아 있습니다. 그런데 그 언론의 악법을 만든 사람은 전부 전직 언론인이었습니다. 그 사람들이 신문에 글을 쓸 때는 정론을 썼던 사람들입니다. 그러나 권력의 기회가 닿으니까 쉽게 붓을 꺾어버렸습니다.

아니, 이 나라의 정론을 말살시키는 데 앞잡이가 되었습니다. 권력은 그만큼 매혹적입니다. 어느 분이 비꼬시면서 하시는 말이, 그렇게 멋있는 글로 정부를 향해 공격하는 것은 앞으로 한 자리를 차지하기 위해서 하는 것일 뿐이라고 하셨습니다. 세간에 이름을 날렸던 사람들, 언론계에서 과거에 출세했던 사람들이 붓을 꺾고 이 나라의 정론을 말살시켰습니다. 그만큼 이 권력은 사람에게 큰 유혹이 됩니다.

한국의 정치 일번지인 모 요정이 있습니다. 그곳에서 일하는 사람들의 얘기를 들을 기회가 있었습니다. 제가 목사가 된 이후에는 어떻게든 전도의 기회를 갖기 위해서 많은 사람들을 만나서 이야기를 나눕니다. 저도 처음에는 그 사람이 그곳에서 일하는 것을 모르고 얘기를 나누었는데 그 사람 얘기가 자기는 여러 종류의 정치인들을 많이 만난답니다.

종교에 대해서는 잘 모르지만 인생이 참 초라하며 정치가가 접대부나 다를 것이 없다는 것을 느꼈다고 합니다. 무슨 소리인가 하고 들어봤더니 장관이라는 사람이 나타나면 많은 사람들이 뒤를 따라다니면서 갖은 아부를 하고 아첨을 한답니다. 그리고 그는 모든 한국의 국사는 마치 자기 혼자 다 이끌어가는 것처럼 착각을 하고 어깨에 힘을 준답니다. 그런데 일단 장관직을 그만둔 뒤에 다시 만나면, 마치 물에 빠진 생쥐처럼 초라하고 볼품이 없답니다. 장관이라는 이름이 붙었을 때와 떨어졌을 때가 그렇게 다르답니다.

어느 날, 비스마르크가 원수 복장을 하고 길에 나갔더니 많은 사람들이 재상 비스마르크 만세를 외치면서 환호를 했습니다. 그런데 그가 허름한 복장으로 나갔더니 아무도 알아주지 않고 보아주지도 않더랍니다. 그래서 다시 원수의 복장으로 갈아입었더니 사람들이 가던 길을 멈추고 그에게 경례하며 경의를 표했습니다. 그래서 그가 집에 돌아와서 옷을 걸어놓고 옷을 향해서 "야, 네가 비스마르크냐, 내가 비스마르크냐." 했답니다. 이것이 정치 권력의 속성입니다.

모세는 그런 귀한 자리인 바로의 공주의 아들이라 칭함을 거절했습니다. 바로 이것이 모세의 살아 있는 믿음이었습니다. 바른 결단을 하는 믿음이었습니다. 성숙한 믿음이었습니다.

그리고 또 바로의 공주의 아들이라 칭함을 거절했다는 말은 애굽의 모든 부요를 버렸다는 뜻도 있습니다. 정치 권력의 높은 자리에 있으면 노력하지 않아도 부귀영화가 자연 따릅니다. 요즘 한국에 기특한 후원자들이 많이 생겼습니다. 어린 아이들의 심장을 고쳐주라고 몇 백억씩 기부하고도 자기 이름을 밝히지 않는 사람들이 있습니다. 우리나라가 참 많이 발전한 것 같습니다. 그런데 빌미만 있으면 체면 불구하고 돈을 갖다 바치는 약한 사람들이 많습니다. 평생 걱정 안 해도 되는 자리, 부요를 몸 전체로 누릴 수 있는 그런 자리를 차지하기 위해 말입니다.

사람들이 여러 가지 말을 많이 해도 참으로 돈 앞에서는 약합니다. 그래서 이런 말이 있습니다. 목회자가 설교 시간에 위로설교를 하면 성도의 90%가 은혜를 받는답니다. 그런데 축복 설교를 하면 70%가 은혜를 받고, 죄를 지적하며 회개를 촉구하는 설교를 하면 30%가 은혜를 받고, 헌금 설교를 하면 10%밖에 은혜를 받지 않는다고 합니다.

이것이 무슨 말입니까? 그만큼 인색하다는 뜻입니다. 제 목회 경험에 의하면 교회에 꼭 말썽이 생길 때, 사람들의 마음에 불평이 생길 때를 보면 헌금할 때입니다.

예술의 전당을 가보고 제가 생각해 오던 것을 수정한 적이 있습니다. 제가 베를린 필 홀도 가보았고, 보스톤도 가보았고, 메트로폴리탄도 가보았고 또 세계에서 제일 잘 지었다는 영국의 바비칸 홀에도 가서 연주를 들어봤는데 우리 예술의 전당도 그에 못지않게 잘 지었습니다. 도무지 손색이 없었습니다. 하물며 연주회 장소도 그렇게 아름답게 짓는데, 왜 교회 건물에 대해서는 그렇게 말이 많습니까? 참 잘못된 것 같습니다. 아직까지 한국에 있는 예배당 가운데 호화 건물이 없습니다. 진짜 호화 예배당을 못 봐서 하는 말들입니다. 제 생각에 하나님께 예배드리는 처소는 당시의 보통사람들이 사는 일반적인 주거보다 조금 더 잘 지어야 한다고 생각합니다.

아주 많이도 말고 조금 더 잘 지어야 됩니다. 그런데 어느 교회 건물에 대해 말들이 많아서 그 건물이 정말 큰 예배당인가 보다 생각했는데 예술의 전당을 보니까 우리가 하나님께 예배드리는 장소를 정성스럽게 짓는 것이 뭐가 나쁜가 하고 생각했습니다. 물론 좋은 뜻으로 비판하는 사람들도 있습니다마는 하나님께 드리는 마음이 인색한 경우가 대부분입니다.

우리 마음속에는 돈에 대한 끈질기고도 깊은 애정이 있습니다. 이것을 버리기가 참 힘듭니다. 사람들이 제일 신경을 쓰는 것이 돈인데 모세는 애굽의 부요를 모두 누릴 수 있는데도 불구하고 그것을 거절했던 하나님의 사람이었습니다. 그의 믿음은 결단하는 믿음입니다.

그런가 하면 애굽의 바로의 공주의 아들이라 칭함을 거절했다는 이 말은 좋은 환경을 거절했다는 뜻도 있습니다. 나쁜 환경에서 좋은 환경으로 이주하는 것은 별 문제가 안 되지만 잘살던 사람이 나쁜 환경으로 옮기는 것은 어렵습니다.

저는 선교지의 원주민들과 함께 예배드리는 것이 마음에 큰 즐거움입니다. 그런데 선교지에서 제일 불편한 것이 있다면 화장실입니다.

대부분의 선교 지역의 화장실들은 그냥 지붕을 얼기설기 마른 풀로 엮어놨고 옆을 간단하게 가려놓았습니다. 그런데 그곳은 뜨거운 영상 40도 지역이니 뱀들도 뜨거워서 서늘한 화장실로 모두 모여듭니다. 그래서 화장실에는 항상 우글우글 뱀들이 모여 있어서 화장실에 가는 것이 제일 고통스럽습니다. 그래서 제 생각에 선교 지역에도 수세식 화장실이 있다면 선교도 할 만 하겠다는 생각을 했습니다.

그런데 가만 생각해 보면 저희가 어렸을 때 우리 시골 동네의 화장실은 전부 재래식 화장실이었습니다. 그러니까 우리가 불편을 느끼는 것은 환경의 수준이 그동안 높아졌기 때문입니다. 언제부터 수세식 화장실을 썼다고 이렇게 불편함을 느끼나, 이것이 교만함이구나 생각했습니다. 하여튼 좋은 환경에서 나쁜 환경으로 가는 것은 그렇게 어렵습니다.

애굽 황실의 호사를 버리고, 편안함과 안락함을 버리고 그는 광야에서 유리방황하는 도망자의 삶을 살았습니다. 믿음으로 바로의 공주의 아들이라 칭함을 거절하였기 때문입니다. 제가 이 설교를 준비하면서 내가 실제로 이 모세의 입장에 처한다면 나는 무엇을 거절할 수 있을까 한번 생각해 보았습니다. 난 지 석 달밖에 안 된 아기, 갈대로 엮은 상자 속에 들어 있었던 모세, 물결치는 대로 바람 부는 대로 가다가 수장될는지 악어 밥이 되는지도 모를 자기를 왕의 명령을 어겨가면서 치마폭에 싸서 깊이 감추어 키워준 자기 양모, 그의 가슴에 배은망덕이라는 못을 박고 떠나야 하는 심정이 어떠했겠습니까? 의리 있는 남자로서 양모와의 정을 끊어버려야 하는 고통보다 더한 아픔이 있겠습니까?

상상해 보건대 돈을 버리는 것은 가능할 것 같습니다. 왜냐하면 한 번도 가져 본 적이 없기 때문에 별 미련이 없을 것 같습니다. 이왕에 없었던 것이니까 계속 안 가지면 되지 않겠습니까? 또 권세와 나와는 늘 상관이 없을 것이니까 이것도 상상으로는 버릴 수 있을 것 같습니다. 그러나 어머니를 배반하고 떠나라면 못 떠날 것 같습니다. 길러준 양모가 붙들면서 너 하나밖에 없는데, 내가 너 하나만을 생각하며 살았는데, 어떻게 너를 키웠는데, 네가 어떤 처지였는데 하고 붙들면 이 몇 마디에 그만 무릎을 꿇고 말 것 같습니다. 그렇지만 모세는 믿음으로 바로의 공주의 아들이라 칭함을 거절했습니다.

이 거절의 용기, 이것이 필요합니다. 믿음의 사람들은 거절할 줄 아는 사람들이었습니다. 복 있는 자는 어떤 사람입니까? 악인의 꾀를 좇는 것을 거절합니다. 죄인의 길에 서는 것을 거절합니다. 오만한 자의 자리에 앉는 것을 거절합니다. 그런가 하면 여인의 유혹 앞에 '내가 어찌 이 악을 행하여 하나님의 목전에 득죄하리요' 하며 유혹의 자리를 거절합니다.

이 거절의 믿음이 바로 요셉에게 있었습니다. 선택의 기회로 주어지는 여러 사건 앞에서 여러분은 바른 선택을 하고 있습니까? 특별히 하나님의 뜻이 아닌 것을 거절하고 계십니까? 모세는 거절했습니다. 이렇게 거절하는 데는 확실하게 하나님의 가치와 세상의 가치를 구분하는 지혜가 필요합니다.

하나님께서 이 세상의 것들에 대해서 이렇게 말씀하십니다. 요한일서 2장 15절부터 17절입니다. "이 세상이나 세상에 있는 것들을 사랑치 말라. 누구든지 세상을 사랑하면 아버지의 사랑이 그 속에 있지 아니하니 이는 세상에 있는 모든 것이 육신의 정욕과 안목의 정욕과 이생의 자랑이니 다 아버지께로 좇아온 것이 아니요 세상으로 좇아온 것이라. 이 세상도 그 정욕도 지나가되 오직 하나님의 뜻을 행하는 이는 영원히 거하느니라." 세상의 뜻과 하나님의 뜻이 어떻게 다른지 알아야 됩니다. 하나님께서 귀하게 보시는 것과 하나님께서 멸시하는 것이 어떤 것인지를 알아야 됩니다. 그런 사람만이 바른 결정을 하게 됩니다.

믿음은 하나님만이 주실 수 있는 영원한 기쁨을 위하여 잠시 죄악의 낙을 버리는 것이라는 것을 하나님의 사람 모세는 그의 삶으로 입증했습니다. 여러분은 거절할 것을 거절하고 계십니까? 예전에 국회의원 한 사람을 만났습니다. 그분이 당선된 것에 대해 제 마음으로 기뻐했고 즐거워했던 분이어서 국회의원이 된 다음에 어떻게 바뀌었나 궁금했습니다.

그런데 이분이 근황을 이야기하면서 현재 갖고 있는 지구당 사무실 운영비가 아무리 절약해도 천만 원 정도나 소모된다고 하셨습니다. 한국에서 가장 가난한 빈민층에서 평생을 사신 분입니다. 하는 일도 없이 국회의원들이 이백 만원이 넘는 월급을 받을 때 화가 났었다고 합니다. 그런데 막상 그 돈을 받고서 제할 것을 다 제하고 나면 적어도 한 달에 오십만 원 정도의 적자가 난다고 합니다.

그래서 자기는 첫째로 지구당 사무실을 없애버려야겠다고 생각했답니다. 사무실까지 운영하면서 또 몇몇 사람들에게 부조금 내야 하니 적자를 면치 못하겠더랍니다. 제가, "후원회를 결성해서 도움을 받으면 안 됩니까? 좋은 뜻을 가진 분들이 많을 텐데요" 했더니 그것도 생각해 봤는데 도움을 받다보면 의롭지 못한 부탁을 받을 때 거절하기가 난처해서 안 된답니다.

그러면서 그분이 국회를 나가보니까 "여당이고 야당이고 소망이 없다"고 하셔서 제가 "소망 없다는 말을 하는 분들이 계신 걸 보니 소망을 둘만하다"고 했습니다. 사실 소망이 없다는 사실을 아는 사람만 있어도 소망이 있는 것입니다. 그것마저 모르고 자기들이 다 잘하는 것으로 알기 때문에 문제가 있는 것입니다. 그러면서 그분이 소망 없는 국회의원은 평생 할 생각이 없고 이번 한 번만 이를 악물고 적자 안 내며 바른 소리하겠다고 했습니다.

제가 기뻐했던 것은 그분이 장로님이었다는 사실 때문입니다. 그리고 제가 그다음부터 그분을 위해서 기도하게 되었습니다. 의로운 말을 할 줄 아는 사람, 거절할 때 거절할 줄 아는 사람, 이런 용기가 있는 사람이 이 시대에 필요합니다. 자기 이익만을 추구하고 자기에게 좋은 것만 찾아다니며 하나님의 뜻을 멸시하는 무수한 사람들이 있는 이런 시대에 모세는 믿음으로 거절할 것을 거절하는 용기를 우리에게 가르쳐 주고 있습니다. 그리스도인의 삶의 본질을 가르쳐 주고 있습니다.

사랑하는 성도 여러분! 여러분들이 예수 믿고 축복받았으며 건강하며 하는 일이 형통합니다. 예수 믿고 구원의 확신이 있으며 영생의 기쁨이 있고 가정에 평안이 있습니다.

그러면 예수 믿었기 때문에 여러분은 무엇을 거절하셨습니까? 할 수 있지만 예수 믿기 때문에 무엇을 안 했느냐는 말입니다. 선택의 기회가 주어졌을 때 하나님의 뜻을 좇기 위해서 무엇을 버렸습니까? 믿음은 아닌 것을 아니라고 말합니다. 버릴 것을 버리는 용기를 갖게 해 줍니다.

믿음의 사람들

제 **13** 강

거절하는 믿음 II

> 믿음으로 모세는 장성하여
> 바로의 공주의 아들이라 칭함을 거절하고
> 도리어 하나님의 백성과 함께 고난 받기를
> 잠시 죄악의 낙을 누리를 것보다 더 좋아하고
> 그리스도를 위하여 받는 능욕을 애굽의 모든 보화보다
> 더 큰 재물로 여겼으니 이는 상 주심을 바라봄이라
> (히 11:24-26)

10년이라는 세월을 하나님께서 주신다면 그 삶을 어떻게 사는 것이 최선이라고 생각하십니까? 저도 개인적으로 10년쯤 지나면 아마 목회 일선에서 물러서는 준비를 해야 할 나이가 될 것 같습니다. 또 여기 계신 분들의 평균 연령도 10년 동안 열심히 하나님께 충성하는 전성기를 맞은 다음에 쇠퇴기가 올 것을 대비해야 하는 연령이라고 생각합니다.

요 근래 저는 치과에 다닌 일이 있습니다. 그 전에는 치과에 가면 항상 이가 너무 아파서 마음이 무거웠습니다. 치료는 그저 아프지 않을 정도로만 하면 되고 그다지 흉하지 않게 이를 만들어 주면, 내가 그 만들어진 이에 맞추어 살아야 하는 것이라고 생각했습니다. 그래서 고칠 때마다 이 병원 저 병원으로 다녔더니 전부 다른 솜씨로 이를 만들어 윗니 아랫니가 안 맞았습니다.

한 형제가 이를 잠깐 보자고 하더니 고치기 시작해서 지금 치료 중입니다. 그렇게 치료를 하니 윗니 아랫니가 그렇게 잘 맞고 편할 수가 없습니다. 그래서 치과 치료도 나쁜 치료가 있고 그다지 나쁘지 않은 치료가 있고 좋은 치료가 있고 최상의 치료가 있구나 하고 생각했습니다. 내가 최상의 치료를 받게 되면서 그동안 괴로운 마음으로 병원에 가던 것이 즐거운 마음으로 바뀌었다면 살아계신 하나님 앞에서 나의 생애가 최상으로 드려질 때에 나를 창조하신 하나님께서 얼마나 기뻐하실까요?

과연 20년을 하나님 앞에서 어떻게 보내는 것이, 이 황금기를 어떻게 하나님께 드리는 것이 최선이겠는가? 요즘 혼자 잠못 이루며 10년을 계획해 보고 또 하나님께 앞길을 물어보고 있습니다. 우리 인생에 황금 같은 시간이 앞으로 10년입니다. 그렇다면 20년을 어떻게 사시겠습니까?

　우리의 삶을 어떻게 사는 것이 최선일까요? 최선의 삶을 산 이 모세의 생애, 그는 하나님과 대면한 사람이라고 했습니다. 하나님을 친구처럼 늘 가까이하고 자기의 속 심정을 털어놨던 몇 안 되는 사람 중의 한 사람이었습니다. 아니, 아담으로부터 시작해서 예수 그리스도가 올 때까지 가장 중요한 신앙의 표본이 된 인물 중의 한 사람입니다. 최상으로 살았던 하나님의 사람 모세의 삶을 살펴보면서 우리의 삶은 과연 최선의 삶인가 생각해 봅시다.

　예수를 믿으면서도 나쁘게 믿을 수 있고 그저 실수나 안 할 정도로 믿을 수 있고 그런가 하면 좋은 믿음으로 하나님을 기쁘게 하며 생애를 살아갈 수 있습니다.

　모세의 생애의 특징에 대해서 살펴보겠습니다. 첫 번째로 믿음으로 모세는 장성하여 바로의 공주의 아들이라 칭함을 거절했다고 말합니다. 공주의 아들이 가졌던 것 중의 하나는 애굽 왕가의 명예와 애굽의 권세였을 것입니다.

　그런데 그 다음 25절을 보니까 애굽의 모든 쾌락이 있었다고 말합니다. 26절은 거기에는 세상의 모든 재물이 이 위대한 왕국 이집트 황실에 있었다고 말합니다. 그런데 그는 바로의 공주의 아들이라 칭함을 거절했습니다. 사실 신앙생활은 거절하는 데서 시작합니다.

　이제까지 살았던 삶을 거절합니다. 진정한 회개는 이제까지 살았던 자연적인 삶을 끊는 것을 의미합니다. 진정으로 예수 그리스도 앞에 나온 사람은 회개를 통과하지 않고는 하나님의 영광을 볼 수가 없고 또 진정한 그리스도인이라고 말할 수가 없습니다. 회개, 그것은 이제까지 내가 살았던 삶과의 단절을 의미합니다. 여러분은 예수 믿고 나서 무엇을 거절했습니까? 그는 애굽의 모든 재물을 거절했다고 말합니다. 애굽의 쾌락을 거절하고 애굽의 놀라운 지위를 거절한 사람입니다. 그의 신앙은 거절하는 데서부터 시작되고 있습니다.

만약 이제까지 자연적으로 살았던 삶의 습관이나 삶의 스타일이나 내 삶의 기질 가운데서 주님께서 기뻐하시지 않는 것을 그대로 고집하고 있다면 아직도 거절해야 될 것을 거절하지 않는 사람입니다. 하나님의 사람은 거절했습니다.

거절할 줄 알았던 사람 가운데 요셉이 있었습니다. 여인의 유혹 앞에서 "내가 어찌 이 큰 악을 행하여 하나님께 득죄하리이까"(창 39:9)라고 했습니다. 그런가 하면 복 있는 사람은 악인의 꾀를 좇는 것을 거절합니다. 죄인의 길에 서는 것도 거절합니다. 오만한 자의 자리에 앉는 것도 거절합니다. '거절,' 이것은 "믿음으로" 한다고 성경은 말합니다. 믿음은 하나님의 뜻에 합당치 않은 것을 거절하는 것입니다. 믿음으로 거절합니다.

그런데 모세의 믿음은 거절하는 것으로 끝나지 않았습니다. 결단하는 믿음은 곧 선택하는 믿음입니다. 버리는 것으로 끝나지 않고, 취하는 것으로 더 적극적인 모습을 갖습니다.

우리 그리스도인들은 신앙생활하면서 이렇게 생각할 수 있습니다. 예수 믿고 술도 안 먹고 담배도 안 피우고 거짓말도 안 하고 안 하는 것만 참 많다고 생각할 수 있습니다. 그러나 거기서 끝나고 적극적으로 무슨 일인가를 하는 것이 없는 인생이 많습니다. 봉사도 않습니다. 사랑도 하지 않습니다. 주의 은혜도 사모하지 않습니다. 적극적으로 붙잡아야 할 것을 붙잡지 않는 인생이 참 많습니다. 안 하는 것만으로는 좋은 그리스도인이 되지 못합니다.

제가 C. C. C에서 일을 보고 있을 때였습니다. 그때 학생 중에 한 사람이 지금 온누리교회를 시무하고 있는 하용조 목사입니다. 그에게 성경을 공부해 와서 발표하라고 했더니 제 시간에 나타나지 않았습니다. 그래서 할 수 없이 제가 준비한 강의안을 가지고 대신 강의를 했습니다. 강의가 끝나고 마지막 순서로 다과회를 하고 있는데 그가 헐레벌떡 뛰어왔습니다.

그런데 오른쪽 눈에 붕대를 칭칭 감고 있었습니다. 깜짝 놀라서 무슨 일이냐고 물어봤더니, 강의 시간에 맞춰 오느라고 특급열차를 타고 올라오는데 아이들이 달리는 기차에 돌멩이를 던졌답니다. 그러니까 기차가 오는 속도와 아이들이 돌멩이를 던진 속도가 합쳐져서 총알처럼 유리창을 뚫고 들어와 눈 아래 눈두덩이를 찔렀습니다. 만약 1센티만 더 올라갔으면 실명할 뻔하였습니다.

옛날 개구쟁이들이 별 생각 없이 던지는 돌멩이로 수많은 사람들이 머리가 깨지고 상처를 입었습니다. 그래서 선생님들이 학교에서 훈화하기를 기차가 지나갈 때 돌멩이를 던지지 말라고 많이 강조했습니다. 그럼에도 불구하고 그 습관이 끊어지지 않았습니다. 그런데 어느 한 초등학교의 선생님이 아이들에게 기차가 지나갈 때 손을 흔들어주라고 가르쳤습니다. 아이들이 손을 흔드니까 기차 안의 사람들도 같이 손을 흔들어주는 것에 재미를 느껴 기차만 지나가면 손을 흔드는 풍습이 생겼습니다. 그때부터 아이들의 돌멩이 던지는 버릇이 없어졌다고 합니다. 그러니까 돌멩이를 던지지 말라고 하면 근본적인 해결이 안 됩니다. 돌멩이 던지던 손으로 손을 흔들면서 사랑을 표현할 때 참으로 아름답고 기쁨이 넘치는 인사로 바뀌었습니다.

예수 믿고 그릇된 일 안 하는 것만 잘해서는 안 됩니다. 해야 할 일을 하는 것이 필요합니다. 신앙의 결단은 안 하는 것도 잘해야 하지만 해야 될 것을 더욱 온전히 행하는 것입니다. 그래서 성경은 악에게 지지 말라고 했습니다. 악에게 지지 않는 인생은 참 훌륭한 인생입니다. 유혹이라는 것이 얼마나 끈질기고 놀라운지 모릅니다. 그런데 성경은 유혹에 지지 않는 인생으로 끝나도록 명령하지 않고 선으로 악을 이기라고 말씀하십니다.

우리는 나를 향해서 가해하는 사람에게 보복하는 마음으로 들끓습니다. 보복하지 않는 인생은 대단한 인생입니다. 그러나 성경은 그것으로 끝나지 않고 보복하는 인생 속에서 우리를 취하셔서 너희가 원수를 사랑하고 그를 위하여 기도하라고 말씀하고 있습니다. 성경은 적극적인 것을 요구하고 있습니다.

사랑하는 성도 여러분, 이제까지 예수 그리스도 안에서 살면서 버린 것이 무엇입니까? 그리고 예수 안에서 온전히 붙잡은 축복을 완성시키기 위해서 매달린 것이 무엇입니까? 모세는 최상의 선택을 위해서 몇 가지 우리에게 중요한 단어를 가르쳐 주고 있습니다.

24절부터 보겠습니다. "믿음으로 모세는 장성하여 바로의 공주의 아들이라 칭함을 거절하고." 믿음으로 모세는 거절했습니다. "거절하고"에 줄을 치십시오. 그것이 신앙의 결단의 부정적인 부분입니다. 다음에 긍정적인 부분으로 바뀝니다. 25절에 "도리어 하나님의 백성과 함께 고난 받기를 잠시 죄악의 낙을 누리는 것보다 더 좋아하고" 어떻게 했습니까? 모세는 더 좋아했다고 했습니다. 거절로 끝나는 것이 아니라 더 좋아하는 것이 필요합니다. 그 다음에 "그리스도를 위하여 받는 능욕을 애굽의 모든 보화보다 더 큰 재물로 여겼으니." 모세는 여겼다고 했습니다. 그렇게 생각하고 마음에 확정했습니다.

마지막으로, "이는 상 주심을 바라봄이라." 그는 바라보았습니다. 최선의 결단을 하며 가장 아름다운 믿음으로 살았던 사람의 신앙의 모습입니다. 그는 붙잡았습니다. 무엇을 붙잡았습니까? 25절에 보면 그가 더 좋아하는 것이 있었는데 하나님의 백성과 함께 고난 받는 것을 기뻐했습니다. 무엇보다 더 기뻐했습니까? 잠시 죄악의 낙을 즐기는 것보다 기뻐했다고 말합니다. 이것은 모세에게 놀라운 결단입니다. 왜냐하면 그는 왕궁에 그냥 있기만 하면 자연히 왕이 될 수도 있는 사람이었습니다. 그로서는 부족할 것이 없었습니다. 아무런 고통을 받지 않아도 되었습니다. 그가 지금 결단해서 선택해야 될 것은 이스라엘 백성이었습니다. 그들은 가혹한 감독관에 의해서 채찍에 휘둘릴 때마다 등이 찢어져야 되는 노예의 상태였습니다. 지금 모세는 그것을 선택하고 있습니다. 그것을 더 좋게 여겼습니다.

오늘날 이것은, 우리 그리스도인들의 삶 속에서도 마찬가지입니다. 우리들이 이 세상을 살면서 하나님의 백성 편에 서야 될 것인가, 세속적인 친구들 편에 서야 될 것인가를 결정해야 될 때가 있습니다. 여기서 모세는 하나님의 백성이라고 했습니다. 자기 백성이라고 말하지 않았습니다.

요즘 애국이라는 말이 모든 것을 미화시켜 버리는 그런 황홀한 시대에 살고 있습니다마는 애국이라는 말도 무서운 독소가 있는 말입니다. 애국이라는 말이 하나님의 은혜에 이끌림을 받지 않으면 애국이라는 말은 무서운 타락을 가져올 수 있는 말입니다. 국가 이익이라는 말도 가장 더러운 악을 만들어 낼 수 있습니다.

게르만 민족이 자기 민족을 사랑했고 독일을 사랑했기 때문에 유태인을 600만 명이나 죽이면서 눈 하나 깜짝하지 않았습니다. 일본 사람들이 남경을 그처럼 학살하면서도 자기 민족을 사랑하는 표현이라고 생각했습니다. 애국이나 국가 이익이 우리의 지상과제는 아닙니다. 요즘 통일만 말하면 뭐든지 통과된다고 생각하는데 하나님께서 만약 지금 우리 민족에게 통일을 주신다 한들, 남과 북이 너무 달라져 있기 때문에 피 흘림으로 만나고, 죽음으로 만나고, 싸움으로 만나고, 분란으로 만날 수밖에 없습니다. 그렇기 때문에 우리가 기도할 제목은 참으로 크고 많습니다.

지금 모세에게 이스라엘 백성은 자기 민족이 아닙니다. 하나님의 백성이라고 합니다. 여러분은 지금 어떻습니까? 세속적인 친구들과 그리고 신앙의 친구들 사이에서 방황하고 있습니까? 세속적인 행복과 하나님의 행복 둘 사이에서 양다리를 걸치고 마음이 나뉘고 있습니까? 모세는 결단했습니다. 둘 중에 하나를 더 좋아해야 될 요구를 받았을 때 그는 분연히 결단합니다. 하나님의 백성과 함께 고난당하는 편에 섰습니다. 여러분은 어느 편에 서 있습니까? 하나님의 백성들과 함께하는 것을 선택할 때 성도들에게 놀라운 즐거움이 있고 세상이 알지 못하는 기쁨이 있습니다. 여러분이 세속 친구와 많이 만나서 어울리면서 들었던 이야기와 행위들을 가만히 되새겨 보십시오. 여러분에게 영적으로 어떤 도움을 주었습니까? 그런데 왜 우리들은 그것이 나쁜 줄 알면서도 그것에 끌려가고 있습니까? 이 양자 사이에서 우리가 선택하기를 하나님은 강요하고 있습니다. 네가 더 좋아하는 것이 무엇이냐고 묻고 있습니다. 모세는 결단했습니다.

제가 참 감사한 것은 교회 안에서나 교회 밖에서나 좋은 신앙의 동지들의 덕을 참 많이 본다는 것입니다. 성도들과 함께 교제하는 축복을 마음으로 깊이 하나님께 감사하고 있는 사람입니다. 그런데 어떤 경우에는 그렇지 못한 경우가 있습니다. 모세의 경우가 그랬습니다. 자기 백성들에게 자기 생애를 다 쏟아 바쳤지마는 한 번도 그들에게 지지를 받은 적이 없었습니다. 한 번도 백성들에게 칭찬을 들은 적이 없었습니다. 한 발 가면 불평이고 두 발 가면 원망이었습니다.

그럼에도 불구하고 그는 애굽의 그 위대한 쾌락보다도 하나님의 백성과 함께 고난당하는 것을 더 좋게 여겼습니다. 사랑하는 성도 여러분, 여러분이 더 좋아하는 것이 무엇입니까? 최선의 신앙은 결단을 요구합니다. 모세는 하나님의 백성 편에 서는 것을 선택했습니다.

두 번째로 가치관이 바뀌었습니다. 어떻게 바뀌었습니까? "그리스도를 위하여 받는 능욕을 애굽의 모든 보화보다 더 큰 재물로 여겼으니"(26절)라고 했습니다. 그 당시 애굽의 보화는 엄청난 것이었습니다. 인류의 5대 문명 발상지 중의 하나인 애굽은 '황금의 도시'라고 했습니다. 바로 그것이 모세의 것이었습니다. 그럼에도 불구하고 그는 애굽의 그 위대한 쾌락보다도 하나님의 백성과 함께 고난당하는 것을 더 좋게 여겼습니다.

여러분의 보배는 무엇입니까? 이것은 가치관이 바뀌지 않은 사람에게는 황당무계한 이야기입니다. 눈에 보이는 기쁨보다 그는 영원한 기쁨을 바라보았습니다. 그리고 말로 다할 수 없는 하나님의 풍성한 사랑을 믿음으로 바라보았습니다.

여러분은 1500년 이후에 생길 십자가 사건을 모세가 어떻게 바라보았다고 생각하십니까? 그런데 모세뿐만 아니라 아벨도 예수 그리스도의 십자가를 바라보며 예수 그리스도의 제사를 의지해서 하나님 앞에 제사를 드렸습니다. 그런가 하면 예수 그리스도가 구원되심을 바라보면서 방주를 지은 사람이 바로 노아입니다. 하나님께서 가라고 명령하니까 어디로 갈지도 모르고 떠났던 아브라함은 하늘 영광을 버리고 이 땅에 오셨던 예수 그리스도의 모형이었습니다. 하나밖에 없는 외아들을 모리아 산정으로 데리고 가서 하나님께 바쳤던 헌신은 그가 믿음으로 십자가의 예수 그리스도를 바라보았기 때문에 가능했습니다.

이와 똑같은 믿음이 바로 모세에게 있었습니다. 그래서 요한복음 5장 46절에 이렇게 말했습니다. "모세를 믿었더면 또 나를 믿었으리니 이는 그가 내게 대하여 기록하였음이라." 모세는 다른 것을 기록하지 않았습니다. 예수 그리스도를 기록했다고 말합니다.

모세는 그냥 하나님 앞에 예배하는 제사법을 기록한 것이 아니라 그 제사 속에 숨겨진 예수 그리스도의 십자가를 바라보면서 신명기를 기록했습니다. 예수 그리스도를 위하는 것이라면 영광스러운 일뿐만 아니라 고통스러운 일, 능욕을 당하는 일마저도 이 세상의 어떤 보배와 바꿀 수 없는 보배라는 말입니다. 그의 가치관이 바뀌었습니다.

여러분의 성공은 어디에 있습니까? 예수 그리스도와 함께 있습니까? 그렇지 않으면 세상에 있습니까? 그는 이 영광을 든든하게 붙잡았습니다. 이처럼 모세가 그리스도를 위하여 당하는 능욕과 고통을 장차 오실 예수 그리스도를 바라보면서 감내했다면 우리들은 바라보는 사람이 아니라 이미 누리는 사람입니다.

예수 그리스도로 말미암아 내 모든 죄가 동이 서에서 먼 것처럼 깨끗이 씻김을 받았습니다. 나는 하나님의 자녀입니다. 아바 아버지라고 부를 적마다 전능하신 하나님께서 보좌를 펴서 내 기도를 응답해 주십니다. 하나님께서 하나님의 사랑으로 내가 가는 데마다 축복해 주십니다. 이런 놀라운 축복을 받은 내가 그리스도를 위해서 어떤 능욕을 당했습니까? 최선의 삶은 대가를 지불하는 삶입니다.

물론 저는 예수 믿고 축복 받는다는 사실을 인정하는 사람입니다. 예수 안에서 풍성한 구속을 값없이 누리는 것을 아는 사람입니다. 그러나 최상의 삶을 믿음으로 사는 사람들은 예수 그리스도, 그분을 섬기고 그분께 영광을 돌리기 위해서 어떤 대가라도 지불하는 사람입니다. 그냥 사는 사람이 아닙니다. 모세의 가치관이 바뀐 배후에는 그가 바라보는 것이 있었기 때문입니다. 최후의 결론이 그에게 있었기 때문입니다. 그것이 뭐냐 하면 "이는 상 주심을 바라봄이니라"고 했습니다. 그는 하나님께서 상 주심을 바라보았습니다.

하나님께서는 인류의 최후의 평가자이십니다. 그분의 마지막 평가는 내 인생 전체의 모든 것입니다. 우리들은 사람들의 평가에 내 인생을 맡기려고 합니다. 성경은 하나님께서 마지막 평가자이며 우리에게 상을 주신다고 말합니다. 어떤 분은 상 얘기가 나오면 기독교는 다 좋은데 상 준다고 하는 것만 빼면 좋겠다고 하시는 분이 있습니다. 그러나 그렇지 않습니다. 믿음은 우리 하나님이 살아계신 것을 믿는 것과 똑같이 그분이 상 주시는 하나님이심을 믿는 것입니다.

그래서 히브리서 11장 6절은 이렇게 말합니다. "믿음이 없이는 기쁘시게 못하나니 하나님께 나아가는 자는 반드시 그가 계신 것과 또한 그가 자기를 찾는 자들에게 상 주시는 이심을 믿어야 할지니라." 우리 신앙의 선배들은 상을 바라보는 신앙을 가졌습니다. "죽도록 충성하라 그리하면 내가 생명의 면류관을 네게 주리라"라고 요한계시록 2장 10절에 말하고 있습니다.

그런가 하면 사도 베드로는 말합니다. 주님 나타나심을 사모하는 모든 자에게 시들지 않는 영광의 면류관을 주신다고 약속하셨습니다.

그 영광의 면류관을 그도 바라보았고 다른 사람에게도 바라보라고 말씀하고 있습니다. 사도 바울은 뭐라고 말합니까? 내가 이미 얻었다 함도 아니요 이루었다 함도 아니다. 내가 과거에 잘했던 것을 다 잊어버리고 주께서 나를 향해서 부르신 부름의 상을 향해서 내가 좇아가노라. 상을 바라보는 믿음을 가졌습니다. 하나님의 평가하심을 그는 최후로 바라보고 달렸다는 말입니다.

여러분, 그러므로 결단해야 합니다. 옳은 것과 그른 것을 결단해야 합니다. 하나님의 뜻과 세속의 뜻을 결단해야 합니다. 그리고 하나님의 편에 서야 될 것인가, 하나님 반대 편에 서야 될 것인가, 하나님의 백성과 함께 있을 것인가, 하나님의 백성과 떠나 있을 것인가를 결단해야 합니다. 그런가 하면 결단하는 데서 가장 중요한 것은 가치관의 전환입니다. 그 가치관은 예수 중심의 가치관입니다. 그런 근거가 무엇입니까? 상 주시는 그분을 바라보기 때문입니다. 그러면서 최선을 다합니다. 이 모든 것의 결론이 무엇입니까? "믿음으로" 입니다.

믿음은 우리가 바라보는 인생의 종착역을 다르게 만들어 놓습니다. 믿음은 우리의 가치관을 바꾸어 놓습니다. 믿음은 어느 편에 서야 될 것인가를, 어느 것이 더 좋은 자리인가를, 그 누구와 함께 살아야 할 것인가를 결정해야 하며 거절할 것을 거절할 줄 알게 합니다.

그러나 또한 믿음은 하나님을 신뢰합니다. 믿음은 하나님을 향해서 내가 최선을 다하지만 나의 최선이 전부라고 생각하지 않습니다. 하나님을 향해서 온전히 내 신뢰를 두는 것이 믿음입니다.

어느 날 한 여공이 방직공장에 취직해서 얼마 동안의 수습 기간을 거쳐 드디어 방직 기계 앞에서 정식으로 일을 하게 되었습니다. 반장이 기계작동을 가르쳐 준 뒤 이렇게 말했습니다. 네가 이제까지 배웠지만 일을 하다 보면 기계가 고장 날 때가 있을 것이다. 그때는 모든 일을 멈추고 나에게 즉시 와야 된다. 얼마쯤 후에 그 여공이 일을 하다 보니 옷감의 올이 풀렸습니다. 그 올 때문에 천이 잘못 짜여 지게 되었습니다. 기계를 스톱시키고 그 올을 바로잡으려고 손질을 했습니다. 그런데 올을 풀다보니 이 실, 저 실 엉켜 전부 헝클어졌습니다.

여러 시간을 땀을 흘리다 할 수 없이 반장을 찾아갔습니다. 반장이 와서 보고 간단하게 고쳐주면서 하는 말이 언제부터 고장 났느냐고 물으니까 몇 시간 전이라고 대답했습니다. 왜 이제야 왔느냐고 하니 "제가 고치려고 최선을 다했거든요"라고 대답했습니다. 그때 이 반장은 "너의 최선은 고치는 것이 아니라 고장 났을 때 즉시 나에게 오는 것이다"라고 했습니다.

사랑하는 성도 여러분, 우리의 최선은 다른 데에 있습니다. 결단하고 최선의 노력을 다한 뒤에 마지막으로 우리 하나님을 신뢰해야 합니다. 그분께 맡겨야 합니다. 그분의 역사와 인도하심을 구합니다. 믿음은 신뢰입니다. 우리의 최선은 그분을 신뢰하는 것입니다. 믿음으로 모세는 거절하였습니다. 믿음으로 모세는 더 좋아하는 편에 섰습니다. 믿음으로 모세는 진정한 보화를 붙잡았습니다. 믿음으로 모세는 살아계신 하나님의 평가 앞에 그의 생애를 내맡겼습니다. 우리는 모세의 신앙의 긍정적인 부분인 신앙의 결단에 대해 생각해 보았습니다.

내가 서야 할 자리에 서 있습니까? 내 가치관이 바뀌었습니까? 그리고 내 인생의 마지막 평가자이신 하나님 앞에 서 있습니까? 모세처럼 하나님 편에 서 계시는 여러분의 삶이 되시기를 바랍니다.

믿음의 사람들
제**14**강

두려움을 이기는 믿음

> 믿음으로 애굽을 떠나 임금의 노함을 무서워 아니하고
> 곧 보이지 아니하는 자를 보는 것같이 하여 참았으며
> 믿음으로 유월절과 피 뿌리는 예를 정하였으니
> 이는 장자를 멸하는 자로 저희를 건드리지 않게 하려 한 것이며
> (히 11:27-28)

요 근래에 우리들이 많이 듣는 단어 가운데 불안, 스트레스 또는 두려움, 긴장이라는 말들이 있습니다. 서로 다른 뜻을 가진 말입니다만 현대를 살아가는 인간에게 가장 널리 유행하는 특성들 중에 하나를 표현하기 위해서 이런 여러 의미로 우리의 인생의 문제를 설명하는 단어들입니다. 심리학자 롤러메이는 불안을 이 시대의 공식적인 감정이라고 했습니다.

그는 이 시대에 가장 만연된 심리학적인 현상이 바로 불안이라고 했습니다. 실존주의 철학자 키에르 케고르는 이 불안에 대해서 두 가지로 말합니다.

첫 번째로 대상이 있는 두려움을 공포라고 말합니다. 그러니까 강도가 집에 들었다든지 깡패들이 행패를 부릴 때에 느끼는 감정은 대상이 분명하기 때문에 공포입니다. 두 번째로 대상이 없는 두려움이 있습니다. 막연하게 미래가 암담해진다든지 우울해지고 좌절하게 되고 마음속에 깊은 공허로 인한 허전함들, 이 모든 것을 불안이라고 합니다.

이 두려움의 문제는 인간 역사만큼이나 오래된 문제이지만 현대인들의 생활이 복잡해지고 또 급속도로 변화되는 이런 시대에 살면서 특별히 불안은 더 크게 부각되고 있습니다. 우리 한국의 사회발전은 서구에서 2천년 동안에 발전되었던 것이 백 년 안에 이루어지고 있고, 서구에서 5백 년 동안 발전된 도시문화가 우리나라에서는 기껏해야 15년 만에 이루어지는 급속한 변천 속에 있습니다. 변화가 주는 고통들, 또 내일 무슨 일이 우리에게 닥칠지 전혀 모르는 예측 불허는 우리를 두렵게 만듭니다. 이런 두려움으로 꽉 찬 이 세상을 사는 우리들에게 믿음은 어떻게 두려움을 이기는가 하는 문제입니다.

오늘은 27절 말씀 한 절만 생각하면서 두려움을 이기는 믿음에 대해 생각해 보겠습니다. 27절에는 이렇게 기록되어 있습니다.

"믿음으로 애굽을 떠나 임금의 노함을 무서워 아니하고 곧 보이지 아니하는 자를 보는 것같이 하여 참았으며." 여기서 믿음의 사람은 애굽을 떠났다고 말하고 있습니다. 떠날 때 왕의 명령을 두려워하지 않았다고 성경은 말하고 있습니다. 그가 원래 두려움이 없었던 사람인가? 심장이 강철로 되어 있기 때문에 전혀 두려움과 상관이 없었던 사람인가? 모세는 그런 사람이 아닙니다.

출애굽기 2장 11-15절을 보면 모세는 하나님께서 자기 민족을 구원해 줄 것을 확신했습니다. 아마 우리 성경에는 기록되어 있지 않지만 외경에서도 그것을 말하거니와 유대 전승에는 하나님께서 바로 네가 이스라엘의 구원자라고 모세에게 말했다고 합니다.

그는 자기 동족들이 수모를 당하는 고통의 현장에서 주먹을 휘둘러서 애굽인을 쳐죽였습니다. 그는 구원자이기 때문에 하나님이 자기를 통해서 역사하는 것을 신뢰하고 주먹을 휘둘렀으나 그 다음에는 두려움이 밀려왔습니다. 왕이 두려워서, 죽을 것이 두려워서 그가 미디안 광야로 도망간 역사를 우리는 잘 알고 있습니다. 아니 성경의 사람들은 두려움으로 인해 불안에 떨었던 사람들이 많이 있습니다.

아브라함과 이삭은 두려워서 자기 아내를 아내라고 말하지 못하고 누이동생이라고 말했습니다. 야곱은 에서를 두려워하여 하란 광야를 통해 자기 외삼촌 라반의 집으로 도피해야만 했습니다. 아론은 백성들이 두려워서 모세가 하나님의 말씀을 받으러 시내 산에 올라갔을 때 금송아지를 만들었습니다. 또 큰 승리를 경험했던 엘리야, 갈멜 산 상에서 하늘의 불이 내려와 큰 승리가 그에게 주어졌지만 이세벨이 그를 위협하자, 그는 도망을 갑니다. 네 목숨을 취하겠다는 이세벨의 말에 무서워서 도망가고 도망가다가 로뎀나무 그늘 아래서 '하나님이여, 나를 죽여주시옵소서' 하는 비참한 지경에 떨어진 엘리야를 우리는 만나게 됩니다. 예수님과 함께 배를 타고 가던 제자들, 예수님이 주무시는 사이에 큰 풍랑이 일어나니까 예수님을 깨우면서 '주여, 우리의 죽게 된 것을 돌아보지 아니하시나이까' 하며 두려워했습니다. 베드로는 두려워서 예수 그리스도를 맹세까지 하며 저주하고 부인했습니다.

우리 또한 이 세상을 살면서 얼마나 두려워하며 삽니까? 두려움 때문에 얼마나 신앙생활을, 아니 인생을 비겁하게 살 때가 많습니까? 목을 조이는 공포감, 깊은 저녁에 잠 못 이루게 하는 불안들이 있습니다. 성경의 인물들도 모두 불안의 사람들이었습니다. 아니 인생 자체가 불안합니다.

인생 자체는 두려움에 쉽게 반응하는 존재입니다. 그래서 희랍신화에 이런 이야기가 있습니다. 어느 날 불안이라는 신이 대지의 신인 가이야에게 청하여 흙 한 덩이를 가지고 사람을 빚었습니다. 생명이 없는 이 인생을 제우스에게 데리고 가서 그 코에 생기를 불어넣었습니다.

창세기와 비슷한 내용의 신화입니다. 그런데 사람이 뛰고 걷고 움직이는 것을 보고 신들은 탐이 나서 서로 자기 것이라고 소유를 주장했습니다. '원래 이 재료는 내 것이다.' 대지의 신 가이야는 그렇게 주장했습니다. 제우스가 말합니다. '아니다. 내가 저 사람에게 생기를 불어넣지 않았으면 흙덩어리에 불과했을 것이다. 그러니까 저 사람은 내 지배를 받아야 된다.' 그때 불안의 신이 '아니다, 내가 내 손으로 만들었으니 내 것이다' 라며 서로 다투었다고 합니다. 그래서 운명의 신 앞에서 재판을 받았는데, 사람이 죽은 다음에 재료는 대지의 신 가이야에게 돌아가고, 생명은 제우스에게로 돌아가고, 이 세상에 살 동안은 불안의 신이 지배해야 한다고 재판 결과가 나왔습니다. 아마 인간이 얼마나 불안에 쉽게 반응하는 존재인가를 가르쳐 주기 위해서 만들어낸 신화일 것입니다.

모든 인생은 불안합니다. 나보다 큰 세력 앞에서 쉽게 무릎을 꿇는 것이 인생입니다. 모세도 그랬습니다. 그런데 모세의 생애가 달라졌습니다. 살아계신 하나님을 만났기 때문입니다. 그리고 그는 다시 두 번째로 애굽을 떠납니다. 처음에는 도망자로 떠납니다. 그러나 두 번째로 떠날 때는 승리자로 떠나고 있습니다.

역사상 무수한 문화가 변천됐고 민족들의 전쟁이 있었지만 그 수많은 역사 속에 단 하나의 역사, 노예가 스스로 사슬을 끊고 자주독립을 얻은 민족은 출애굽 한 이스라엘 민족밖에 없다고 합니다. 어떻게 이 모세가 승리자로 떠났는가? 승리자로 떠날 때 모세에게는 위험이 없었는가? 고통스러운 환경은 없었는가? 아닙니다. 모세가 하나님 말씀을 듣고 바로 앞에 섰을 때를 봅시다. 출애굽기 5장에서 바로는 이렇게 말합니다.

"애굽 왕이 그들에게 이르되 모세와 아론아 너희가 어찌하여 백성으로 역사를 쉬게 하느냐. 가서 너희의 역사나 하라. 또 가로되 이제 나라에 이 백성이 많거늘 너희가 그들로 역사를 쉬게 하는도다 하고 바로가 당일에 백성의 간역자들과 패장들에게 명하여 가로되 너희는 백성에게 다시는 벽돌 소용의 짚을 전과 같이 주지 말고 그들로 가서 스스로 줍게 하라. 또 그들의 전에 만든 벽돌 수효대로 그들로 만들게 하고 감하지 말라. 그들이 게으르므로 소리 질러 이르기를 우리가 가서 우리 하나님께 희생을 드리자 하나니 그 사람들의 고역을 무겁게 함으로 수고롭게 하여 그들로 거짓말을 듣지 않게 하라"(4-9절).

명령을 붙잡고 이스라엘 백성을 보내라고 말했는데 고통에 고통이 더 깊어졌습니다. 그럼에도 불구하고 그는 눈앞에 나타난 현상이 전부가 아니라고 생각합니다. 지금 어려움이 왔지만, 애굽을 떠나려고 할 때 떠나지 못하게 하는 간교한 위협이 그들에게 있는 줄 알고도 그는 물러서지 않습니다. 애굽 왕 바로는 그에게 이렇게 말합니다. '네가 두 번 다시 내 앞에 나타나면 내가 너를 영원히 낯을 보지 않으리라.' 이 말은 너를 죽이겠다는 무서운 위협입니다. 그는 위협 속에서도 조금도 두려워하지 않았습니다. 왕의 명령을 무서워하지 않고 그는 또 나타납니다. 그래서 출애굽기 8장을 보면 믿음으로 그가 견고히 섰을 때 결국은 바로가 타협하자고 합니다.

우리 앞에 당하는 환난과 우리 앞에 당하는 고통이 처음 신앙 생활 할 때 보다 더 어려움으로 다가섭니다. 그러나 믿음으로 담대하게 사탄을 대적하면 사탄이 우리를 피해 갑니다. 바로는 위협으로도 꺾이지 않는 이 모세를 바라보며 타협안을 제안합니다. 위협으로 안 되는 사람인 줄을 알았기 때문입니다.

8장 25절입니다. "바로가 모세와 아론을 불러 이르되 너희는 가서 이 땅에서 너희 하나님께 희생을 드리라." 하나님께 희생을 드리되 이 땅에서 제사를 드리라고 합니다. 이 말은 신앙생활을 하기는 하되 네 신앙 스타일을 바꾸지 말고 불교 믿던 스타일 그대로 예수를 믿어라. 유교 믿던 스타일 그대로 예수를 믿어라. 네가 이제까지 살았던 삶을 조금도 바꾸지 말고 신앙생활을 하라는 말입니다. 이렇게 사탄은 오늘도 우리에게 유혹해 옵니다. 이것이 바로의 첫 번째 타협안이었습니다. 그는 그러한 타협안을 중단하지 않았습니다. 그랬더니 바로가 그를 또 부릅니다.

8장 28절입니다. "바로가 가로되 내가 너희를 보내리니 너희가 너희 하나님 여호와께 광야에서 희생을 드릴 것이나 너무 멀리는 가지 말라. 그런즉 너희는 나를 위하여 기도하라." 두 번째 타협안입니다. 가기는 가되 멀리 가면 안 된다는 것입니다.

위협과 타협 둘 중에 어느 것이 더 어렵다고 생각됩니까? 저는 위협이 훨씬 더 어려운 줄 알았습니다. 그런데 어느 고문당한 분이 말하기를 고문을 받기 시작하면 정신이 없답니다. 그래도 이를 악물고 끝까지 견뎌냈답니다. 그러다가 상급자가 와서는 한 상을 잘 차린 다음에 음식을 먹으면서 '당신 참 고생 많았소, 사실 내 의도는 그것이 아닌데 아래 아이들이 사건을 잘 모르고 물어보지도 않고 당신에게 매를 때렸' 고 말한답니다. 사실은 그곳에 들어가면 처음에는 아무 소리도 하지 않고 매부터 때린답니다.

그러나 두 번째로 와서 회유하면서 "얼마나 고생했소?" 하면 눈물이 쏟아진답니다. 그 사람이 이 일의 주역인 줄 알면서도 감정적으로 그처럼 눈물이 막 쏟아지고 그 사람의 말이 그렇게 위로가 된답니다. 매 맞는 것, 고문 받는 것보다 더 무서운 것은 타협이라고 말하는 것을 들었습니다.

지금 바로는 모세와 타협하려 하고 있습니다. 어떻게 타협하려 합니까? 가기는 가라, 그러나 멀리 가면 안 된다. 가까이 있어라 하고 말합니다.

오늘날도 똑같이 우리에게 유혹이 있습니다. 예수 믿기는 믿어라.

그러나 열심히 믿지는 말라. 주일에 한 번 교회 갔으면 됐지 왜 주일 저녁 예배까지 가야 되느냐. 아니, 주일은 그렇다고 치더라도 왜 수요일까지 가느냐. 새벽기도는 또 무슨 말이냐. 너는 왜 믿어도 꼭 광신적으로 믿느냐. 현대인들은 그렇게 믿는 것이 아니다. 교회도 너처럼 깊이 빠지면 안 되고 주일에도 예배당 제일 뒤에 앉았다가 빨리 일어나는 것이 영리한 그리스도인이라고 가르칩니다. "멀리 가지 말라." 오늘날도 사탄은 우리에게 이렇게 말합니다. 초막절 행사는 뭐하러 하느냐고 유혹합니다.

역시 우리 주님은 모일 때에 특별한 축복을 주십니다. 이번 초막절 행사에서 우리 주일학교 어린이들이 주님의 은혜를 크게 경험했습니다. 부모님들에게 부탁드리고 싶은 것은, 애굽에서 나오는 데 걸린 시간은 하루였지만 가나안 복지까지 들어가는 데는 40년이라는 긴 세월이 걸렸다는 것을 기억하십시오.

아이들이 이런 신앙의 중요한 계기로 말미암아 느꼈던 아름다운 감정과 축복스런 경험들이 날마다의 삶에 연결되고 더 풍성해지기 위해서는 부모님들의 신앙적인 도움이 참 필요합니다.

사탄은 우리에게 뿌리 깊은 신앙을 갖지 말라고 간교하게 말합니다. 신앙을 갖기는 가져라. 그러나 멀리 가지는 말라고 합니다. 두 번째 타협입니다. 첫째는 여기서 제사를 드리라고 했고 안 되니까 가깝게 있으라. 세상의 영역 가까이에 있으라고 합니다. 사탄은 물러서지 않고 동요하지도 않으며 조금도 두려움이 없는 이 모세를 향해서 또다시 세 번째로 제안을 합니다.

출애굽기 10장 8-11절입니다. "모세와 아론을 바로에게로 다시 데려오니 바로가 그들에게 이르되 가서 너희 하나님 여호와를 섬기라.

갈 자는 누구누구뇨? 모세가 가로되 우리가 여호와 앞에 절기를 지킬 것인즉 우리가 남녀노소와 우양을 데리고 가겠나이다. 바로가 그들에게 이르되 내가 너희와 너희 어린 것들을 보내면 여호와를 너희와 함께하게 함과 일반이니라 삼갈지어다. 너희 경영이 악하니라. 그는 불가하니 너희 남정만 가서 여호와를 섬기라 이것이 너희의 구하는 바니라. 이에 그들이 바로 앞에서 쫓겨나니라." 이제는 가라고 합니다. 마음대로 가도 좋다고 합니다. 그런데 무엇을 말합니까? "남자들만 가라." 대단한 자유를 준 것 같습니다.

사탄은 오늘도 똑같이 말합니다. "너, 예수 믿으려면 너 혼자만 믿어라. 이 시대에 자녀들에게 신앙을 강조하는 것은 잘못된 선입관을 물려주는 것이다. 자녀들이 회교를 믿든지 유교를 믿든지 불교를 믿든지 우리들이 관여해서는 안 된다." 이렇게 말하는 부모님들, 이렇게 말하는 사람들이 참 많습니다.

너희끼리만 믿으라는 말입니다. 왜 이웃에게 복음을 전하느냐는 말입니다. "주 예수를 믿으라 그리하면 너와 네 집이 구원을 얻으리라" (행 16:31)는 주님의 약속이 있습니다. 주께서는 온 가족의 구원을 기뻐하십니다. 그런데도 '너만, 남정네만' 이라고 타협안을 제시했습니다. 요즘도 이런 질문을 하는 분들이 있습니다. 아직도 대한민국의 3/4이 예수를 믿지 않는데 선교비를 책정하고 선교사들을 외국에 보내는 것은 부르조아 교회의 잘못된 결정 아닙니까? 그렇게 말하는 분들이 꽤 많습니다.

그렇게 말하시는 분들은 그러면 국내 교회를 위해서 무엇을 하셨습니까? 국내 전도를 위해서 헌금하셨습니까? 그것은 우리를 향한 사탄의 간교한 속임수입니다. 해외 선교를 하는 많은 이유 가운데 한 가지 이유는 어떤 사람은 태어나면서부터 죽을 때까지 수십 번, 수천 번, 수만 번 예수 믿으라는 권고 속에서도 예수를 믿지 않고 죽는데 어떤 사람은 태어나서부터 늙어 죽을 때까지 '예수'라는 이름을 한 번도 못 들어보고 죽습니다.

"누구든지 주의 이름을 부르는 자는 구원을 얻으리라"(행 2:21)고 하였습니다. "전파하는 자가 없이 어찌 들으리요"(롬 10:14) 하고 성경은 말합니다. 우리는 1년에도 수십 번 수백 번 예수라는 이름을 듣습니다만 가까이 말레이시아만 가도, 태국에만 가도, 일본만 가도 예수라는 이름을 한 번도 못 들어보고 수많은 사람들이 죽습니다. 얼마나 억울합니까? 그 사람들이 죽는 단 한 가지 이유는 예수가 전파되지 않았기 때문입니다. 그 이름이 높아지지 않았기 때문입니다. 해외 선교 하지 말라는 말은 너희들끼리만 잘 믿으라. 왜 애쓰고 수고하여 꼭 외국까지 사람을 보내야 하느냐는 이야기와 똑같습니다. 사탄은 믿음으로 서 있을 때 점점 자기를 양보하며 타협합니다. 속지 마십시오. 처음에는 그는 이스라엘에게 이곳에서만 예배드리라고 했습니다.

그 다음에는 가기는 가되 멀리 가지 말고 가까이에 있으라고 했습니다. 이제는 또 가려면 남정네만 가라고 합니다. 마지막에 무서운 또 한 가지 조용한 타협안이 그들에게 제시되었습니다.

10장 24절을 보면 "바로가 모세를 불러서 이르되 너희는 가서 여호와를 섬기되 너희 양과 소는 머물러 두고 너희 어린 것은 너희와 함께 갈지니라." 이제는 아이들까지 다 가라고 합니다. 그런데 무엇은 안 된다고 합니까? "소와 양" 즉, 소유물은 안 된다는 말입니다. 사탄은 우리가 하나님의 백성으로 성실하게 살고 온전하게 두려움이 없는 신앙생활을 하려 할 때 마지막 타협책으로 너희 하나님께 시간도 드리고 재능도 드려라. 그러나 소유물은 드리면 안 된다고 말합니다. 헌금을 할 줄 모르는 그리스도인은 그리스도인이 아닙니다.

우리 하나님께서는 우리를 평가하실 때 상대적인 평가를 하시는 분이 아닙니다. 절대적인 평가를 하십니다. 무슨 말입니까? 하나님께서는 다섯 달란트 받은 사람에게는 다섯 달란트를 요구하십니다. 두 달란트 받은 사람에게는 두 달란트를 요구하십니다. 한 달란트를 받은 사람에게는 한 달란트를 요구하십니다. 절대적인 평가를 하십니다. 누구와 비교해서 더 낫다고 하지 않으십니다. 내게 주신 것에 대해서 요구하십니다. 그래서 헌금을 요구하실 때도 십일조를 요구하시는 것은 나를 향해 절대적인 평가를 하기 원하시기 때문에 어떤 사람은 십일조를 1억 할 수 있습니다. 그렇게 하면 인생들은 놀라지만 하나님은 놀라지 않습니다. 그가 10억을 벌었으면 그에 대한 십일조 1억을 내는 것은 당연합니다. 10만원 벌어서 십일조를 만원 낸 사람이나 1억을 낸 사람이나 하나님 앞에서는 똑같이 평가받습니다. 절대적인 평가를 하시기 때문입니다.

그래서 하나님의 평가는 놀랍습니다. 우리들은 누구하고 비교해서 사람을 평가하기를 좋아합니다. 주변의 여건을 따라서 사람에게 요구하기를 좋아합니다. 그러므로 우리를 향한 무서운 유혹은 다른 것은 다 해도 좋으나 물질만은 하나님께 드려서는 안 된다는 괴상하고 해괴한 타협을 해옵니다.

요즘 현대 교인들을 향해서 깊숙하게 사탄이 침투합니다. 그러니까 부흥사들은 그것을 역으로 밤낮 헌금 설교만 합니다. 헌금을 너무 강조하는 것도 안 되는 것이지만 주께서 우리를 향해서 마지막으로 우리의 소유까지 요구하시는 것을 기억하십시오. 아니, 하나님께서 나를 향해서 귀한 은혜 주신 것을 확신할 때, 내가 내 소유물들을 주님 앞에 드리고 섬기는 것은 영광입니다. 기쁨입니다. 감사와 감격입니다. 주님을 사랑하며 또한 주께서 주신 것을 알 때 우리가 주님 앞에 드리는 것은 너무나 당연한 이치입니다.

존 웨슬레는 말했습니다. "여러분의 돈주머니가 회개하기 전에 여러분의 회개는 거짓입니다." 사탄은 우리에게 여러 가지 타협안을 내놓으며 우리가 애굽을 떠나는 것을 어떻게든 막으려고 합니다. 온전하게 헌신하고 온전하게 주님 앞에 영광 돌리는 것을 어떻게든 못하게 하려고 방해합니다.

어떤 젊은이가 밤중에 급히 갈 곳이 있어서 보트를 열심히 몰았습니다. 밤새도록 속력을 내었습니다. 그런데 아침에 보니까 보트가 제자리에 그대로 있었습니다. 왜 그런가 하고 살펴봤더니 보트의 모터만 돌았지 묶여 있는 로프를 안 풀었던 것입니다. 그러니까 저녁 내내 속력을 내었어도 제자리에 있을 수밖에 없었습니다. 어떤 때는 사탄이 우리를 위협함으로 공포심으로 하나님의 자녀로서의 영광을 누리지 못하게 만듭니다. 어떤 때는 우리 신앙의 깊이를 덜하게 하기 위하여 너희들이 믿되 이 울타리 안에서만 믿으라고 제한을 함으로 신앙이 자라지 못하게 합니다. 어떤 때는 신앙을 갖기는 갖되 너희들끼리만 조용히 믿으라는 위협을 합니다. 어떤 때는 너희들이 하나님을 섬기되 헌금과 상관없는 그리스도인이 되라고 요구합니다. 그래서 우리를 하나님의 부요에서 떼어놓습니다.

이 모세가 왕의 노함을 두려워하지 않을 수 있었던 것은 보이지 않는 분을 보이는 자같이 하여 참았기 때문입니다. 왕 앞에 설 때 하나님이 안 보이는 것 같습니다. 왕의 고함, 왕의 위협, 왕의 타협안 그것이 전부인 것처럼 우리 눈앞에 보이고 들립니다. 그러나 믿음의 사람은 보이지 않는 하나님을 바라보았습니다. 우리는 둘 중에 하나를 두려워하며 삽니다. 하나님을 두려워하든지 아니면 사람을 두려워하며 삽니다. 사람을 두려워하는 사람은 하나님을 두려워하지 않습니다. 하나님을 진정으로 두려워하는 사람은 세상 사람을 두려워하지 않습니다. '여호와가 나의 힘이라. 내가 누구를 두려워하리요. 주께서 내 편에 계시니 사람들이 내게 어찌할꼬.' 이것은 믿음의 사람들의 신앙고백입니다.

우리가 바른 신앙생활을 하려고 할 때 우리의 인생의 항로를 향해서 우리의 배가 나아갈 때 풍랑도 있고 고통도 있습니다. 그런데 단 한 가지 사실은 우리 하나님께서 애굽의 바로를 거꾸로 넘어뜨린 것처럼 우리가 타협하지 않고 주의 말씀을 붙잡고 믿음으로 나아갈 때 승리는 우리 것입니다. 왜냐하면 하나님은 전능하신 하나님이시기 때문입니다.

우리 하나님은 전지하신 하나님이십니다. 우리 하나님은 어디에나 계신 하나님이십니다. 그 하나님으로 우리는 승리합니다. 타협하지 맙시다. 사탄이 우리 속에 간교하게 심어놓은 무서운 술책들에 말려들지 맙시다. 로프를 끊어야 배는 나아갑니다. 그것처럼 위협의 사슬에서 벗어나야 하며, 타협의 로프를 끊어야 합니다. 사람이 진정으로 강해질 때는 하나님을 두려워할 때입니다. 존 낙스에 대해 메리 여왕은 이렇게 말했습니다. "저 사람은 오직 하나님 이외에는 두려워하지 않는 사람이다. 낙스의 무릎 꿇는 기도는 십만 대군보다 더 무섭도다." 존 웨슬리가 이렇게 기도했다고 말합니다. "사람을 두려워하지 않고 오직 하나님만 두려워하는 사람 이백 명을 주시옵소서. 그러면

이 세계를 주님 앞에 드리겠습니다."

 이스라엘 사람들은 끝까지 하나님을 두려워하며 살아계신 하나님을 바라보면서 믿음으로 참았습니다. 기다렸습니다. 우리말에는 "칠전팔기"라는 말이 있는데 성경에는 "구전십기"가 있습니다. 아홉 번이나 이 바로는 거절했습니다. 그러나 모세는 끝까지 견디고 끝까지 참았습니다. 인내심이 좋아서 참은 게 아니라 살아계신 하나님이 계시기 때문에 그는 참았습니다. 이 하나님을 믿음으로 바라보시면서 오늘도 승리의 삶으로 사시기를 바랍니다. "만일 하나님이 우리를 위하시면 누가 우리를 대적하리요."

믿음의 사람들

제**15**강

구원을 신뢰하는 믿음

> 믿음으로 유월절과 피 뿌리는 예를 정하였으니
> 이는 장자를 멸하는 자로
> 저희를 건드리지 않게 하려 한 것이며
> (히 11:28)

이스라엘을 여행할 때는 꼭 피해야 할 계절이 있는데 그것은 3월입니다. 계절적으로 3월이 봄이라서 좋은데 니산월 1일부터 5일까지의 유월절에 걸리면 온 민족이 유월절 절기를 지키느라 관광객들에게 불친절한 인상을 남겨주기 때문입니다.

유월절 절기 때는 온 민족이 열광합니다. 세계 도처에서 이스라엘 백성들이 귀향해서 통곡의 벽에 머리를 부딪치며 눈물을 흘리면서 기뻐하고 감격하는 유월절 절기, 이 절기가 오늘 이 시대의 우리에게 주는 의미는 무엇일까요? 히브리서 11장 28절은 "믿음으로 유월절과 피 뿌리는 예를 정하였으니 이는 장자를 멸하는 자로 저희를 건드리지 않게 하려 한 것이며" 하고 그저 간단하게 지나갔습니다. 그런데 이것은 구원 사건입니다.

유월절은 구원을 중심으로 하나님께서 우리에게 만들어주신 가장 상징적인 사건이었습니다. 하나님께서는 이전에도 구원의 상징으로 노아 홍수 시에 방주를 예비하여 우리에게 어떻게 구원을 베푸시는가 가르쳐 주셨습니다.

하나님께서 명하신 방법대로 그 말씀을 신뢰하는 사람들은 구원을 받았습니다. 그러나 그 말씀을 멸시하는 자들은 멸망 받은 것을 우리가 잘 압니다. 또 비슷한 사건 가운데 이스라엘이 광야에서 원망하고 불평하다가 불 뱀에 물린 사건이 있었습니다.

이때 모세는 구리로 뱀을 만들어서 높은 장대 위에 달아 올리고 하나님의 약속된 말씀을 저희에게 가르쳐 줍니다. '누구든지 이 구리 뱀을 쳐다 본 자는 구원을 받을 것이다.' 하나님의 말씀을 농담으로 여겼던 자들은 그럴 리가 있는가, 뱀에 물려서 뱀이라면 지긋지긋할 정도인데 또 뱀을 보라는 말이야 하고 외면하는 사람도 있었습니다.

그러나 또 어떤 사람들은 '하나님께서 약속하셨다. 원망하고 불평했던 우리를 구하시기 위해서 하나님이 구원의 방법을 만드셨구나. 도무지 건너갈 수 없는 그 바다를, 대로처럼 열어주신 하나님, 홍해를 가르신 그 하나님께서 우리에게 구원의 방법을 또 가르치시는구나' 하고 믿음으로 감사함으로 쳐다봄으로써 씻은 듯이 나음을 입은 사건을 우리는 압니다.

구원은 우리 스스로의 노력으로 되는 것이 아닙니다. 대부분의 일은 스스로의 노력으로 성취되는 것이 참 많습니다. 애쓰고 수고하면 "정신일도 하사불성"이라고 거의 대부분 달성되는 것이 많습니다. 애쓰고 수고해서 수양된 인격을 가질 수도 있습니다. 애쓰고 수고해서 건강을 유지할 수 있습니다. 애쓰고 수고해서 많은 학문을 가져 지혜로운 인생을 살 수도 있습니다. 애쓰고 수고할 때 세상을 살아가는 처세술이 더 늘어날 수 있습니다. 그러나 애쓰고 수고하여도 구원은 안 됩니다.

마치 이런 원리와 같습니다. 밑을 모르는 매우 깊은 늪에 한 사람이 빠졌습니다. 힘을 쓰면 쓸수록 그 늪의 바닥으로 깊이 빠져 들어갈 뿐입니다. 오히려 가만히 있으면 숨이라도 쉴 수 있을 텐데 거기서 빠져 나오려고 허우적거리고 발버둥 치니까 점점 더 깊이 들어갈 뿐입니다. 또 무서운 홍수로 강물이 격랑할 때 한 젊은 청년이 발을 헛디뎌 그만 빠지고 말았습니다. 물결치는 대로 떠내려 갑니다. 살려달라고 소리치며 애를 쓰고 수고해 보지만 연약한 인간의 힘으로 그 물결을 이겨낼 수가 없었습니다.

참으로 인간은 얼마나 연약한 존재인지 모릅니다. 동해안에 갈 때 제일 조심해야 할 것은 파도입니다. 큰 파도에 휩쓸리면 다리가 뜹니다. 물에 떠내려가는 격랑 속에서 그 인생이 허우적거리고 애쓰고 노력하여 구원을 받는 것이 아니라 밖으로부터 생명 줄이 와야 합니다.

마찬가지로 죄 진 인간이 죄에서 구원받을 수 있는 길은 살아계신 하나님께서 죄 없으신 그분으로 우리를 구원해 주실 때 가능합니다.

성경은 선언합니다. 다른 이름이 없나니 천하에 우리가 구원을 얻을 만한 다른 이름을 주신 적이 없다고 선언합니다. 구원 사건 가운데 가장 상징적인 사건인 유월절을 통해서 우리에게 하나님의 구원 사역을 똑똑하게 보여주고 있습니다. 여기 히브리서에서는 간단하게 언급된 사건이, 출애굽기에서는 12장, 13장 두 장에 걸쳐서 기록되어 있습니다. 이 구원 사건은 우리에게 몇 가지 의미를 주고 있습니다.

첫째로, 우리 인생을 새로 시작하게 만듭니다. "여호와께서 애굽 땅에서 모세와 아론에게 일러 가라사대 이 달로 너희에게 달의 시작 곧 해의 첫 달이 되게 하고"(출 12:1-2). 너희의 달의 시작이 되게 하라고 말합니다. 너희의 첫 해의 시작은 다른 때가 아니라 바로 이 '니산월'이라고 말합니다.

합리적인 사고를 좋아하는 서양 사람들은, 하나님께서 인간을 창조하실 때 어느 계절에 만들었겠는가. 그 첫 계절이 어느 계절이었을까? 생각했습니다. 그들은 첫 계절을 가을이라고 생각했습니다. 그러면서 그 증거도 만약에 하나님께서 인간을 봄이나 여름에 만드셨다면 오곡백과가 무르익기 전에 아담과 하와가 무엇을 먹었겠느냐며 하나님께서 풍성한 과일을 주신 다음에 사람을 창조하셨을 것이다. 그래서 계절의 시작이 가을이라고 생각했습니다. 그럴듯한 생각이지만 성경적이지는 않습니다. 왜 아닌고 하니 이 계절이라는 것은 노아 이후에 생겼습니다. 추위와 더위와 봄과 가을과 여름과 겨울이 번갈아 가겠다고 창세기 8장에서 처음으로 계절의 시작을 말합니다. 그러나 우리 그리스도인들에게는 구원 받는 그 날이 우리 인생의 시작입니다. 이것은 우리뿐만 아니라 세계 역사가 그것을 말해 줍니다. 그리스도 이전에는 세계에 역사가 없었습니다. 국가마다 민족마다 부족마다 서로 다른 역사를 가졌습니다. 그러다가 예수 그리스도께서 이 땅에 오셨습니다.

아노도미(AD)란 말은 "예수 그리스도의 해에" 라는 뜻입니다. 세상에 영걸이 수없이 많이 지나갔지만 세계의 역사를 총괄한 그런 영걸이 없었습니다. 중국은 중국대로, 영국은 영국대로, 소련은 소련대로 부족은 부족대로 자기 민족의 역사를 가졌습니다만 세계의 역사가 없었습니다.

그러다가 만왕의 왕이요 만주의 주이신 우리 주님께서 이 세상에 오심으로 그분으로 말미암아 세계 역사가 시작되었습니다. 서기 1988년은 무슨 의미입니까? 그것은 예수 그리스도께서 이 땅에 오신 지 1988년이 되었다는 뜻입니다. 다른 왕은 일생을 마치면서 연화와 더불어 그 역사가 끝났습니다. 그러나 예수 그리스도는 오늘도 살아계십니다. 오늘도 왕이십니다. 오늘도 이 세상을 다스리는 우주의 창조주이십니다. 그래서 어제나 오늘이나 언제나 동일하신 주님으로 말미암아 이 지구의 역사는 통합되어서 계속 진행되고 있습니다. 이것은 세계 역사에만 있는 일이 아닙니다. 구속을 받은 성도는 예수를 믿자마자 새로운 인생이 시작됩니다.

예수 안에서 새로운 삶이 시작됩니다. 유월절의 구원 사건을 생각하면 이 구원 사건이 없는 사람에게는 새로운 인생이 없음을 알 수 있습니다. 그 인생은 죽음을 향해서 달리는 생입니다. 그러다가 예수 그리스도를 믿고 구원을 받게 되면 영원한 삶으로 그 인생이 바뀌게 됩니다. 죽음을 위해 사는 삶이 아니라 영원을 위해 사는 새로운 인생으로 변화됩니다. 시작이 없으면 끝도 없는 법입니다. 싹이 트지 않는 씨앗은 꽃도 피울 수 없고 열매도 맺을 수 없습니다. 많은 사람들이 교회에 열심히 나가고 교회에서 열심히 봉사하는 것이 내 구원이라고 생각합니다. 그러나 아닙니다. 구원 사건은 나에게서 시작되어야 합니다.

구원이 시작될 때 내 인생은 새로운 세계를 갖게 됩니다. 하나님은 이스라엘에게 유월절은 너희들의 첫째가 되어야 하며 너희 인생의 새 시작이라고 말합니다. 이것이 저에게도 있었고 예수 그리스도를 믿는 모든 인생들에게 있었던 사건입니다. 그 이전에는 죽지 못해 사는 인생이었습니다. 그러나 이제는 살 목표가 있습니다. 삶에 의미가 있습니다. 새 인생이 되었습니다.

두 번째로 이 구원 사건은 오직 하나님의 방법으로만 구원이 가능한 것임을 가르쳐 줍니다. 하나님의 방편입니다. 노아의 가족을 홍수 속에서 구할 때도 방주를 하나님의 방법으로 만들었던 것처럼, 광야에서 뱀에 물렸을 때도 구원의 방편을 하나님께서 친히 모세에게 명하셔서 놋뱀을 장대 위에 높이 매달도록 하셨습니다.

그것처럼 하나님께서는 애굽에서 마지막 밤을 지내는 이스라엘 백성들에게 새로운 구원의 방편을 보여 주고 계십니다. 그 땅에 하나님의 무서운 진노가 지나가기로 작정되었습니다. 하나님의 무서운 저주가 그 땅에 역사하기로 작정되었습니다. 장자는 모두 죽여야 하는 밤입니다. 출애굽기를 보면 하나님께서 몇 가지로 말씀하고 계십니다.

너희들 중에 1년 된 어린 양을 잡으라고 합니다.

양은 태어난 지 1년 되었을 때가 가장 포동포동하고 아름다우며 결이 부드럽다고 합니다. 그 고기도 가장 맛있는 때라고 합니다. 그래서 이 어린 양의 고기는 고급 요리에 속합니다. 양은 나이가 들어 늙으면 고기가 매우 질기다고 합니다. 이 사건은 그냥 어린 양의 사건이 아니었습니다. 어린 양은 예수 그리스도를 상징했습니다. 예수님께서 지나가시는 모습을 보고 세례 요한은 큰 소리로 외쳤습니다. "보라 세상 죄를 지고 가는 하나님의 어린 양이로다"(요 1:29). 하나님의 어린 양은 예수 그리스도를 상징하기 때문에 어린 양을 잡으라고 했습니다. 당시에 이 어린 양은 검사를 거쳐야 했습니다. 점도 티도 흠도 없는 깨끗한 어린 양이어야 했습니다.

인생치고 흠 없는 인생이 어디 있습니까? 누구라도 태어나서 마지막 날까지 후회 없는 인생을 산 사람은 없습니다. 그러나 유일한 한 분이 계십니다. 예수 그리스도입니다. 그의 생애 어디를 봐도 후회가 없습니다. 그의 생의 어느 단면을 봐도 악이 없습니다. 심지어 십자가에 매달리신 때에도 그 고통을 홀로 담당하셨습니다. 다른 사람에게 조그만 욕설을 들어도 화가 나서 그냥 입에서 독사의 독이 흘러나오는 게 인생인데 예수님은 그 고통의 절정에서 '아버지여, 저들의 죄를 용서하여 주시옵소서. 저들은 자기의 하는 것을 알지 못합니다.' 인간으로서 가장 고통스러웠던 때의 단면을 잘라서 보니까 더 아름답습니다. 더 영광스럽습니다. 그 단면이 더 거룩합니다.

우리들은 큰 일을 할 때, 작은 일은 무시하는 경우가 많습니다. 또 섬세하게 일하는 사람은 큰 일을 잘 못합니다. 예수님께서 이 세상을 창조하실 때보다 더 어려운 일, 온 세상의 죄를 없이 하시는 십자가 사건, 그 큰 일을 행하시면서도 당신의 어머니를 자신의 사랑하는 제자 요한에게 부탁하시면서 그 노후를 걱정하며 끝까지 효도하는 모습을 보이십니다. 생명을 마치실 때까지, 그처럼 큰 일을 하시면서 그처럼 작은 하나님의 계명 하나도 빠뜨림 없이 지키시는 우리 주님의 거룩하심을 볼 수 있습니다. 거룩은 무엇입니까? 하나님의 말씀 따라 순종하는 삶이 거룩입니다. 우리는 큰 일을 하면서 작은 일을 희생합니다. 작은 일을 섬세하게 하면서 큰 일을 못하는 것이 인생인데 예수 그리스도께서는 그처럼 큰 일을 하시면서 그처럼 작고 섬세한 일까지 놓치지 않고 끝까지 순종하는 순종의 절정을 보이셨습니다. 흠이 없으신 예수 그리스도이십니다. 그런가 하면 하나님께서는 어린 양의 뼈를 하나도 꺾지 않도록 했습니다. 어린 양의 뼈를 꺾을 수가 없었습니다. 짐승을 잡는데 목이 부러지면 어떻고 다리가 부러지면 어떻습니까? 그런데 이 유월절의 양을 잡는 방법은 뼈가 하나라도 상하면 안 됩니다.

또 한 가지 주목해야 할 것은 고난 시의 예언입니다. 다시 로마인들은 십자가에 사람을 달아놓고 나중에 그가 죽었는지 살았는지 확인하기 위해서 죄인의 다리를 부러뜨렸습니다. 그런데 이미 구약에서, 예수 그리스도께서는 뼈가 꺾이지 않을 것이 예언되었습니다.

예수님은 십자가에서 운명하셨습니다. 그가 죽었다는 것을 확인하기 위해서 뼈를 꺾어야 하는 로마 군인 가운데 한 사람이 창으로 힘차게 그 심장을 찔렀습니다. 그랬더니 그 심장에서 물과 피가 쏟아졌습니다. 살아 있는 심장을 찔렀다면 물이 나왔겠습니까?

산 사람에게서는 물이 안 나옵니다. 극심한 파열로 심장의 물과 피가 쏟아지는 것을 보고 완전히 죽었다고 생각해서 예수님의 다리를 부러뜨리지 않았습니다. 우리 주님은 구약에서 예언된 대로 이 세상의 모든 십자가 위에서의 죽음과는 다른 죽음으로 죽으셨습니다. 우리 예수님은 우리의 어린 양이 되셨습니다.

출애굽 사건 때 이스라엘 백성들이 어린 양의 피를 의지해서 죽음을 면한 것과 똑같습니다. 이스라엘 백성들은 그들의 문지방과 문설주에 피를 발랐습니다. 피를 바른 집은 하나님께서 피의 표시를 보고 지나가시겠다고 약속하셨기 때문입니다. 그래서 그 밤에 피를 바른 가정은 모두 구원을 받았습니다. 한 가지 오늘 이 시간에 우리가 좀 더 알아야 될 것은 이 구원은 우리의 확신 때문에 우리에게 구원이 있는 것이 아니라는 사실입니다.

객관적인 구원의 확실한 방법이 있기 때문에 구원이 가능한 것입니다. 그 밤에도 이런 두 집이 있었을 것입니다. 한 집은 그 문 인방과 문설주에 피를 발라놓고 오늘밤에 하나님께서 애굽과 이스라엘의 모든 장자를 치시는 날이지만 그러나 우리 집은 어린 양의 피를 발랐기 때문에 죽음의 사자와 우리는 상관이 없다며 안심하고 자자하며 쿨쿨 잠을 잔 사람이 있습니다. 그래서 구원의 확신과 감격을 실제로 누리며 그 밤을 지냈습니다.

그런가 하면 어떤 사람은 양의 피를 바르기는 발랐어도 옆집에서 곡성이 들리기 시작하자 얼른 가서 자기의 큰아들을 깨워봅니다. 죽었는가, 살았는가 만져봅니다. 밤새 내내 큰아들을 붙잡고 두려워서 잠을 한숨도 못 잤습니다. 그 사람은 구원을 못 받았습니까? 아닙니다. 똑같이 구원을 받았습니다.

단지 구원이라는 것은 주님께서 완성하신 구원을 신뢰하기만 하면 그 능력이 우리에게 임하는 것이지 우리의 확신이 크기 때문에 구원의 능력이 큰 것이 아닙니다. 우리는 주께서 완성하신 구원을 받는 사람들입니다. 주님을 믿지 않고 나의 믿음을 믿는 것은 참된 믿음이 아닙니다. 요즘 자기 확신을 하나님을 믿는 신앙이라고 잘못 가르치는 경향들이 종종 있습니다.

여기 포도주가 있다고 합시다. 이 포도주를 힘센 팔로 마실 때 포도주가 맛이 있고 여인의 가냘픈 손으로 파르르 떨면서 마시면 그 맛이 다릅니까? 잡는 손에 포도주의 맛이 있지 않고 포도주 자체에 맛이 있는 것처럼, 구원은 비록 믿는 사람이 연약하게 믿을지라도 객관적인 하나님의 방법에 의해서 그 사람에게 구원의 혜택이 주어집니다.

그러나 이런 경우는 있습니다. 구원을 받았지만 확신이 없는 사람은 구원 받지 않은 사람과 똑같이 그 밤을 불안하게 보냈습니다. 감정적으로는 믿지 않는 사람과 똑같습니다. 구원의 확신이 없는 사람은 예수 믿고 구원을 받아놓고도 믿지 않는 사람과 똑같이 불안한 감정을 겪습니다.

그러나 구원의 확신이 있는 사람은 그 안에서 든든히 누립니다. 이 구원은 객관적으로 하나님께서 만드신 구원의 방법을 신뢰하며 하나님의 말씀을 붙잡을 때에 주어지는 것입니다. 예수 그리스도를 믿는 것도 마찬가지입니다. 그리스도께서 우리 죄를 위해서 십자가에서 이미 내 모든 죄를 담당하셨습니다. 그것을 믿는 자는 그 죄의 형벌이 내 것이 아닙니다. 동이 서에서 먼 것처럼 깨끗이 씻김을 받았습니다.

내게는 평화와 구원과 기쁨이 있을 따름입니다. 예수 그리스도를 참으로 신뢰하십니까? 이것을 내 것으로 받으면서 믿으십니까?

그리고 또 한 가지 여기 출애굽기 12장 15절에 이렇게 말했습니다. "너희는 칠 일 동안 무교병을 먹을지니 그 첫날에 누룩을 너희 집에서 제하라 무릇 첫날부터 칠 일까지 유교병을 먹는 자는 이스라엘에서 끊쳐지리라." 누룩을 제하라고 말합니다.

구원은 내 인생에서 진정한 삶의 시작입니다. 그 구원은 오직 하나님을 신뢰하면서 얻어지는 것입니다. 하나님의 그 완전하신 구원의 방편을 내가 믿는 것입니다. 그런가 하면 구원은 진정한 거룩의 시작입니다. 내게 있어서 과거에 살았던 그리스도 밖에서의 악한 것이 끊어져야 합니다. 과거와 절연해야 합니다. 예수를 믿으면서도 과거에 행한 악들이 계속되고 그대로 전수되는 것은 안 될 일입니다. 누룩을 제하라고 하십니다. 누룩을 제하지 않는 자는 그 백성 가운데서 끊쳐진다고 말합니다.

과연 예수를 믿고 나서 나의 인생이 달라졌습니까? 데이빗 리빙스톤의 장례식이 있던 날이었습니다. 그의 시신이 웨스트민스터 사원에 안장 되었습니다. 전 영국이 애도하였고 런던의 모든 사람들이 위대한 아프리카의 태양인 그가 웨스트민스터 사원에 안장되는 것을 영광스럽게 생각하면서 중심으로 애도를 드렸습니다. 그의 시신이 웨스트민스터로 가고 있을 때 사람들이 거리로 쫓아 나왔습니다. 그 중에 어떤 거렁뱅이 한 사람이 많은 사람들을 헤치고 행렬의 앞으로 나왔습니다. 그리고 관을 덥석 붙잡았습니다. 그때 사람들이 "영감, 어떻게 그렇게 무례하게 행동할 수 있소? 아무 관계도 없는 사람이." 그랬더니 "왜 관계가 없어요. 저는 리빙스톤을 잘 압니다. 어렸을 때 저와 한 반에서 공부했고 단짝이었습니다. 그는 교회에 나가서 자기 생애를 주님 앞에 드렸고 나는 주님을 떠났습니다. 그와 나의 차이는 이것이었습니다." 그러면서 슬피 울었습니다.

우리는 똑같이 인생을 살아나갑니다. 그런데 하나님 앞에 영광스러운 개선 행진을 하는가 못 하는가는 참으로 예수 그리스도의 피가 내 심령 속에 있는가, 그것을 의지하면서 내가 더럽고 추악한 악을 제하는가 제하지 않는가에 있습니다.

진정한 거룩의 시작은 예수 그리스도로 말미암아 시작됩니다. 누룩은 내 속에서 제해져야 되고 없어져야 될 목록입니다. 이 예식은 장중하게 행해져야 합니다. 대대로 이스라엘 백성의 후손들은 해가 거듭되어도 이 유월절 예식을 계속 행했습니다. 저녁에 유월절 양을 잡으면 아버지에게 아들이 묻습니다. "아버지, 이 밤은 무슨 밤입니까?" 그러면 아버지는 대답합니다. "이 밤은 우리 조상이 애굽에서 종살이 할 때 하나님께서 애굽의 장자를 치시고 우리를 구원해 내신 밤이란다." 어렸을 때부터 매년 계속 구속의 진리가 반복해서 자손들에게 전해졌습니다.

우리 사랑하는 자녀에게 우리가 전해 줄 메시지는 무엇입니까? 우리가 강조해 주어야 할 가장 중요한 교훈이 무엇입니까? 아이들이 어릴 때는 그 의미를 잘 몰라도 계속해서 부모들이 이 구속의 도리를 확신 있게 가르쳐야 합니다.

이 예식은 믿음으로 모세에 의해서 제정되었다고 말합니다. 인간적으로 생각하면 모세는 하나님께 불평할 수도 있었습니다. '내가 하나님의 말을 듣고 바로에게 경고했으나 아홉 번이나 실패했습니다. 그러나 바로는 끄떡도 하지 않습니다. 바로는 하나도 두려워하지 않았습니다. 바로는 하나님의 말을 아홉 번이나 듣고도 이 백성을 놓아주지 않았습니다. 그런데 열 번째 간다고 되겠습니까?' 이렇게 의심할 수도 있었습니다. 그러나 모세는 몇 번이 되었건 개의치 않고 하나님의 말씀을 믿음으로, 유월절에 일어날 일을 선포하였습니다. 아직 아무 조짐이 보이지 않고 아무 사건이 일어나지 않았는데도 하나님의 말씀을 그대로 선포합니다. 믿음으로 그 예식을 행했다는 말입니다.

우리의 모든 믿음의 행위가 후손들에게 전해져야 합니다. 예수 그리스도는 우리의 "유월절 어린 양"이라고 고린도전서 5장 7절에 말했습니다. 그의 보배로운 피로 우리를 값 주고 사신 바 되었고 거듭나게 했다고 베드로 사도는 우리에게 가르치고 있습니다. 그리고 구약의 모든 상징적인 것이 끝나고 신약에 와서 변경되어 발전된 것이 있다면 이 유월절이 변해서 성만찬으로 바뀐 것입니다. 그래서 우리들은 세례와 성찬식을 대할 때마다 믿음으로 드려야 할 것입니다. 믿음이 없는 성만찬은 하나님 앞에 가증한 것입니다. 믿음이 없이 드리는 예배는 하나님 앞에 효력이 없습니다.

우리의 모든 예식을 믿음으로 드리고 믿음으로 지켜야 될 줄 압니다. 우리들은 믿음으로 찬양을 드리며 믿음으로 하나님 앞에 헌금을 드립니다. 우리는 믿음으로 하나님의 말씀을 받고 믿음으로 축도할 때 "아멘" 합니다.

제사의 절정은 제물이 아닙니다. 제사의 절정은 찬양이 아닙니다. 제사의 절정은 축도입니다. 이스라엘 사람들은 축도를 제사의 절정이라고 생각했습니다. 그래서 마지막으로 제사장이 손을 들어 축복할 때 모든 제사의 결론으로 하나님의 축복이 자기에게 역사하는 것을 신뢰하고 믿음으로 받았습니다.

요즘에는 예배의 축도 시간에 빨리 예배당을 나가 주차시켜 놓은 차를 빼기에 바쁩니다. 그런데 구약 시대에는 제사의 절정이 축도였습니다. 제사장이 하나님의 축복을 선포할 때 모든 백성들이 눈물로 그 축도를 받았습니다. 이스라엘 백성만입니까? 받을 자격이 없는 사람에게 주시는 사랑의 선물이 은혜라는 뜻입니다. 목사가 설교를 잘해서 기분 좋다는 것이 은혜가 아니라 하나님이 주시는 사랑의 선물이 바로 은혜인 것입니다. 예수 그리스도의 은혜를 우리가 언제 입었습니까?

"우리가 아직 죄인 되었을 때에 그리스도께서 우리를 위하여 죽으심으로 하나님께서 우리에게 대한 자기의 사랑을 확증하셨느니라"(롬 5:8). 제가 이 말씀을 좋아하는 이유는 어떤 때 문득문득 하나님의 말씀에 불순종한 죄책감을 마음에 가질 때가 있습니다. 그래서 하나님이 나를 버리시지나 않을까 하는 깊은 소외감을 느낄 때가 있습니다. 그러다가 주님의 은혜를 생각합니다. 주께서 언제 내게 은혜를 베푸셨습니까? 아직 죄인 되었을 때입니다.

그때 나를 구속하신 주님은 지금도 우리 죄를 위해서 은혜를 베풀어 주십니다. 그러기에 아멘하며 일어설 수 있습니다. 자식을 위해 희생하신 부모의 사랑이 오늘 이 시간에 나를 향해서 열려졌습니다. 한도 끝도 없는 그 사랑이 내게 주어졌습니다.

"성령님의 교통하심"에서 교통이라는 말은 교제라는 뜻입니다. 감동 한 번 하고 지나가는 것이 아니라 그분은 내 속에 남아서 나의 카운슬러가 되어 주십니다. 그분이 나의 선생님이 되어 주십니다. 내가 죄악으로 고통 받을 때, 말할 수 없는 탄식으로 나를 위해서 기도해 주는 대언자가 되십니다. 그분이 내 속에서 능력을 베풀어 주십니다. 진리 가운데로 인도하십니다.

그분과의 교제가 내 속에 있습니다. 그것을 믿음으로 받고 나간다면 아마 이 세상의 모든 마귀가 한꺼번에 내게 덮친다 할지라도 이 삼위일체의 하나님인 예수님의 은혜와 하나님 아버지의 사랑과 성령의 교제가 내 마음에 역사하심으로 나는 승리자입니다.

왜냐하면 그리스도께서 승리자이시기 때문입니다. 하나님의 사랑이 나를 든든히 세울 것이기 때문입니다. 성령님의 권능은 내 인생에 놀라운 능력이 되어 주실 것이기 때문입니다.

"믿음으로 유월절과 피 뿌리는 예를 정하셨으니." 내 모든 예배가 하나님 앞에 믿음으로 드려지고 있습니까? 내 모든 신앙 의식이 하나님 앞에 믿음으로 드려지고 있습니까? 우리 인생을 향해서, 그 유월절의 예식 속에 담아 놓으신 축복을 허락하시는 하나님이십니다.

믿음의 사람들
제16강

이스라엘의 믿음

> 믿음으로 저희가 홍해를 육지같이 건넜으나
> 애굽 사람들은 이것을 시험하다가 빠져 죽었으며
> (히 11:29)

신구약 성경을 통틀어서 가장 극적인 장면을 고르라고 한다면 아마 출애굽 한 이스라엘 백성들 앞에서 하나님이 홍해를 가르셔서 백성들로 하여금 건너가게 하신 그 사건일 것입니다. 이 사건은 하나님께서 베푸신 사건입니다만 많은 사람들은 과연 어떻게 바다를 육지처럼 건널 수 있었을까 하는 질문 앞에서 합리적인 대답을 얻기 위해 몇 가지로 이 문제를 설명해 놓았습니다.

첫째로 홍해는 우리가 지금 생각하는 그 깊은 홍해 바다가 아니라 북쪽에 있는 갈대 바다라고 생각하는 이들이 있습니다. 성경에서 홍해라고 할 때 홍해라는 말의 원어가 '얌숙' 입니다. 이 말은 갈대가 많은 바다라는 뜻이기도 합니다. 그래서 이스라엘 백성이 어떻게 그 깊은 바다를 건널 수가 있었겠는가.

모세가 유능한 지도자였기 때문에 그 곳의 얕은 곳만을 골라서 이스라엘 백성들을 무사히 건너도록 하였을 것이고 모세가 그곳의 지형에 익숙하고 능숙했기 때문에 가능했다고 합니다. 그렇지만 이 해석은 다음 구절을 해석할 수 없도록 만듭니다. 모순되게 합니다. 이스라엘 백성의 뒤를 바로 쫓아 달려간 애굽의 거대한 기병대가 물속에 수장되었다는 말은 어떻게 설명되어야 합니까? 이 해석이 문제입니다.

그것뿐만 아니라 오늘날도 홍해 깊은 곳에서 BC 10세기 이전에 애굽 사람들이 입었던 갑옷들의 편린들이 많이 발견되고 있습니다. 그런가 하면 모세는 40년 후에 우리가 얕은 갈대 바다를 지나왔다고 말하지 않고 신명기 11장 4절에 이렇게 말합니다.

"또 여호와께서 애굽 군대와 그 말과 그 병거에 행하신 일 곧 그들이 너희를 따를 때에 홍해 물로 그들을 덮어 멸하사 오늘까지 이른 것과." 이 사건은 중동 지방의 어느 한 구석에 조그마한 사건으로 남은 것이 아니라 가나안 지경에까지 소문이 들어가 가나안 족속들마저 하나님께서 홍해에서 이집트 군대를 멸하신 소식을 듣고 두려워 떨었다고 말하고 있습니다. 이것을 어떻게 설명할 수 있습니까?

또 어떤 사람은 천문학적인 자료를 가지고 설명하고 해석하려고 합니다. 어떤 분이 헬리혜성의 주기를 역으로 계산해 보니까 바로 이스라엘이 홍해를 건너던 그때가 헬리혜성이 가장 지구에 가까이 접근했었고 가장 크게 나타났었던 때라고 합니다. 그래서 모세가 그 기간을 일부러 택해서 홍해를 건넜다고 설명하기도 합니다. 그러나 성경 어디를 봐도 이상한 별이 나타나서 이스라엘 백성들을 인도하여 건너게 했다는 구절이 한 군데도 없습니다. 이 사람들이 예수님이 탄생하실 때 동방박사들에게 별이 나타나서 인도했다는 기록을 잘못 오해하고 이런 주장을 하는 것이 아닌가 하는 생각이 듭니다.

기적은 기적으로 믿읍시다. 기적은 우리의 과학적인 탐구로 마음의 호기심을 만족시키기 위해서 우리에게 주신 것이 아니라 우리가 믿는 하나님이 어떤 분이신가를 알게 하시기 위해서 기록한 것입니다. 성경에서 말하는 이 기적의 영광스러움을 멸하는 자는 그에게 저주가 있습니다. 하나님의 교훈이 위대한 것처럼 하나님의 행하심도 크고 놀라운 것입니다. 사실 이것은 한 가지로 귀결됩니다. 창세기 1장 1절의 말씀을 믿느냐 믿지 않느냐의 문제입니다. "태초의 하나님이 천지를 창조하시니라." 천지를 창조하신 능력의 하나님이시면 바다가 육지가 되든 육지가 바다가 되든 문제될 것이 없었습니다.

우리가 믿는 하나님은 전능하신 하나님입니다. 창조주 하나님이십니다. 오늘도 능력으로 이 땅을 다스리시는 살아계신 하나님이십니다. 그래서 기적이 우리의 신앙을 요구합니다. 신앙의 고백을 요구합니다. 우리가 믿는 하나님이 어떤 분이십니까? 그분이 나사로를 살리셨고 문둥이를 깨끗하게 치유하셨던 창조주 하나님이시라면 조금도 문제가 없습니다. 하나님께서 물을 가르셔서 이스라엘 백성들로 하여금 바다를 육지처럼 건너가게 하겠다고 말씀했습니다. 열 가지 재앙이 다 내리고 마지막으로 애굽을 나올 때 바로 왕은 크신 하나님의 권능을 보고 두려워서 밤중에 모세와 아론을 불러 너희는 빨리 너희 백성을 데리고 가라고 말했습니다. 이미 떠날 준비를 하고 있었던 이스라엘 백성들은 나올 때 이웃의 애굽 가정에 가서 우리가 떠나야 될 터인데 은, 금과 패물, 의복을 달라고 하였습니다. 그러니까 이스라엘 백성들을 빨리 보내기 위해서 자기들 집에 있는 패물까지 주어가며 빨리 나가라고 합니다. 그것으로 탈출에 성공하는 줄 알았습니다.

 이제부터는 만사형통인 줄 알았는데 그러나 얼마 못 가서 애굽에서는 이스라엘 백성들이 빠져나간 자리를 메울 수 없다고 생각해서 바로와 애굽인들은 거대한 군대를 이끌고 이스라엘 백성들을 뒤쫓아 왔습니다.

 결국 이스라엘 백성들은 애굽 군대에 쫓겨 막다른 홍해 바다에 이르렀고 진퇴양난의 어려움을 만났습니다. 이때 백성들은 두려웠습니다.

 두 번째로 그들은 모세를 향해 원망합니다. '애굽에 매장지가 없어서 모세 네가 우리를 여기까지 데려왔느냐? 지금이라도 늦지 않았으니 다시 돌아가자. 우리끼리 다시 애굽으로 돌아가겠다.'고 했습니다. 홍해 사건 이후에도 이스라엘 백성들은 어려움을 만날 때마다 애굽의 고기 가마를 그리워하고 애굽에 있었던 때를 추억하며 미련을 갖는 것을 우리는 계속 봅니다.

그래서 어떤 성경학자는 말합니다. "하나님께서 이스라엘 백성을 애굽에서 구원해 내는 데는 하루가 걸렸지만 이스라엘 백성들의 마음에서 애굽의 영향력을 제거하는 데는 40년이나 걸렸다." 우리가 예수님을 믿는다고 갑자기 어려움이 물러가고, 예수 믿는다고 우리 눈앞에 신천지가 펼쳐지는 것이 아닙니다. 예수님을 믿는데도 홍해는 우리 앞에 있습니다. 믿음이 있는데도 고통의 바다는 있습니다. 신앙생활을 하는데도 불구하고 앞길을 가로막는 무서운 적들과 두려운 세력들이 있습니다.

이스라엘 백성들이 모세를 원망하여 애굽 군대를 두려워하여 떨고 있습니다. 이때 하나님의 사람 모세가 백성들에게 이렇게 큰 소리로 말했습니다. 출애굽기 14장 13절입니다. "모세가 백성에게 이르되 너희는 두려워 말고 가만히 서서 여호와께서 오늘날 너희를 위하여 행하시는 구원을 보라. 너희가 오늘 본 애굽 사람을 또 다시는 영원히 보지 못하리라. 여호와께서 너희를 위하여 싸우시리니 너희는 가만히 있을지니라." 이스라엘 백성을 향해서 모세는 위로했습니다. 그들의 마음을 진정시키고 안정시켰습니다. 그 다음에 곧바로 하나님의 음성이 모세에게 임합니다.

"여호와께서 모세에게 이르시되 너는 어찌하여 내게 부르짖느뇨 이스라엘 자손을 명하여 앞으로 나가게 하고 지팡이를 손에 들고 손을 바다 위로 내밀어 그것으로 갈라지게 하라"(15절). 아마도 이때 모세가 기도했던 것 같습니다. 그러니까 하나님이 모세야, 내가 이 백성을 애굽에서 구해 내서 가나안 복지로 인도하겠다고 약속하지 않았느냐. 네가 가지고 있는 지팡이를 내밀어라. 그러면 동풍이 불 것이고 그러면 네 앞의 모든 대적들은 무너질 것이라고 말씀했습니다. 그가 지팡이를 바다 위로 내밀 때 동풍이 바닷물을 물러서게 하였습니다. 그래서 마른 땅처럼 큰 길이 생겼고 좌우에 물 벽이 갈라졌습니다.

저는 이렇게 바닷물이 물 벽이 되어 갈라지는 것을 한 번 보았습니다. 그곳은 유니버설 스튜디오라는 곳인데 그곳에는 여러 가지 영화 세트들이 있어서 신기한 장면들을 구경하게 됩니다. 십계명을 촬영했던 그 세트가 그대로 있어서 그곳을 지나갈 때마다 관람객들을 무척 즐겁게 합니다. 킹콩도 있고 여러 종류의 기구들이 있었는데 그곳에서 우리가 봤던 것 중에 제일 간단하고 제일 허망한 것은 모세가 바다를 건너가는 장면을 찍을 때 사용했던 장치였습니다. 조그마한 개울물이 흘러가는 곳에 장치를 해서 개울물이 밑으로 떨어지게 했습니다. 그래서 밑으로 물이 스며들어 갑니다. 그 조그마한 장난감을 크게 확대하여 촬영해서 그 영사 프로젝트를 배경으로 깔고 사람들이 그 앞을 지나게 하니까 꼭 물 벽 사이로 지나가는 것같이 보였습니다. 여러분, 한낱 영화감독 한 사람의 머리로도 홍해를 건너가게 했는데 왜 우리 하나님이 홍해를 건너가게 못하시겠습니까? 하나님이 말씀하셨으면 말씀하신 대로 믿어야지 한낱 인간이 하나님에 대해 무엇을 안다고 인간의 머리로 하나님을 설명하려고 합니까?

이스라엘 백성들 앞에서 홍해바다가 물 벽이 되어 갈라설 때 사람들 마음에 이것이 일시적인 현상이 아닐까 하고 움츠러들 수도 있습니다. 그러나 모세가 맨 앞에 앞장서서 나아갈 때 이스라엘의 모든 백성들은 모세를 따라서 그 홍해를 건너갔습니다.

그러나 놀라운 사실은 그 이스라엘 백성에게 구원의 장소였던 홍해바다가 애굽 사람들에게는 멸망의 무덤이었습니다. 이 원리는 성경의 여러 곳에 나타나 있습니다. 십자가의 도는 구원을 받는 사람에게는 하나님의 능력입니다. 그러나 멸망 받을 자에게는 십자가의 도가 미련한 것입니다. 하나님이 세상을 이처럼 사랑하사 독생자를 주셨습니다. 저를 믿는 자는 멸망치 않고 영생을 얻습니다만 하나님의 구원의 영광을 멸시하는 자는 멸망을 받습니다. 똑같은 장소인 홍해는 믿는 사람과 믿지 않는 사람의 분기점이 되었습니다.

우리 하나님께서 이 땅에 놀라운 구원을 홍해에서 베풀어 주셨습니다. 그래서 그들은 믿음으로 육지처럼 건널 수 있었습니다. 믿음이 있는 사람도 자기 앞에 홍해를 만납니다. 예수 믿고 나서 일이 잘못되면 내가 예수 믿지 않으면 좋았을 텐데 예수를 믿었기에 고통 받는 것이 아닌가 생각하는 분들도 있습니다. 예수 믿는 유익이 무엇인가 하고 회의를 갖는 사람들도 있습니다. 어떤 때는 하나님을 신뢰하는 우리의 신뢰가 흔들릴 때가 있습니다.

우리가 그런 문제 앞에 섰을 때, 우리 앞에 홍해처럼 펼쳐 있는 문제를 만났을 때, 내가 참으로 하나님을 신뢰하는 그리스도인이라면 그곳을 건너가기 위해서 나룻배를 기다릴 필요가 없습니다. 결코 나룻배는 안 옵니다. 그런가 하면 물결이 잠잠해질 때를 기다려 수영을 해서 건너갈 것을 기대하지 마십시오. 부질없는 시간 낭비입니다. 하나님께서 물을 말아 올리셔서 벽을 만드시고 평지처럼 길을 만드실 때 믿음으로 우리는 걸어 나가기만 하면 됩니다. 우리가 세상을 살 동안 이런 고통을 많이 당합니다. 그때마다 하나님의 약속을 믿고 나가시기 바랍니다.

이 하나님의 약속은 마치 출입구의 자동문과 같습니다. 자동문은 손잡이가 없습니다. 그래서 어떻게 하면 그 문을 열 수 있을 것인가

고민하고 연구해도 열리지 않습니다. 아라비안 나이트에 나오는 알리바바처럼 "열려라, 참깨" 소리를 질러도 안 됩니다. 그러나 입구라고 써 있는 표지판을 보고 믿음으로 나아가면 적당한 시점에서 자동문은 저절로 열립니다. 소리치지 않아도, 장풍을 날려 보내지 않아도 열립니다. 약속된 지점에 가면 문은 자동적으로 열립니다.

나의 인생에서 이제는 절망뿐이고 마지막이라고 생각될 때에 믿음으로 걸어가 보면 하나님께서 우리를 위해서 얼마나 큰 대로를 만들어 주셨습니까? 저는 우리나라의 역사를 볼 때도 또 요 근래에 일어나는 사건들을 볼 때도, 하나님께서 우리 앞에 얼마나 큰 대로를 열어주시는지 늘 기쁘고 하나님께 감사를 드립니다. 우리 앞에 개인적인 어려움들을 당할 때 우리가 어떻게 해야 하겠습니까?

저희 교회의 한 자매님은 생활의 긴장과 공허감 때문에 몹시 깊은 우울증과 신경쇠약에 걸렸습니다. 그러다가 우리 주님께 고통과 아픔에서 구해 달라고 간절히 기도할 때에 성령님께서 그에게 이사야 30장 15절 말씀을 주셨습니다.

"주 여호와 이스라엘의 거룩하신 자가 말씀하시되 너희가 돌이켜 안연히 처하여야 구원을 얻을 것이요 잠잠하고 신뢰하여야 힘을 얻을 것이어늘 너희가 원치 아니하고." 어떻게 하여야 힘을 얻는다고 말씀하셨습니까? "잠잠하고 신뢰하여야 힘을 얻을 것이어늘"이라고 했습니다. 내가 애쓰고 날뛴다고 힘이 주어지는 것이 아닙니다. 잠잠히 여호와를 기다리면서 그분을 바라보고 신뢰하여야 진정한 힘이 생깁니다. "믿음의 주요 온전케 하시는 이인 예수를 바라보라"는 말씀은 그냥 우리 삶의 모델로 예수님을 바라보라는 의미를 넘어서는 말입니다. "여호와를 앙망하는 자는 새 힘을 얻으리니"라고 말씀하셨습니다.

하나님을 바라볼 때에 세상이 주지 못하는 능력을 갖습니다. 세상이 알지 못하는 새로운 힘을 우리는 갖게 됩니다. 그래서 그 자매님이 여호와를 바라보기로 결심했습니다. 아침 일찍 가족들보다 30분 먼저 일어나서 10분 동안 하나님의 말씀을 깊이 묵상하며 읽었습니다. 그리고 10분 동안 그 말씀 속에 역사하는 하나님이 어떤 분이신가를 묵상합니다. 하나님의 영광을 사모했습니다. 그리고 하나님과 교제하는 기도의 시간을 가졌습니다.

아침마다 계속 창세기를 묵상했습니다. 그러나 그때까지도 그의 문제는 해결이 되지 않았습니다. 그러다가 우리가 지금 보고 있는 출애굽기 14장을 그가 읽게 되었습니다. 그가 깊이 이 본문을 묵상할 때, 하나님께서 이스라엘 백성 중 장정만 60만이라고 했으니까 전 식구를 합치면 이백만이나 되는 사람들 모두 바다를 통과하게 하셨다는 것을 보게 되었습니다. 그러다가 창세기 1장의 창조주 하나님과 이곳의 하나님이 같은 하나님이라는 것을 깨닫고 그 하나님께서 이 무수한 사람들로 홍해바다를 건너게 하셨다면, 그 수십만 백성을 건너게 하셨다면 나의 하루 가운데 어떤 홍해가 내 앞을 가로막든지 그분이 나를 완전하게 건너게 하시지 않겠는가 생각하게 되었습니다.

그가 그 하나님을 바라보며 신뢰하게 되었습니다. 그의 마음속에 하나님을 향한 믿음이 생겼습니다. 더 깊은 확신으로 나아갔습니다. 그 하나님께서 나의 생활 가운데 임재하신다는 감동을 느끼면서 하루를 시작하게 되었습니다.

외롭게 사는 인생이 아니라 여호와가 나의 목자가 되셔서 푸른 초장과 잔잔한 물가로 인도하실 뿐만 아니라 사망의 음침한 골짜기를 걸어갈 때 사람의 도움이 필요가 없게 될 때, 의사가 수술을 끝내고 최선을 다했으나 더 이상은 불가능하다고 말할 때도 나의 목자 되신 주님이 내 곁에 계시고 나와 함께하시는 그 은혜를 그가 묵상하게 되었습니다. 결국 그의 신경쇠약은 사라져 버렸고 영적으로 새롭고 풍성한 인격으로 그의 인생이 바뀌었습니다. 지금은 그가 다른 연약한 성도들을 일으켜 세워주는 단계에까지 자라서 그의 삶을 풍요하게 누리고 있습니다.

우리 하나님은 우리 인생의 모든 홍해를 육지처럼 건너게 하시는 능력의 하나님이십니다. 그 능력이 없었다면 애굽에서 나오게 하시지도 않았습니다. 안심하십시오. 여호와의 구원을 신뢰하십시오. 여러분 앞에 홍해가 가로놓여 있습니까? 그러나 그 홍해는 하나님이 어떤 분이시며 살아계신 하나님이 얼마나 영광스런 분이신가를 보여 주는 도구에 불과합니다. 하나님의 사람에게는 놀라운 영광의 기회입니다. 그런가 하면 두 번째로 이 홍해를 건너는 사건 속에서 하나님의 자비를 체험할 수 있습니다. 이스라엘 백성은 홍해를 건널 때 처음에는 두려워했습니다. 원망도 했습니다. 도대체 이들은 믿음을 가진 사람들인가 비웃을 수밖에 없는 연약하기 짝이 없는 믿음이었습니다.

그러나 하나님은 무엇이라고 말씀하셨습니까? 모세가 믿음으로 홍해를 육지같이 건넜다고 말씀하시지 않았습니다. 자비의 하나님, 은혜의 하나님께서는 연약한 그들의 믿음을 보시고도 '저희가 믿음으로' 홍해를 건넜다고 말씀하셨습니다. 우리 하나님의 풍성하신 자비를 볼 수 있습니다. 나는 너무 연약한 믿음, 늘 흔들리는 믿음, 늘 좌절하는 믿음을 가졌다고 자학하시는 분이 계십니까? 안심하십시오. 일어서십시오. 우리 하나님께서는 아무리 연약한 믿음이라도 비록 인간이 보기에는 초라한 믿음이라도, 하나님께서는 믿음의 열전에서 저희가 믿음으로 홍해를 육지같이 건넜다고 영광스럽게 기록하셨습니다.

내가 한 일은 주님 앞에 작은 일밖에 없습니다. 누추한 일밖에 없습니다. 인간적으로 보면 우리 주님을 실망시켜 드린 일밖에 없습니다. 그럼에도 불구하고 주님께서는 사랑의 눈으로 나를 보시되 "인자와 긍휼로 관을 씌우셨도다"하고 고백한 다윗의 노래처럼 우리를 향해서 차가운 비판의 눈으로 보시지 않고 인자와 긍휼의 눈으로 보시는 하나님이십니다. 나의 평생에 선하심과 인자하심이 언제나 내 뒤를 따르도록 하시는 놀라운 자비의 하나님이십니다. 이 은총과 이 자비가 우리의 것이 아닙니까?

목사인 저도 제 자신을 보면 '네가 정말 하나님을 믿느냐.' 반문할 때가 있습니다. 내가 나를 볼 때도 너무 초라해서 보기 싫을 때가 있습니다. "저희가 믿음으로 홍해를 육지같이 건넜으며." 제가 이 말씀을 묵상할 때에 이 구절의 영광을 나의 것으로 주십니다. 이 부족하고 연약한 나를 연약한 대로 보시지 않고 부족한 대로 보시지 않고 마치 아비가 자식을 불쌍히 여김같이 깊은 사랑으로 돌보시는 하나님의 뜨거운 사랑의 눈을 우리가 생각해 봅시다.

마지막으로 "믿음으로 저희가 홍해를 육지같이 건넜다"는 이 말씀을 통해서 공동체라는 것이 얼마나 소중한 것인가를 생각해 보겠습니다. 사실은 이스라엘 백성이 홍해를 건널 때 진짜 믿음을 가지고 앞서 나간 사람은 몇 사람밖에 안 되었습니다. 그렇지만 그 무리가 같이 갔기 때문에 "저희가 믿음으로 건넜다"고 기록하고 있습니다.

그러나 이것과 정반대 되는 사건도 있었습니다. 이스라엘이 가나안 땅에 들어가 큰 성 여리고를 정복한 뒤 그보다 작고 보잘것없는 아이

성은 문제없이 무너뜨릴 수 있을 것이라고 생각했습니다. 눈 깜짝할 사이에 삼킬 수 있을 것이라고 판단했습니다.

그러나 그들은 아이 성에서 참패했습니다. 그래서 왜 패배했는지 이유를 알아본즉 아간이라는 사람이 하나님의 명령을 거역하고 불순종의 죄를 범해서였습니다. 그 한 사람의 죄 때문에 전 이스라엘은 고통을 받았습니다. 우리가 평가를 받을 때 나의 개인적인 평가도 있지만 내가 소속된 단체의 평가도 내가 같이 등에 업고 살게 됩니다. 가령, 해외를 나가게 되면 매년마다 한국에 대한 평가가 달라지는 것을 봅니다.

한국이라면 코웃음 치던 사람들이 이제는 어디를 가보아도 한국을 예전과 다르게 봅니다. 아마도 대한민국을 가장 낮게 평가하는 사람은 우리나라의 대학생들밖에 없는 것 같습니다. 세계 어디를 가 보아도 대한민국을 바라보는 시선이 많이 달라지고 있습니다. 물론 우리에게 약점도 있고 부족함도 있지만 우리의 시작이 어떠한 수준에서부터였던가를 회고해 보면 우리에 대한 평가를 함부로 말할 수 없습니다. 우리나라가 어디에서부터 시작했는지 여러분도 잘 아실 것입니다. 전쟁 후의 잿더미와 허허벌판에서 시작해서 오늘 여기에 이르기까지 발전했습니다.

역사라는 것은 어느 한 순간에 갑자기 점핑하는 것이 아닙니다. 과정 속에서 역사는 자라는 것입니다. 참으로 매년마다 해를 거듭할수록 한국에 대한 세계의 평가가 달라지는 것을 느낍니다. 내가 이 공동체의 평가를 같이 받습니다.

이 원리를 좁혀서 생각해 보면 이 교회 공동체의 축복을 우리가 함께 누릴 수 있습니다. 우리 교회가 지금 선교사를 파송하여 지원하고 있습니다.

그러나 성도님들 가운데 어떤 분들은 왜 국내에도 어려운 형편의 교회가 많은데 해외까지 선교사를 보내느냐고 반대를 하십니다. 그럼에도 불구하고 열심히 파송하였습니다. 그러면 우리 교회의 몇 사람만 선교사를 도왔다고 합니까? 아닙니다. 우리 교회의 전 성도들이 선교사를 도왔다고 선교사들도 생각하고 또 우리 주님께서도 그렇게 생각하실 것입니다.

"믿음으로 저희가 홍해를 육지같이 건넜으나." 믿음으로 홍해를 육지같이 건넌 사람들은 "저희"라고 말합니다. 나만이 아닙니다. 우리입니다. 이것 때문에 우리가 서로를 위해서 기도해 주어야 합니다. 여러분들은 바로 이것 때문에 장로님들을 위해서 기도해 주셔야 하고 이것 때문에 집사님들과 구역장님들을 위해 기도해 주셔야 합니다. 이것 때문에 목회자들을 위해서 기도해 주셔야 합니다. 나 혼자가 아닙니다. 우리입니다. "저희"라고 하셨습니다.

성경에는 "우리"의 원리가 얼마나 많은지 모릅니다. 하늘에 계신 "나의 아버지"라고 가르치지 않고 하늘에 계신 "우리 아버지"라고 말합니다. "내가" 아직 죄인 되었을 때 그리스도께서 나를 위하여 십자가에 죽으셨다고 말하지 않고 "우리가" 아직 죄인 되었을 때에 그리스도께서 "우리를" 위하여 십자가에 죽으셨다고 했습니다. 이 "우리" 속에는 내가 못마땅하게 생각하는 자들도 포함될 수 있고 나의 마음에 안 드는 사람도 있을 수 있습니다.

그 속에는 우리 모두가 포함됩니다. 그 사람을 위해서 예수 그리스도께서 십자가에 죽으심으로 하나님의 사랑을 확증하셨습니다. 그런고로 우리는 이웃을 미워할 수가 없습니다. 사랑해야 합니다. 서로를 위해서 기도해야 합니다.

하나님께서 십자가에서 확증한 사랑이 나에게뿐만 아니라 그 형제자매들에게도 같이 있기 때문입니다. 교회를 위해서 기도해 주십시오. 서로가 서로를 위해서 기도하시기 바랍니다. 한국 교회를 위해서 기도해야 할 이유가 여기 있습니다. 아니 영국 교회를 위해서 기도해야 할 이유가 바로 여기 있습니다. 성경에 "우리가……"라고 하였기 때문입니다. 요즘 영국에서는 기독교인들의 숫자가 자꾸 줄고 모슬렘들만 급증하고 있습니다. 영국 교회를 위해서 기도해 주시기 바랍니다. 기도 때마다 기억해 주십시오. "우리가 아직 죄인 되었을 때에"라고 하였기 때문입니다. 하나님께서 우리 공동체를 통해서 역사하시고 은혜 주심이 큽니다. 그러므로 내 가족을 사랑하는 것처럼 교회를 사랑하십시오. "우리가……" 이 단어를 기억합시다. 히브리서 11장에 나타난 이스라엘의 믿음을 봅시다. 모세의 믿음이라고 하지 않았습니다. "믿음으로 저희가 홍해를 육지같이" 건넜습니다. 주께서 우리에게 주신 귀한 은혜, 공동체로 부르신 은혜가 참으로 큽니다.

믿음의 사람들

제17강

정복하는 믿음

> "
> 믿음으로 칠 일 동안 여리고를 두루 다니매
> 성이 무너졌으며
> (히 11:30)
> "

똑같은 신앙을 가지고 같은 교회를 다니면서도 어떤 사람은 하나님의 그 풍성한 축복을 삶 전체로 누리는 사람이 있는가 하면, 똑같은 교회에서 훈련을 받고 있으면서도 하나님의 풍성하신 약속을 자기 삶에 적용하지 못해서 자기 자신이 생각해도 과연 예수를 믿는다는 것이 무슨 의미가 있는 것일까 의심하는 사람이 있습니다. 무엇이 사람들로 하여금 두 가지 종류의 삶을 살도록 할까요?

가나안 복지하면 우리들은 일반적으로 천국을 생각합니다. 가나안 복지는 천국의 표상이라고 생각합니다. 그럴 수밖에 없는 것이 장례식 때 자주 부르는 찬송이므로 믿지 않는 사람들도 많이 기억합니다. 그러나 또 한 가지 이유는 죽음에 대한 공포감이나 신비감 때문에 기독교인들이 죽을 때에 부르는 찬송가가 마음 깊숙이 남아 있기 때문인지도 모릅니다.

하여튼 이 찬송가 가사를 읽어보면 요단강은 죽음을 상징하고 가나안 복지는 요단강을 건넌 후의 천국을 상징하는 표상으로 나타나 있습니다.

또 "나 가나안 복지 귀한 성에 들어가려고 내 중한 짐을 벗어 버렸네." 이 찬송도 가나안 복지를 천국의 한 예시로 본 찬송입니다. 또 "저 요단강 건너가서 주의 얼굴 뵈오리"와 흑인 영가 중 "깊은 강" 등이 요단강을 죽음으로 보고 가나안을 천국으로 생각하며 부른 찬송입니다.

그러나 성경을 자세히 살피면 가나안 복지는 천국의 표상이 아닙니다. 그곳은 구원받은 성도들이 누리는 기업의 표상일 뿐입니다. 가나안 복지에는 천국에서 일어날 수 없는 사건들이 계속 일어나고 있습니다. 그 땅에 전쟁이 있습니다. 그 땅에 불완전한 것들이 있음을 우리는 볼 수 있습니다. 그러나 천국은 완전한 땅입니다.

성경은 에베소서 1장 3절에 "그리스도 안에서 하늘에 속한 모든 신령한 복으로 우리에게 복 주시되"라고 했습니다. 하나님은 우리에게 풍성한 기억을 주셨다고 말합니다. 그래서 예수 그리스도 안에 있는 우리는 세상과 다른 삶을 삽니다. 예를 들면, 세상의 난리의 소식이 우리 주변에서 늘 끊이지가 않습니다. 군인들이 탈주하는가 하면 학생들이 데모를 하고 또 이북과의 관계도 어떻게 진전될지 모르는 상황입니다. 우리 주변에 늘 여러 가지 어려운 상황들이 놓여 있습니다마는 우리 그리스도인들은 하늘의 신령한 복을 누리며, 이 세상에서 하나님의 자녀로서 기업을 누립니다.

'내가 너희에게 평안을 끼친다. 이 평안은 세상이 주는 것 같지 않은 평안이다. 너희는 마음에 근심하지 말고 걱정하지 말라'고 주께서 말씀하십니다. 주께서만 주시는 평화, 세상이 주는 것과는 근본적으로 다른 평화가 성도들의 심령 속에 있습니다. 그리스도가 내 심령 속에 들어오신 후에 환경은 조금도 달라지지 않았지만 내 마음에 평화가 넘칩니다. 주께서 '내가 너희에게 이 말을 이름은 너희 속에 기쁨으로 충만히 채우기 위해서'라고 말씀하셨습니다. 세상과 다른 기쁨이 우리에게 있습니다.

내 마음에 주신 기쁨은 곳간에 곡식이 가득 차고 포도즙 틀에 포도가 가득 찬 그때보다 더합니다. 아니, 우리 그리스도인들의 기쁨은 비록 무화과나무가 무성치 못하고 감람나무에 열매가 없고 밭에 식물이 없고 외양간에 소가 없고 우리에 양이 없을지라도 여호와를 인하여 즐거워하며 그 구원의 하나님을 인하여 찬송합니다. 이것이 우리 성도들이 누리는 기쁨입니다. 이 말씀은 성도의 행복과 기쁨과 평안은 세상의 환경이나 소유나 여건이 결정하지 못하고 오직 하나님께서 주실 수 있다는 사실을 확증해 줍니다. 이것을 어떤 그리스도인들은 풍성히 누립니다. 그러나 어떤 그리스도인들은 도무지 믿지 못합니다. 우리의 감정에 따라, 환경에 따라, 여건에 따라, 형편에 따라 치우쳐서 살아가는 무수한 인생들이 있습니다.

풍성한 약속과 그 기업들을 우리가 믿음으로 붙잡기만 한다면, 믿음으로 정복하기만 한다면 우리는 그것을 누리게 됩니다. 그래서 이 삶은 전투적인 삶입니다. 도전하는 삶입니다. 가만히 있는 삶이 아니라 날마다 성장하는 삶입니다.

물론 때로는 패배할 때도 있고 낙심할 때도 있습니다마는 그러나 그리스도 안에서 이 풍성한 삶을 살게 됩니다. 이 삶은 항상 하나님의 약속을 믿음으로 누립니다. 그러나 많은 그리스도인들이 승리의 삶을 살지 못하고 우리 하나님의 약속과 그 축복의 땅을 정복하지 못하고 사는 경우가 너무 많이 있습니다.

이스라엘 백성이 이미 옛날에 가나안도 정복하고 여리고와 아이 성도 점령을 했어야 했습니다. 그런데 이 사람들이 가나안 땅을 사모하는 것보다 애굽의 음식을 더 많이 생각하고 하나님의 말씀에 귀를 기울이는 것보다 과거 애굽의 노예생활을 더 그리워하였습니다. 그래서 그들이 정복하기 위해서 경주해야 할 노력들과 믿음의 순종을 하지 않고 전투 없는 삶을 계속 살았기에 40년 동안이나 헛되이 세월을 허비했습니다.

이처럼 우리도 광야에서 유리하는 이스라엘 백성같이 살 때가 얼마나 많은지 모릅니다. 애굽 백성들이 그들의 노예인 이스라엘 백성들을 왜 내놓아야 했습니까? 그것은 이스라엘 백성들의 믿음 때문이었습니다. 어떻게 홍해가 이스라엘 앞에서 장애가 되지 못했습니까? 믿음 때문에 장애가 될 수 없었습니다. 어떻게 흐르던 요단강 물이 흐르기를 멈추고 이스라엘 백성에게 길을 내주었습니까? 그것은 믿음 때문이었습니다. 믿음으로 이스라엘 백성들은 계속 행진을 했습니다. 믿음으로 믿음에 이르렀습니다. 믿음은 그리스도인들의 시작이고 믿음은 그리스도인들의 마지막입니다. 믿음으로 우리들은 구원받을 뿐 아니라 믿음으로 우리는 도전해서 주께서 약속하신 것들을 정복하여 누려야 합니다. 그러므로 우리들은 마음속에 늘 두 가지 질문을 스스로 해 보아야 합니다.

첫째는 내가 과연 믿음으로 구원을 받았는가? 내가 진실로 예수 그리스도의 구원을 의지하는 믿음을 가졌는가? 믿어도 복 받기 위해서, 건강을 소유하기 위해서 믿는 사람들이 있습니다. 참으로 구원을 위해서 예수 그리스도를 신뢰하는가, 참된 믿음을 가졌는가, 그래서 구원을 얻었는가를 질문해 보아야 합니다.

두 번째로는 하나님께서 약속하신 그 축복을 과연 지금 누리고 있는가를 내게 물어야 할 것입니다. 이스라엘 백성이 하나님께서 약속하신 그 땅을 향해서 나아갈 때 난공불락의 여리고 성이 그 앞을 가로막고 있었습니다. 그 성을 무너뜨리는 데 동원할 수 있는 인간적인 수단이 전혀 없었습니다. 백성들이 성벽을 타고 올라가서 성을 침공할 수 있도록 훈련시키지 않았고 공격에 필요한 도구도 갖추지 않았습니다. 그러나 그것이 하나님의 기회가 될 줄로 믿었습니다.

그런데 40년 전에 똑같은 이 가나안 땅을 둘러본 사람이 있었습니다. 12명의 정탐꾼입니다. 모세가 그 땅을 정탐하기 위해 12명의 스파이를 보냈었습니다. 그들이 돌아와서 보고합니다. 그 땅의 거민들은 강하고 성읍들은 견고하여 심히 클 뿐만 아니라 거기에서 아낙 자손을 보았는데 우리는 그들에 비하면 마치 거인 앞에 메뚜기와 같다고 하였습니다.

이들이 자기 스스로를 메뚜기로 자처했습니다. 그러면서 결론 내리기를 '우리는 능히 올라가서 그 백성을 치지 못합니다. 그들은 우리보다 강합니다.' 이것이 결론이었습니다. 이 사람들은 상식으로 대답했습니다. 신앙은 상식을 무시하지 않습니다. 가령, 믿음의 사람 아브라함이 자기가 백세 되었을 때에 자기 몸의 죽은 것을 알았습니다. 구십세 된 자기 아내 사라의 태가 닫혀서 자식을 못 낳을 것을 잘 알았습니다.

상식을 무시하는 것이 기독교의 특징은 아닙니다. 상식을 무시하는 것은 미신입니다. 그러나 기독교는 상식의 수준에 머무르지 않습니다. 거기서 한 걸음 더 나아갑니다. 이 아브라함은 자기 몸의 죽은 것 같음도 사라의 태가 닫힌 것도 알았지만 한 가지 더 전능하신 하나님을 알았습니다. 그분의 능력을 알았습니다. 이것이 믿음입니다. 우리 앞에 보이는 것이 전부가 아니라는 것을 알았습니다. 상식과 정직이 함정이 되어서 우리 하나님을 바라보지 못하게 만든다면 그 상식과 정직은 잘못된 것입니다.

가련한 장님의 상식이고 장님의 정직입니다. 정탐꾼들은 정직하게 말했고 상식으로 보고했습니다. 그렇습니다. 그 큰 성을 깨뜨려 부술 계책이 그들에게는 없었습니다. 그러나 여호수아는 그들보다 한 가지 더 가진 것이 있었습니다. 자기와 동행하시며 총사령관 되시는 전능하신 여호와가 어떤 분이신지를 알았습니다. 이스라엘 백성들은 하나님이 애굽 땅 바로의 큰 세력에서 그들을 구원해 내신 이유가 가나안 복지에 들어가 대적들을 정복하고 하나님이 약속하신 축복의 기업들을 누리도록 하기 위함이었다는 사실을 잊어버렸습니다.

이스라엘 백성이 가나안 땅까지 들어가서 여리고 성을 점령도 못해 보고 망하게 하기 위해서 하나님이 홍해를 가르셨겠습니까? 이 정탐꾼들은 믿음으로가 아니라 그저 육신의 눈으로 보는 것으로 끝내고 말았습니다. 이 사람들이 잘 못 보았고 그 잘 못 본 것을 온 이스라엘 백성들이 잘못 믿음으로 말미암아 그들은 자신들을 메뚜기라고 말했던 것처럼, 광야에서 40년 동안 유리 방황하다가 메뚜기처럼 다 죽었습니다.

결국 하나님께서 새 땅에 들어가게 하셨습니다. 여호수아 1장 3절에 "너희 발바닥으로 밟는 곳을 내가 다 너희에게 주었노니"라고 말씀하셨습니다. 주께서 우리에게 그 땅을 누릴 만한 전투력을 요구하십니다. 또 말씀하시길 여호수아 6장 2절에서 여리고 성 앞에 선 이스라엘 백성에게 "여호와께서 여호수아에게 이르시되 보라 내가 여리고와 그 왕과 용사들을 네 손에 붙였으니"하였습니다.

주께서 이미 주셨다고 말씀했습니다. 단지 여호수아는 이 명령을 따르기만 하고 그 성이 하나님의 것이라고 믿음으로 주장하기만 하면 된다는 말씀입니다. 여리고 성이 아무리 웅장하고 큰 성이라 할지라도 이미 빼앗긴 성이나 다름이 없습니다.

이스라엘은 이제 하나님께서 확보해 주신 승리를 얻기 위해서 어떤 방법이든지 하나님이 말씀하신 방법을 따르기만 하면 됩니다. 그 계획에 순종하기만 하면 되는 것입니다. 그 방법은 엿새 동안 하루에 한 바퀴씩 성 주위를 도는 것입니다. 그리고 마지막 날 제칠일에는 일곱 바퀴를 다 돌고 난 후 큰 소리로 함성을 지르고 모든 이스라엘의 나팔을 크게 부는 것이었습니다. 이들은 전략을 짜거나 군사훈련을 하거나 무기를 전혀 휘두르지 않았습니다. 어리석은 방법 같으나 믿음의 방법을 택했습니다. 믿음은 어리석게 생각될 때도 있지만 그러나 염려하지 않습니다.

우리 하나님께서는 세상의 약한 자들로 지혜 있는 자들을 파하십니다. 세상의 약한 것들로 강한 자를 부끄럽게 하시는 하나님이십니다. 그래서 하나님께서는 연약한 모세의 지팡이를 통해서 역사상 한 번밖에 없는 사건, 노예가 스스로 노예의 결박을 풀어버린 그 사건을 이루셨습니다. 한 작은 소년의 돌멩이 하나로 블레셋 군대를 쳐서 물리쳤습니다. 아니, 우리 주님은 세상 사람들이 저주하고 당시에 최고의 수치로 생각한 십자가로 온 세상을 구속하시고 모든 죽음을 이기셨습니다. 하나님의 방법은 어리석게 보입니다. 그러나 믿음은 어리석게 보지 않습니다. 여리고의 승리는 하나님을 믿는 믿음으로 얻은 승리였습니다. 그러면 여리고 성을 정복하는 믿음은 어떤 믿음입니까?

첫째는 순종하는 믿음입니다. 믿음은 언제든지 순종이라는 결론을 갖습니다. 믿음은 깊은 생각이 아닙니다. 믿음은 깨달음이 아닙니다. 믿음은 우리에게 순종을 요구합니다.

헨리 드루먼트라는 성도는 이렇게 말합니다. "하나님의 뜻을 찾는 도구는 순종이고 그 뜻을 이루게 하는 것도 순종이다."

하나님을 신뢰하는 사람은 순종합니다. 빛이 있으면 반드시 그림자가 따르듯이 참된 믿음에는 반드시 순종이 따릅니다.

두 번째로 그들의 순종은 평범한 순종이었습니다. 무슨 말입니까? 지금 이 사람들이 명령 받은 것은 여리고를 열세 바퀴 돌라는 것이었습니다. 이 사람들이 어떤 사람들입니까? 그들은 순례자입니다. 어느 정도로 순례에 이력이 난 사람들인가 하면 40년 동안이나 걸어 다녔던 사람들입니다. 그 사람들에게 특이하고 비범한 것을 요구하지 않았습니다. 날마다 걷던 그 걸음을 주님 앞에 드리라고 말합니다. 평범한 것에 순종하라고 말합니다. 우리들이 생각하기에 하나님의 큰 능력을 체험하려면 영웅적인 순종을 하거나 특별한 순종을 하여야 하나님의 능력이 나타난다고 생각합니다.

제가 40일 금식기도를 무시하는 것은 아닙니다마는 40일 금식 기도를 미신적으로 생각하는 것은 안 된다고 생각합니다. 어떤 사람은 산에서 기도하는데, 절벽에서 외다리로 서서 기도하는 사람을 보았습니다. 그렇게 불안하게 기도를 드려야 하나님이 들어주신다고 생각하기 때문입니다. 그러나 그것은 하나님을 시험하는 것밖에 되지 않습니다. 겸손히 무릎을 꿇고 기도하면 하나님이 잘 들어주실 텐데 절벽에서 외다리로 서서 기도하는 것이 얼마나 사람들을 불안하게 하고 또 하나님을 불안하게 하는 행동입니까? 우리 주님께서 우리에게 순종을 요구하실 때는 언제나 일상적이며 평범한 우리의 삶으로 순종하기를 요구하십니다.

예수님이 첫 번째 기적을 베푸신 곳은 가나 혼인 잔칫 집이었습니다. 예수님이 그 곳에서 무엇을 명령하셨습니까? 이스라엘의 하인들은 두 가지 일을 합니다. 그중 하나는 장작을 패는 일과 물을 긷는 일이었습니다. 물을 긷는 일은 하인들이 밤낮 하는 일이었습니다. 그래서 하인들은 불평을 할 수도 있었습니다. 내가 지금까지 계속 물을 길어 부었지만 아무 일도 안 일어났는데요? 계속 해왔던 일인데 무슨 특별한 일이 일어나겠습니까? 이렇게 말할 수 있었습니다. 그러나 그럼에도 불구하고 그들이 주님의 말씀을 따라 순종했더니 물이 포도주로 변했습니다.

여기서도 마찬가지입니다. 이제까지 40년 동안이나 돌아다녔던 이스라엘 백성들입니다. 그러나 지금은 다르게 돕니다. 어떻게 다릅니까? 하나님의 약속을 붙잡고 돕니다. 하나님께서 열세 바퀴를 돌라고 명령했습니다. 평범한 일입니다. 그렇지만 주의 약속을 믿고 자기의 평상적인 삶을 주 앞에 드립니다.

제가 목사로서 여러분에게 고백할 것이 하나 있다면 제 삶에 있어서 주님 앞에 순종할 때에 금식기도나 특별기도, 철야기도에 실패하는 경우보다 날마다 일상적인 삶에서 주님 앞에 실패하는 것이 저의 모든 실패의 대부분입니다. 이 실패 때문에 제가 얼굴을 들지 못하고 우리 주님 앞에 죄인이라고 고백하지 않을 수가 없습니다. 우리의 실패와 실수, 우리의 불순종이 특별한 데에 있지 않습니다. 며칠 동안의 금식기도에서는 승리할 수 있습니다. 그러나 날마다의 내 삶, 내 자녀와의 관계에서, 또 내 주변 사람들과의 관계에 실패하는 것이 나에게 아픔이고 수치이고 고통입니다.

우리의 순종이 크고 대단해서 주님이 위대한 일을 행하시는 것이 아니라 주님께서 전능하시기 때문에 큰일을 행하시는 것입니다. 주님은 우리에게 어린아이가 날마다 도시락으로 갖고 다녔던 물고기 두 마리와 보리떡 다섯 덩이를 요구하셨지, 빵공장에 가서 많은 양의 빵을 가져오라고 하시지 않았습니다. 그것만 달라고 하셨습니다. 너무나 작고 평범하고 인간적으로 봤을 때 하찮은 것입니다마는 일상적인 삶에서 주님께 순종할 때 주님이 그 삶에 능력을 베푸십니다.

40년 동안이나 광야 길을 걸어왔던 이스라엘 사람들에게 열세 바퀴를 돌라고 말할 때 그들은 40년이나 돌았지만 아무 일도 일어나지 않았다고 반박할 수 있었습니다. 그렇지만 그들은 하나님의 약속을 확실히 신뢰하고 신실하게 붙잡았습니다. 마치 갈릴리 가나의 혼인 잔칫 집에서 마리아가 가르쳐 줬던 위대한 비밀에 하인들이 순종한 것과 같습니다. 가장 평범한 삶이지만 주 앞에 순종했습니다. 그때 여리고는 무너졌습니다. 그리고 마지막으로 한 가지 더 생각해 볼 것은 그들은 순종하되 끝까지 순종했다는 사실입니다.

이스라엘 백성이 여리고 성을 한 바퀴 돌았는데 아무 기미가 보이지 않았습니다. 두 바퀴 돌았는데도 바람 한 점 안 불었습니다. 우리 생각에 한 바퀴를 돌면 바람이 심상치 않게 불고 다섯 바퀴쯤 돌면 지진이 일어나기 시작하고 몇 바퀴 돌면 폭풍우가 밀어 닥치고 열한 바퀴째에는 땅이 갈라지고 집마다 지붕이 내려앉고 열두 바퀴째에는 기둥과 서까래가 무너지고 열세 바퀴 돌면 성이 완전히 무너졌으면 좋겠는데 열두 번을 돌아도 성은 그대로 건재했습니다. 그러나 그들은 끝까지 순종했습니다.

엘리사가 나아만 장군에게 요단강에 들어가서 몸을 일곱 번 씻고 나오라고 명령했을 때도 마찬가지입니다. 나아만이 속으로 이렇게 생각했을 수도 있습니다. 물속에 한 번 들어갔다 나오면 문둥병이 상피병으로 바뀌고 두 번 들어갔다 나오면 상피병이 습진으로 바뀌고 네 번째 들어갔다 나오면 여드름으로 바뀔 것이라고 생각했을 수도 있습니다. 그러나 성경에는 그렇게 기록되어 있지 않습니다. 여섯 번 들어갈 때까지 조금의 변화도 없었습니다.

일곱 번을 온전히 순종할 때 그 살이 어린아이 살과 같이 되었다고 말합니다. 성경에 이와 같은 종류의 사건은 얼마든지 있습니다. 여러분, 순종을 하되 끝까지 하십시오. 왜 1월 1일에는 거창한 서원을 가지고 시작했다가 12월이 되어 돌아보면 하나님 앞에 약속한 순종들이 무너져 있습니까? 계속 순종하시되 주께서 온전히 그것을 이루실 때까지 순종하십시오. 순종을 끝까지 해야 됩니다. 이렇게 순종할 때 그 큰 성은 무너졌습니다. 굳게 닫혀 있던 여리고 성이 훼파되었고 이스라엘 대군 앞에 여지없이 무너졌습니다.

지금까지 우리가 이 사건을 보아왔습니다. 그러나 지금부터는 여러분의 차례입니다. 여러분의 여리고 성은 무엇입니까? 그 여리고가 내 환경일 수 있습니다. 내가 가졌던 실패의 경험이 여리고가 될 수 있습니다. 그것만 생각하면 내 기쁨이 사라지는 것이 있습니다. 그 환경만 생각하면 주께서 주신 이 평안과 풍성한 축복을 누릴 수가 없고 하나님의 자녀 된 영광을 누릴 수 없다고 핑계대는 여리고가 있습니다. 인간 관계의 여리고가 있습니다.

그 사람만 없으면 행복할 것 같습니다. 아니 내 성품 속에 여리고가 있습니다. 내 성질 속에 여리고가 있을 수 있고 내 삶의 스타일 속에, 습관 속에 여리고가 있을 수 있습니다. 저는 모르지만 여러분은 여러분의 여리고를 압니다.

바로 그것 때문에 그리스도인의 풍성한 축복과 특권을 누리지 못합니다. 그 여리고 앞에서 먼저 조용히 우리 주님을 만나야 합니다. 요단강을 건너고 여리고를 향해서 진격하는 여호수아 앞에 여호와의 군대장관이 나타났습니다. 그때 여호수아가 '너는 누구냐? 너는 우리 편이냐 적군 편이냐' 고 물었습니다. 여호와의 군대장관이 말합니다. '둘 다 아니다. 나는 단지 여호와의 군대장관으로 왔느니라.' 하였습니다.

저는 이 말씀을 대할 때마다 유명한 에이브러햄 링컨의 기도가 생각납니다. 흑인 노예 해방전쟁 때에 전황이 나빠져서 고민하는 링컨 대통령에게 북군의 교회 지도자들이 찾아왔습니다. "각하, 우리는 늘 북군을 위해서 기도하고 있습니다. 하나님이 우리 편이 되어 달라고 기도합니다." 그때 링컨이 "목사님, 하나님이 우리 편이 되어 달라고 기도하지 마시고 우리가 하나님의 편에 서게 해달라고 기도합시다."

똑같은 말인 것 같은데 동이 서에서 먼 것과 같이 다릅니다. 우리들은 대부분 하나님을 우리 편으로 만들려고 합니다. 그래서 하나님을 우리의 축복을 받아내기 위한 도구로 사용하려고 합니다. 아닙니다. 하나님께서 우리 편이 되면 어린 꼬마가 자기 엄마를 등에 업는 것과 같습니다. 위치가 바뀌어야 합니다. 우리가 하나님의 편에 서야 합니다.

여호와의 군대장관이 말합니다. '아니라, 나는 너희 편도 아니고, 너희 적의 편도 아니다. 나는 단지 여호와의 군대장관' 이라고 말합니다. 여호와의 군대장관으로 오신 살아계신 하나님을 만납시다. 우리의 출발은 하나님을 만남으로부터 시작돼야 합니다. 문제가 있으십니까? 고통이 있으십니까? 여러분을 괴롭히는 거대한 여리고가 있습니까?

먼저 우리가 바라보아야 할 것은 하나님이십니다. 그때 여호와이신 군대장관은 말합니다. 네가 선 곳은 거룩한 곳이니 네 발의 신을 벗으라고 말합니다. 모세가 하나님을 만났을 때와 똑같은 명령을 합니다.

하나님은 언제나 우리 마음의 중심으로부터 나오는 찬양을 받으셔야 합니다. 경배의 대상이십니다. 영광의 대상이십니다. 그분 앞에서 우리의 존경의 표시로 발에 신을 벗어야 합니다. 당시의 중동 사람들의 풍습에는 자기가 참으로 존경하는 사람 앞에서는 신발을 벗었기 때문입니다. 네가 참으로 높여야 될 분은 주님이시다. 네가 참으로 영광을 돌려야 될 분은 주님이다. 우리의 출발은 여기서부터 시작되어야 합니다. 그리고 그의 말씀하시는 방법을 따라야 합니다. 싸움의 전략과 전투 계획은 그분의 말씀에서 찾아야 합니다. 그것이 어리석게 보일 수도 있습니다. 그 말씀이 우리에게 우스꽝스러울 수 있습니다. 그러나 그렇기 때문에 믿음이 필요한 것입니다. 결과에 상관없이 순종하는 믿음이 필요합니다. 주께서 이렇게 말씀하셨습니다. "너희가 환난을 당하나 담대하라 내가 세상을 이기었노라"(요 16:33).

그분은 십자가에 죽으심으로 죽음을 이기셨습니다. 승리하였습니다. "우리의 싸우는 병기는 육체에 속한 것이 아니요 오직 하나님 앞에서 견고한 진을 파하는 강력이라"(고후 10:4). 그분의 방법은 육의 방법이 아닙니다. 하나님을 찾으십시오.

저는 여러분이 구체적으로 당하는 여리고를 어떻게 격파해야 할지 하나하나를 다 말씀해 드릴 수가 없습니다만 하나님을 바라보고 그의 방법이 무엇인가를 말씀 속에서 찾으십시오. 염려, 걱정이 생길 때는 "아무것도 염려하지 말고 오직 모든 일에 기도와 간구로, 너희 구할 것을 감사함으로 하나님께 아뢰라 그리하면 모든 지각에 뛰어난 하나님의 평강이 그리스도 예수 안에서 너희 마음과 생각을 지키시리라"(빌 4:6-7)는 주의 말씀을 따라 주의 방법을 따르십시오. "너는 내게 부르짖으라 내가 네게 응답하겠고 네가 알지 못하는 크고 비밀한 일을 네게 보이리라"(렘 33:3)고 약속하십니다. 기도함으로 나아가시기 바랍니다. 주의 말씀이 우리를 인도해 주신다고 약속하십니다. 여리고는 무너집니다. 우리 앞의 거대한 여리고가 이 세상에서 완전히 무너지는 날이 있습니다.

"주께서 호령과 천사장의 소리와 하나님의 나팔로 친히 하늘로 좇아 강림하시리니"(살전 4:16). 이스라엘 백성이 마지막 성을 돌고 나서 여리고를 향해 최후로 크게 외치고 나팔을 불 때에 성이 완전히 무너진 것처럼, 이 세상의 모든 부패와 악이 마지막으로 우리 앞에서 무너지는 날이 있습니다.

그때에는 거룩한 성, 새 예루살렘이 하늘에서 내려오니 마치 그 예비한 것이 신부가 신랑을 위하여 단장한 것같이 조금도 부족함이 없이 완전한 약속의 유업을 우리에게 주실 것입니다.

거기는 곡하는 것도 없고 아픈 것도 없고 다시는 이별이 없습니다. 우리를 위해서 그 날을 마련해 놓으시고 여리고 성이 우리 앞에서 완전히 무너지는 날을 우리의 완전한 승리의 날로 정하셨습니다. 그 날을 기다리는 우리 성도가 이 땅에서도 하나님의 약속의 말씀을 붙잡고 나의 삶을 날마다 승리의 삶으로 누리며 여리고 성을 파하여 하나님의 영광을 드러내는 복된 삶이 되시기를 주님의 이름으로 축원합니다.

믿음의 사람들
제18강

라합의 믿음

> 믿음으로 기생 라합은 정탐꾼을 평안히 영접하였으므로
> 순종치 아니한 자와 함께 멸망치 아니하였도다
> (히 11:31)

어느 교회에서 실제로 있었던 일입니다. 새해 신년도에 어느 혼자 사시는 여자 성도님을 새롭게 집사님으로 선임하였는데 여전도회의 전 회원이 그것에 불만을 갖고 집사직을 사임하겠다고 하였습니다. 그 이유는 새로 임명된 여 집사님이 6·25 때 남편을 여의고 생활이 너무 어려워서 잠깐 동안 술을 파는 일에 종사한 적이 있었기 때문입니다.

그런데 이분이 예수를 믿고 나서 과거를 완전히 정리하고 하나님 앞에 경건하고 거룩하게 신앙생활을 하였습니다. 그래서 교회에서는 그분의 신앙을 확고하게 믿고 당회에서 여러 차례 숙의한 끝에 이분을 집사님으로 임명하였습니다만 여전도회장을 비롯해서 온 교인들이 반대하고 만약 그분을 집사님으로 받으시겠다면 우리가 집사직을 반납하겠다고 항의를 하였습니다. 이것은 꾸민 이야기가 아니라 실제로 있었던 사건입니다.

만약 이런 일이 우리 교회에서 똑같이 생긴다면 여러분은 이것을 어떻게 받아들이겠습니까? 남의 얘기일 때는 무엇이든지 쉽습니다. 그러나 그것이 실제로 나의 일로 닥칠 때에는 참 어렵습니다. 남의 일은 옳고 그른 것을 쉽게 판단할 수 있지만 나의 일일 때에는 감정이 개입되기 때문에 문제가 되고 고통이 되고 아픔이 따릅니다. 교회에서는 결국 과거에 술집에서 일했다는 이유로 그분의 집사직을 철회하였습니다. 그렇지만 하나님께서는 라합의 이야기를 통해 그 분을 거절하지 않으신다는 것을 우리에게 보여 주십니다.

이 라합은 아모리 백성입니다. 아모리 족속은 가나안 일곱 족속 중의 하나인고로 하나님께서 멸망시키시기로 작정하신 족속이었습니다. 이들의 죄악이 관영해서 가나안에서 하나님께서 쫓아내겠다고 창세기 15장에서 아브라함에게 말씀하신 족속입니다. 라합은 그런 아모리 족속의 사람이었고 게다가 여자였습니다.

사실 예수 그리스도께서 이 세상에 오시기 전까지 여성의 지위는 집에 있는 소유물과 다를 바가 없었습니다. 그뿐 아니라 오늘날에도 예수 그리스도의 구속이 없는 문화에서는 여성의 지위가 향상되지 못했습니다. 그녀는 멸시받는 종족의 여자였습니다. 또 그 여자는 보통 여염집의 여자가 아니라 기생이었습니다. 기생하면, 조선시대의 황진이가 연상되고, 창에 있어서 명창이고 거문고와 판소리에 뛰어난 여인이라고 생각할지 모르지만 여기에 기록된 기생이라는 말은 매춘부라는 뜻입니다.

인간적으로 보면 한없이 천하고 불쌍한 여자였습니다. 그런데 이 여자가 구원을 받았으며 믿음으로 말미암아 그 시대의 다른 사람들과 다른 삶을 살았다고 성경은 우리에게 말씀해 주고 있습니다.

라합에게 기회가 왔습니다. 어느 날 아직 요단강을 건너지 않은 이스라엘 백성이 요단 동편에 머무르고 있을 때 두 사람의 정탐꾼이 여리고에 파견되어 그 성의 형편을 알아보고 있었습니다. 그런데 이 두 정탐꾼이 찾아간 곳이 라합의 집이었습니다. 여리고 왕이 소문을 듣고 두 사람을 잡으려고 할 때 라합이 목숨을 걸고 모험을 해서 두 사람을 보호해 주고 안전하게 성 밖으로 빠져나가도록 도와주었습니다. 그 후 여리고가 불에 타서 깡그리 무너질 때, 라합과 온 가족은 유일하게 생명을 건지는 축복을 받았습니다. 어떻게 라합에게 이런 행동이 가능했을까요? 성경은 믿음으로 행하였다고 말씀하고 있습니다.

존 칼빈은 "이 성경 본문은 아무리 높은 자라 할지라도 믿음이 없이는 하나님 앞에 인정받지 못하는 반면, 저주받은 이방 민족의 천한 사람일지라도 믿음으로 인하여 거룩한 백성으로 인정받을 수 있다는 사실을 깨우쳐 주고 있다"고 말했습니다.

믿음은 라합의 생애를 완전히 바꾸어 놓았습니다. 믿음은 큰 구원을 그의 생애에 베풀었습니다. 그러면 이 믿음이 어디에서 온 것입니까? 이 믿음의 근거가 무엇입니까? 여러분이 예수 그리스도를 믿는다고 할 때에 그 근거가 무엇입니까?

성경은 말합니다.

로마서 10장 17절입니다. "믿음은 들음에서 나며 들음은 그리스도의 말씀으로 말미암았느니라." 믿음은 그리스도의 말씀을 들음에서 생기고 그 말씀이 바로 우리 믿음의 기초라고 말합니다.

우리가 믿는다고 말할 때, 상당히 감정적으로 생각할 때가 많습니다. 우리가 믿는다고 할 때, 우리 인간의 의지를 강조할 때가 많이 있습니다. 그리고 우리의 지식이나 깨달음을 강조하는 경우도 많습니다. 그러나 믿음은 그런 것이 아닙니다. 객관적인 하나님의 말씀입니다. 우리의 지성도 의지도 감정도 다 틀릴 수 있지만 하나님의 말씀만이 영원토록 무너지지 않습니다. 믿음은 그리스도의 말씀으로 말미암습니다. 라합이 믿게 되었던 것은 그가 이스라엘 백성에 대한 소문을 들었기 때문입니다.

여호수아 2장 9절 이하에 이렇게 기록되어 있습니다. "말하되 여호와께서 이 땅을 너희에게 주신 줄을 내가 아노라." 지금 기생 라합이 자기 집에 들어온 이스라엘 정탐꾼에게 하는 말입니다. "우리가 너희를 심히 두려워하고 이 땅에 백성이 다 너희 앞에 간담이 녹나니 이는 너희가 애굽에서 나올 때에 여호와께서 너희 앞에서 홍해 물을 마르게 하신 일과 너희가 요단 저편에 있는 아모리 사람의 두 왕 시혼과

옥에게 행한 일 곧 그들을 전멸시킨 일을 우리가 들었음이라"(10절). 우리가 이를 들었다고 합니다.

나만 들었다고 하지 않았습니다. '우리가 들었다'는 이 말씀은 히브리서 11장 31절에도 나타나 있는데 "믿음으로 기생 라합은 정탐꾼을 평안히 영접하였으므로 순종치 아니한 자와 함께 멸망치 아니하였도다" 하였습니다. 많은 사람들이 같이 들었습니다.

우리가 들었다고 하였지만 많은 사람들이 듣고도 우리 하나님께서 행하신 그 놀라운 소문을 그저 소문으로만 지나쳐 버렸지만 라합만은 마음속에 깊이 담았습니다. 멸망받은 여리고 성 사람들은 오래오래 소문을 들었습니다. 하나님께서는 그냥 쉽게 그 땅을 멸절시키지 않았습니다.

하나님께서는 멸망시키기 전에 오래오래 예고하십니다.

노아 홍수 이전에 에녹 때부터 그 땅에 내리실 하나님의 의의 심판을 에녹이 선포했던 것을 유다서에서 읽을 수 있습니다. 창세기 15장을 보면 400여 년 전부터 아모리 족속의 죄가 점점 자랐다고 말합니다. 하나님께서는 그때부터 오랫동안 참으셨습니다.

하나님은 그들 가운데 하나님의 사람 아브라함과 이삭, 야곱을 두셨습니다. 그러나 그들은 하나님의 사람의 삶을 보고도 아무런 영향을 받지 않았습니다. 그 후 홍해가 갈라졌습니다. 거대한 애굽이 이스라엘을 토해낼 수밖에 없는 놀라운 사건을 그들이 보았습니다. 여호와의 영광을 그들은 듣게 되었습니다. 그래도 그들은 변화가 없었습니다.

이스라엘이 요단강가에서 1주일을 기다렸습니다. 성에 가까이 왔습니다. 그래도 아무런 변화가 없었습니다. 하나님께서는 계속 기회를 주십니다. 그날 하루 만에 가서 한꺼번에 성 주위를 일곱 번 다 돌고 무너뜨리라고 말씀하시지 않고 하루에 한 번씩 돌라고 하셨습니다. 그것도 그들에게는 구원의 기회가 될 수 있었을 것입니다. 그러나 엿새 동안 돌아도 그들의 성은 요지부동이었고 그 견고한 성에서 그들이 바라볼 때 이스라엘 백성이 돌고 있는 것이 우스꽝스러웠습니다. 이스라엘 백성들에게는 이 성을 공격할 만한 무기가 없지 않은가, 저들에게는 이 성을 훼파할 수 있는 막강한 군대가 없지 않은가. 그래서 별 뾰족한 수가 없으니까 주위만 맴돌고 있지 않은가 생각했습니다. 그들은 하나님에 대한 소문을 과거에 들었음에도 불구하고, 그 홍해가 갈라진 사건을 들었으면서도, 그 전능하신 하나님이 이스라엘 백성과 함께하신다는 소문을 들었으면서도 눈에 보이는 든든한 성벽을 의지했습니다. 회개할 시간이 그처럼 충분히 주어졌음에도 악인의 마음은 더욱 강퍅해졌습니다. 그러나 라합은 어떻게 했습니까? 하나님의 말씀을 들었습니다. 들을 때에 성령님께서 은총으로 그 마음을 여셨습니다.

옛날 그 많은 빌립보 사람들 가운데에서 자주 장사 루디아의 마음을 여셨던 것처럼 성령님께서 이 여인의 마음을 여셨습니다.

그 소문이 들렸을 때였습니다. 우리가 언제 진정으로 은혜를 받습니까? 그것은 하나님의 말씀이 나의 귀에 들릴 때입니다. 성경을 펼쳐 보아도 누가 누구를 낳고 또 낳고 낳았다는 말만 읽혀지고 그 뒤에 있는 살아계신 주의 음성이 들리지 않을 때 믿음은 자라지 않고 주의 은혜도 경험하지 못하게 됩니다.

주의 은혜는 하나님의 말씀을 듣는 것에서부터 시작됩니다.

언제 나에게 시험이 오는가? 하나님의 말씀이 나의 귀에 어떤 이유로든지 들리지 않을 때 그의 인생에 문제가 옵니다. 여리고 사람들은 하나님의 말씀이 선포되는데도 하나님께서 역사하신 무수한 소문을 들었음에도 그 소문만 듣고 소문 뒤에 숨어 있는 하나님의 음성을 듣지 못했습니다. 그러나 열린 마음을 가졌던 라합은 그 소문 속에서 하나님의 음성을 들었습니다.

믿음은 여기에서 시작됩니다.

믿음을 소유한다는 것은 많은 사람들과 함께 믿고 같이 신앙생활을 할 때는 쉽지만 그 성에서 홀로 고립되어 믿음을 갖는 상황일 때는 매우 어렵습니다. 아무도 들려오는 소문에 주목하지 않았습니다. 아무도 자기가 믿고 있는 이 놀라운 사실에 대해서 고무시켜 주지 않고 동의해 주지 않을 때 홀로 선다는 것은 참으로 어렵습니다. 홀로 믿음을 갖고 주위의 환경과 여건을 의지하지 않고 든든히 선다는 것은 참 어려운 일 중의 하나입니다. 그럼에도 불구하고 이 여인은 홀로 그 무수한 사람들이 외면했던 소문 속에서 하나님의 음성을 들었습니다.

그러면 이 라합이 가졌던 믿음의 본질은 무엇입니까? 그의 믿음에는 우선 지적인 동의가 있었습니다. 여호와의 백성에게 임하는 그 은혜의 소식을 듣고 그는 한 결론에 도달했습니다. 여호수아 2장 11절에 이렇게 기록되었습니다. "너희 하나님 여호와는 상천하지에 하나님이시니라." 그가 여러 소문을 듣고 그의 마음속에 주의 음성을 들을 때 그는 이런 놀라운 결론을 갖게 되었습니다. "상천하지의 하나님"이란 말씀은 예수님께서 우리에게 영생을 가르쳐 주실 때 하신 말씀과 얼마나 일맥상통한 말씀인지 모릅니다.

영생은 유일하신 참 하나님과 그의 보내신 자 예수 그리스도를 아는 것이라고 하셨습니다. 라합이 살던 시대에는 아직 예수 그리스도께서 오시지 않았으니까 구약 성도들에게는 그리스도에 대한 믿음은 없었습니다. 유일하신 참 하나님, 상천하지의 하나님에 대한 신앙이 었습니다. 왜 이것이 중요합니까? 당시에는 세계에 여러 신들이 있었습니다.

구름 위에는 제우스가 있어서 번개를 사용하여 악인을 멸한다고 희랍 사람들은 생각했습니다. 또 바다에는 포세이돈이 살고 있어서 저 노한 풍랑을 포세이돈이 마음대로 장악한다고 생각했습니다. 그런가 하면 달에는 미네르바 신이 있어서 차가운 아름다움으로 사람들을 매혹시킨다고 생각했고 태양은 아폴론이 운행하고 있다고 여겼습니다.

이것은 고대 중동지방에만 있는 풍습이 아니라 우리나라에도 마찬가지입니다. 우리가 어렸을 때에 많이 듣던 이야기로 지붕에는 지붕귀신이 있고 또 기둥귀신, 섬돌귀신, 마당귀신, 밭귀신, 산신령, 물귀신들이 있어서 온 세계는 귀신으로 가득 차 있는 줄 알았습니다.

무속신앙의 많은 신들 가운데에서 라합은 상천하지의 유일하신 참 하나님을 알게 되었습니다. 라합은 하나님의 그 놀라운 역사를 보면서 그분이 상천하지의 하나님이시고 이스라엘 백성이 하나님의 백성인 것을 알게 되었습니다. 믿음에는 지적인 동의가 필요합니다.

그런가 하면 믿음은 감정을 포함합니다. 여호수아 2장 11절에 계속 이렇게 말합니다. "우리가 듣자 곧 마음이 녹았고 너희의 연고로 사람이 정신을 잃었나니." 두려움이 생겼습니다. 여러분, 우리의 믿음생활 가운데 감정적인 경험이 있습니다. 특별히 하나님을 두려워함이 있습니다. 하나님을 경외한다는 말은 하나님을 사랑한다는 뜻과 함께 하나님 앞에 참으로 두려워하는 연약한 인간의 모습을 나타내는 단어입니다.

경외한다는 말에는 두려움이 포함되어 있습니다. 그러나 악인은 어떻습니까? 로마서 3장 18절에 "저희 눈앞에 하나님을 두려워함이 없느니라"고 하였습니다. 어떤 때는 두려움이 구원받는 동기가 되는 경우가 많이 있습니다. 질병의 두려움이 우리로 하여금 경건한 삶을 살도록 합니다. 만약 너무 건강했다면 죄지었을 내가 질병이 있기 때문에 하나님 앞에서 경건하게 산 성도들의 수가 얼마나 많은지 모릅니다.

우리들은 몸이 건강해야만 축복이라고 생각합니다. 존 칼빈이나 벤자민 슈몰클러 그리고 "만세반석 열리니 내가 들어갑니다"란 찬송가 가사를 지었던 탑 플래디 같은 사람은 '움직이는 종합병원'이라는 별명까지 얻었습니다. 연약한 육체나 질병의 두려움 때문에 하나님 앞에 더 가까이 가는 경우가 우리 주변에 얼마나 많은지 모릅니다. 그런가 하면 죽음에 대한 두려움은 우리에게 결정적으로 하나님 앞에 나아가게 만드는 계기가 됩니다.

파스칼이라는 젊은 청년은 열두세 살쯤 되었을 때 유클리드 수학을 섭렵하였고 열여섯 살에 원추 곡선론을 발표하여 세계를 놀라게 하였습니다. 그의 확률의 이론이 발표된 후, 사실 세계 수학사에 새 장이 열렸다고 합니다. 이 천재 앞에 온 유럽이 경탄을 금치 못했습니다. 당시의 기록을 보면 유럽의 사교계에서 이 파스칼과 이야기를 해보는 것이 귀부인들 사이에 화제가 될 정도로 또 공주나 왕자들마저도 파스칼과 악수를 해보는 것이 가십거리가 될 정도로 파스칼은 온 유럽의 총애를 받은 천재였습니다.

그런 그가 어느 날 사교파티에 주빈으로 참석했다가 술에 거나하게 취해서 마차를 타고 귀가하는데 바퀴 하나가 세느강 다리에 부딪쳐서 부러졌습니다. 마차는 크게 부서지고 마차 밑에 깔렸던 파스칼은 겨우 몸을 빼서 간신히 나왔습니다. 그의 눈앞에는 세느강이 유유히 흘러가고 있었습니다. 그는 흐르는 강물을 보다가 도도히 흐르는 강물에서 영원을 생각하게 되었습니다.

'파스칼아, 도대체 죽음 앞에서 너는 뭐냐. 죽음 앞에서 네가 천재라는 것이 무슨 의미가 있느냐, 죽음 앞에서 네가 가진 젊음이라는 것이 무슨 소용이 있느냐?' 죽음 앞에 선 자신의 모습을 생각해 보았습니다. 영원을 바라보며 남은 생애를 어떻게 살아야 할 것인가를 생각하면서 밤새 잠을 못 이루고 깊이 신음하며 지새웠습니다. 그는 너무 괴로워서 술에 취하면 낫겠거니 하고 술을 마셨지만 과거처럼 술에 취할 수가 없게 되었습니다.

많은 여인들이 그의 옆에 다가와서 미소를 보내지만 그의 마음은 위로받을 수가 없었습니다. 이렇게 파스칼이 고통스러워하며 수척해진다는 소식을 수녀원에 있던 누나가 듣고 사랑하는 동생을 만나러면 길을 찾아왔습니다. 그때 그의 누나가 그에게 예수 그리스도를 전했습니다. 그는 예수 그리스도를 믿고 나서 이렇게 고백했습니다.

"모든 사람들의 마음속에는 이 세상의 그 무엇으로도 채울 수 없는 큰 공백이 있습니다. 그 공허는 주님께서 찾아오시기 전까지는 어느 것으로도 채워지지 않습니다." 그는 그 이후 학문에 계속적으로 심취하지 못하고 자기처럼 하나님 없이 사는 불쌍한 사람들을 위해서 하나님이 살아계신 것을 논리적으로 증명하는 변증설을 쓰는 것에 심혈을 기울였습니다. 그래서 생각날 때마다 계속 메모를 하였습니다. 그러나 그 메모들을 연결시키지 못한 채 젊은 나이에 세상을 떠났고 후세 사람들이 그의 생애를 정리하기 위해서 메모를 모아서 책으로 냈는데 그것이 오늘날까지 전해지며 온 세계가 사랑하는 파스칼의 『팡세』입니다.

사람들이 그의 유품을 정리하다가 왼쪽 외투 깃에 꼬깃거리는 것이 있어서 빼어 보니까 양피지에 이런 글이 적혀 있었다고 합니다. "170×년 ×월 ×일. 불! 불! 불! 오, 기쁨이여, 기쁨이여, 넘쳐 흐르는 기쁨이여, 영생은 유일하신 참 하나님과 그의 보내신 자 예수 그리스도를 아는 것입니다. 오, 예수여! 나를 버리지 마옵소서. 주는 살아계신 참 하나님입니다. 오, 기쁨이여! 넘쳐 흐르는 기쁨이여!" 파스칼은 자기의 마음이 흔들릴 때마다, 구원의 감격을 되새기기 위해서 양피지에 그 말을 적어서 외투 안에 넣어놓고 사랑이 식을 때마다 꺼내 보면서 주님이 자기를 찾아오신 날을 감격해하고 기뻐하며 십자가의 사랑에 감사드리며 평생을 살았다고 합니다. 이렇게 어떤 때는 두려움이 우리를 하나님 앞으로 인도하는 통로가 되기도 하고 감정적인 감격이 믿음에 수반되기도 합니다.

그러나 이것 전부가 믿음이 아닙니다. 지적인 동의도 필요하고 마음의 통회도 필요합니다. 그러나 믿음에는 결론적으로 의지가 포함되어야 합니다. 이 말은 지정의의 인격적인 믿음이어야 한다는 말입니다. 어떤 사람은 자기 체험을 믿음이라고 생각합니다. 그러나 그것은 감정적인 경험일 뿐입니다. 어떤 사람은 성경 몇 구절을 읽고 내가 좋은 것을 깨달았다고 합니다. 그것은 지적인 동의가 될 수 있습니다. 그러나 아직은 하나님께서 요구하시는 믿음은 아닙니다. 하나님은 우리의 일부분을 받지 않으십니다. 우리 인격 전체를 받으시기를 원하십니다. 그런 믿음은 마귀들에게도 있는 믿음입니다.

야고보서는 우리에게 말합니다. 의지가 포함되어 있지 않은, 인격적이지 않은 믿음을 이야기하면서 "네가 하나님은 한 분이신 줄을 믿느냐 잘 하는도다 귀신들도 믿고 떠느니라"(약 2:19) 하였습니다. 아니, 예수님이 이 땅에서 사실 때에 가장 먼저 알아보고 가장 먼저 떨었던 것은 마귀였습니다.

이 믿음은 표현되어야 합니다. 라합에게 이 믿음이 표현될 시간이 왔습니다. 이스라엘의 두 정탐꾼이 그의 집에 오게 된 것입니다. 라합은 그 두 사람을 믿음으로 영접했습니다. 믿음을 표현하는 의지로 그들을 영접하였습니다. 그것뿐만 아니라 이스라엘 백성들이 여리고 성을 차지할 사람들인 것을 알았습니다. 그리고 참된 구원이 이스라엘에게 있는 것을 믿었습니다. 그래서 이스라엘이 여리고를 점령하면 라합과 가족을 구원시켜 줄 것을 약속받았습니다. 그것뿐만이 아니라 왕의 군대를 속여서 지혜롭게 그들을 숨겼다가 탈출시키는 모험을 목숨 걸고 감행합니다.

사랑하는 성도 여러분! 예수 그리스도를 믿을 때 그 믿음을 구체적으로 표현하시기 바랍니다. 예수를 믿는 지 안 믿는지 표시가 나지 않는 인생, 교회에서는 예수를 믿지만 직장에서는 예수 믿는 것이 다른 사람에게 고백되지 않는 인생은 늘 사탄의 위협을 당할 것입니다. 그래서 저도 아직 못해본 것입니다마는, 차를 갖고 계신 분들은 차 뒤에 예수 믿는 표지를 붙이고 다니십시오. 훨씬 편하실 것입니다.

여러분 직장에 아예 성경 한 권을 놔두고 다니십시오. 믿음은 표시될 때, 고백될 때 더욱 능력 있습니다. 왜 믿음이 속으로만 고백되어야 합니까? 라합은 목숨을 건 모험까지 하였습니다. 지정의가 포함된 인격적인 온전한 믿음입니다. 사람이 사람과 사귈 때에도 인격적으로 서로를 믿어야 사건에 흔들리지 않고 떠도는 소문에 마음을 빼앗기지 않습니다. 살아계신 하나님을 인격적으로 믿는 그 신앙만이 어느 때든지 무너지지 않는 온전하고 든든한 신앙을 구축하게 됩니다. 우리 하나님이 이 믿음을 귀하게 보셨습니다. 이 믿음은 그 가정에 또 라합에게 큰 구원이 되었습니다.

여호수아 6장 21절을 보면 그 성이 모두 멸절되었습니다. 그러나 그 가운데서 라합과 그 가족만이 안전하게 생명을 지켰습니다. 어느 날 우리는 불타는 세계를 볼 것입니다. 하나님이 무서운 유황불로 심판하는 세계를 볼 것입니다. 나는 하나님의 심판이 없다고 생각하는 신학자들을 믿을 수가 없습니다. 성경은 인생에게 최고의 무서운 심판이 올 것을 예언하고 있습니다. 그때도 우리의 믿음은 이 심판을 이길 것입니다. 안전하게 거할 것입니다.

그런가 하면 라합의 믿음은 혼자만 구원받지 않고 가족 모두가 구원받게 하였습니다. 우리의 구원은 나 혼자에게서만 머무르지 않습니다. 안드레가 예수 그리스도를 만난 다음 베드로에게 가서 내가 오늘 메시아를 만났는데 같이 가자고 청했습니다. 빌립이 예수 믿고 나서 제일 처음 나다나엘을 주님께로 인도하였습니다. 수가성 우물가의 죄 많은 여인이 예수 그리스도를 알게 되자 그분을 구세주로 믿고 나서 물동이도 놓아둔 채로 성으로 뛰어가서 내가 오늘 메시아를 만났다고 외쳤습니다. 구원은 나 혼자에게만 임하지 않습니다. 진정한 구원은 나를 구원할 뿐만 아니라 나의 구원을 통해서 이웃도 구원합니다.

우리나라 초대교회에 이런 풍조가 있었습니다. 누구든지 예수 그리스도를 전한 전도의 실적이 없는 사람에게는 세례를 주지 않았습니다. 만약 그 당시의 기준으로 오늘날 우리들의 모습을 비추어 본다면 이 자리에도 문제가 될 사람들이 많을 것입니다. 생명은 번식하는 법이고 특히 예수를 소유한 생명은 증거하지 않고는 견디지 못합니다. 자기 혼자만이 아니라 온 가족이 구원을 같이 소유하게 됩니다. 그런가 하면 하나님께서 영광을 베푸시는 삶을 살게 됩니다.

이는 이방인 가운데에서 이스라엘 백성이 되었습니다. 그것으로 끝나지 않습니다. 마태복음 1장을 읽어보면 예수님의 족보 가운데 "살몬은 라합에게서 보아스를 낳고" 하였습니다. 그러므로 라합은 다윗의 선조가 됩니다. 예수 그리스도의 족보 가운데 라합이 중요한 위치를 갖는 것을 알 수 있습니다. 가계에 기록된 수많은 남자들의 이름 가운데 여자 이름이 셋 들어 있는데 그 중의 한 이름으로 기록되는 영광스런 생애가 되었습니다.

이렇듯 믿음은 우리의 생애를 영광스럽게 만듭니다. 흔히 사람들은 그 사람의 소유가 얼마나 되는가에 따라서 인생을 평가합니다. 그의 인기에 따라서 사람을 저울질하고 또 그 기준에 맞추어서 인생을 살게 됩니다. 그러나 참 믿음을 가진 사람은 참된 가치가 있는 인생, 하나님의 뜻에 순종하는 새로운 인생을 살게 됩니다. 하나님의 영광이 깃든 삶을 살게 됩니다. 과거와 똑같은 삶을 살지만 내용은 엄청나게 달라진 삶을 살게 됩니다. 오늘 마지막으로 우리 삶에 적용할 두 가지의 문제를 생각해 보겠습니다.

첫째로 우리 하나님의 자비를 이 시간에도 믿음의 눈으로 바라봅시다. 여리고 성에 구원 받을 영혼이 딱 한 명 있었습니다. 하나님께서는 이 영혼이 구원받을 때까지 여리고의 심판을 미루셨습니다. 소돔 땅에 의인 한 사람이 살고 있었습니다. 하나님께서는 이 한 사람을 건져 내실 때까지는 그 땅에 심판을 멈추셨습니다. 한 죄 많은 여인이 간절한 믿음을 가지고 예수님의 옷자락을 만질 때 무수한 수천 명의 사람들이 운집해서 스쳐 지나가는 그 부딪침 속에서도, 주님은 믿음의 부딪침을 감지하셨습니다. 그런가 하면 예수님이 모든 세상적인 일들을 마치시고 골고다의 십자가를 지시기 위해 여리고에서 예루살렘으로 깊은 고뇌의 걸음을 옮기실 때 한 소경이 외치는 소리를 들으셨습니다.

"다윗의 자손 예수여, 나를 긍휼히 여기소서." 안타까운 음성을 들으셨습니다. 그때 주님은 너무나도 크고 거대한 일을 하시기 위해서 바빠 가시던 길이었습니다. 제자들은 왜 시끄럽게 떠드느냐고 무시했습니다. 그러나 예수님은 재촉에도 아랑곳 하지 않고 가던 길을 우뚝 멈추셨습니다. 그 큰일이 앞에 기다리고 있는데도 거지 소경을 위해 멈추셨습니다.

우리 주님은 한 사람이라도 구원받기를 원하십니다. 우리 주님은 믿음으로 사는 성도들의 미세한 기도의 음성을 들으십니다. 우리가 주님 앞에 이 시간에 마음의 기도, 믿음의 기도를 드려야 하는 이유는 세상에 무수한 기도가 있지만 그중에서, 믿음의 기도를 하나님께서 들으신다는 사실을 우리가 믿기 때문입니다. 그렇기 때문에 우리는 기도를 쉬어서는 안 됩니다.

제가 요즘 목회에 대해서 많이 생각하고 있습니다. 삼천여 명밖에 안 되는 성도들을 섬기면서도 과연 어떻게 하는 것이 옳은 것인가? 앞으로 어떻게 발전시켜야 될 것인가? 그런 문제들로 요즘 많은 시간들을 보내고 있습니다. 성도들의 가정과 각각의 그 형편과 또 기도제목들을 제가 도무지 읽어낼 수가 없습니다. 그래서 제가 참된 목회의 길을 벗어나고 있는 것은 아닌지 고통을 느끼며 근심하고 있습니다.

무엇인가 큰 결단을 내리지 않으면 안 될 것 같은 마음의 조급함을 느낍니다. 제가 삼천 명이라는 숫자로도 목회의 어려움을 느끼는데 우리 예수님은 그 큰일을 행하시면서도 주님을 찾는 미세한 음성과 요구를 놓치지 않으십니다. 믿음으로 그 앞에 나오는 심령들의 간구를 들으시는 주님, 자비의 주님을 이 시간에 바라봅시다.

두 번째입니다. 오늘날 이 시대는 멸망 직전의 여리고와 같습니다. 하나님의 심판은 반드시 있을 것입니다. 많은 사람들은 이 시대의 시대정신에 우리의 삶이 따라가야 된다고 말합니다. 정말 그렇습니까? 저는 얼마 전에 전남 광주에 가 있었습니다. 제가 고등학교를 그곳에서 다녔기 때문에 제게 익숙한 거리들이었습니다.

광주의 시내 한복판에 가보니 시내 전체가 술집이고 전체가 유흥가였습니다. 대구도 가보았고 부산도 가보았고 전주도 가보았고 대전도 가보았지만 그렇게 한 도시의 중심부 전체가 술집인 경우는 처음 보았습니다. 시대가 이렇게 경제력과 함께 타락해 가고 있습니다. 우리의 명동이 얼마나 썩어져가고 있습니까? 이 땅에 하나님의 멸망이 오지 않을 것이라고 누가 장담할 수 있습니까? 이렇게 썩어진 시대에도 정신이 있어야겠습니다.

이렇게 썩어져 가는 시대에도 우리가 해야 할 것이 있습니다. 그것은 믿음으로 이 시대를 걸어가는 것입니다. 이스라엘 백성이 그 하나님의 영광을 등에 업고 믿음으로 진군했던 그 소문이 이웃 백성에게 전해져 그 사람들에게 구원의 계기가 되었습니다. 우리들은 인생을 살아가다가 연약함으로 좌절할 때도 있습니다.

그러나 우리가 또 일어나야 할 이유는, 또 일어서서 우리 앞에 있는 홍해를 가르고 나가야 할 이유는 우리의 구원을 위해서뿐만 아니라 우리의 모습을 보고 구원을 얻는 다른 사람들을 위해서입니다. 믿음의 행진을 하는 우리 앞에 하늘에서 메추라기가 내려야 하고 하늘 아버지의 보급이 끊어지지 않는 믿음의 삶을 살아야 하는 이유는 우리가 외롭고 답답할지라도 세상이 다 쾌락의 길로 간다 할지라도 우리가 믿음으로 걸을 때 믿음으로 걷는 우리의 모습을 보고 구원을 얻는 백성이 있기 때문입니다. 믿지 않는 사람들은 우리가 보는 성경을 모릅니다. 하나님의 음성을 듣지도 못합니다. 그러나 우리가 하나님과 **함께**한 그 삶의 증거까지 저들이 부인하지 못합니다.

통일 문제를 많이 논의합니다. 그러나 통일보다 더 시급한 문제가 있습니다. 우리의 믿음의 행진이 더욱 든든해져야 하는 것입니다. 우리를 통해서 구원 받을 백성들을 향한 우리의 메시지가 약화되어서는 안 되겠습니다. 홍해가 우리 앞에 나타날 때도 있을 것입니다.

그러나 그 홍해는 우리 하나님이 어떠한 분이신가를 우리에게 보여 주는 도구가 될 것입니다. 광야의 메마름, 그것은 하나님의 풍요함을 보여 주는 기회가 될 것입니다.

믿음의 사람들

제**19**강

사사들의 믿음

> **"**
>
> 내가 무슨 말을 더하리요 기드온, 바락, 삼손, 입다와
> 다윗과 사무엘과 및 선지자들의 일을 말하려면
> 내게 시간이 부족하리로다
> (히 11:32)
>
> **"**

전쟁으로 완전히 초토화되었던 서울이 그 허허벌판에서 눈부신 발전을 하여 올림픽이라는 지상에서 가장 큰 행사를 성공적으로 치렀다는 것은 놀라운 일입니다.

오래전, 세종대학을 설립하신 주영하 박사님과 같이 식사를 하고 있는데 마침 신문이 배달되었습니다.

이분이 그 신문에서 제2한강교가 세워졌다는 기사를 보시고 "우리 손으로 한강에 다리를 놓게 되다니" 하시면서 감격하여 우셨습니다. 그랬던 우리가 여기까지 왔습니다. 참 놀라운 일입니다.

올림픽 개막식 순서 하나하나에 세심하게 신경을 썼고 최종 주자나 점화자 세 사람도 잘 선택을 해서 멋지게 치렀습니다. 온 민족의 가슴 깊숙이 긍지와 감동을 불러일으키기에 충분한 프로그램이었습니다. 한국의 예술이 그렇게 아름다운 것인지 그때 저는 처음 알았습니다.

개막식을 보다가 눈시울이 뜨거워져서 옆에 있는 아이들 보기가 민망할 정도로 마음에 깊은 감동을 받고 참 하나님께 감사했습니다. 그런데 이렇게 크신 축복을 주신 것에 비해서 우리의 감사가 너무 초라하지 않은가 하고 생각해 보았습니다. 초토화되었던 빈들에서 우리가 여기까지 왔습니다. 그런데 우리는 또 어디로 가고 있습니까? 그것이 문제입니다. 다리 하나 놓고서도 눈물짓던 때가 있었는데 앞으로 우리나라는 또 어떻게 발전에 발전을 거듭할까요?

대체로 역사 진행에 대해서 세 가지로 설명합니다. 첫째로 역사를 일직선으로 봅니다. 반복 없이 끝없는 일직선으로 역사가 계속 발전한다고 생각하는 역사관입니다. 오메가 포인트를 향해서 역사는 일직선으로 질주한다. 그러므로 같은 사건을 만나는 경우는 영원히 없다고 생각합니다.

두 번째는 정반대의 생각으로 역사를 하나의 원으로 생각합니다. 역사는 생성기가 있고 성장기가 있고 개화기가 있고 쇠퇴기가 있다. 그래서 형성기와 멸망기를 반복하며 역사는 순환한다고 생각합니다. 역사가 토인비 같은 사람은 약 16개의 역사 유형이 있는데 대체로 역사는 이 유형에 맞추어 성장하고 소멸해 간다고 말했습니다. 문화가 다르고 그들이 가진 소유물이 다르고 사람이 다르나 결국 그 유형대로 똑같은 역사가 반복된다고 봅니다.

마치 불교나 힌두교에서 말하는 영겁 회귀사상이나 윤회사상과 같습니다.

세 번째는 앞의 두 가지 이론을 절충한 것입니다. 역사는 일직선도 아니고 원도 아니고, 나선형이라고 봅니다. 빙글빙글 도는 것 같으나 결국 역사는 종점, 목표를 향해서 나아간다고 주장합니다. 오늘 우리가 보게 될 사사기의 역사도 이 나선형의 역사 유형을 갖습니다. 그들의 역사를 보면 똑같은 현상이 반복되는 것을 알 수 있습니다. 어떤 사람은 그것이 일곱 차례라고 하고 어떤 사람은 여덟 차례라고 합니다.

하나님의 백성 이스라엘이 하나님을 떠나가면 하나님의 보호막이 그들을 떠납니다. 보호막이 걷혀지면 그 땅에 외적의 침입이 있습니다. 외적이 침입하면 그들이 고통 중에서 하나님께 부르짖습니다. 그러면 하나님께서 다시 백성을 구원해 주십니다. 구원해 주시고 나면 다시 평화 속에서 그들이 하나님을 떠나고 범죄합니다. 또 하나님을 떠나면 고통을 받습니다. 고통을 받으면 다시 하나님께 간구하고 회개합니다. 회개하면 하나님께서 응답하시고 또 나라를 회복시켜 주십니다. 이것을 일곱 번이나 반복한 역사가 사사기의 역사입니다.

그러나 이 역사는 단순히 반복하기만 하는 역사가 아니라 예수 그리스도께서 이 세상에 오시는 그 목표를 향해서 계속 전진해 나가는 것을 우리에게 보여 줍니다.

성경은 말합니다. "내가 무슨 말을 더하리요 기드온, 바락, 삼손, 입다와 다윗과 사무엘과 및 선지자들의 일을 말하려면 내게 시간이 부족하리로다."

지금 사사기의 역사를 예로 들어서 그 사사시대가 어떤 시대였는가, 그리고 그 사사시대에 믿음의 사람들은 어떻게 살았는가를 우리에게 가르치기를 원하고 있습니다. 이 사사시대의 역사는 대체적으로 두 가지 특징을 가졌습니다. 그 시대는 암흑시대였습니다.

그 암흑은 첫째로 우상숭배로 나타납니다. 살아계신 하나님께서 그 민족에게 어떻게 역사하셨는가, 어떻게 붙드시고 축복하였는가를 잊어버리고 이 사람들은 다른 종족들이 섬기는 우상들을 가져다가 자기들의 하나님으로 섬겼습니다. 가나안 일곱 족속의 우상뿐만 아니라 페니키아나 이집트, 바벨론까지 멀리 나가서 우상을 사다가 그 우상들을 섬기는 죄악들을 자행하였습니다. 우상숭배가 극심하게 나타난 가장 슬픈 사건은 사사기 18장에 나타나 있습니다.

어느 집에서 우상을 섬기다 보니 개인 제사장이 필요해서 한 젊은 레위 인을 데려다가 고용 제사장을 삼았는데 그 제사장을 빼앗기 위해서 족속들 가운데 싸움이 벌어졌습니다. 그 제사장이 누구인가 하면 모세의 손자이며, 게르손의 아들 요나단입니다.

얼마나 우상숭배가 심했던지 모세의 손자마저 우상숭배하는 신전에서 제사장 노릇을 하는 슬픈 역사를 보게 됩니다.

사사시대의 또 하나의 특징은 이 시대를 나타내는 가장 굵은 글씨에서 읽을 수 있습니다.

사사기에 자주 기록된 내용입니다. "그때에 이스라엘에 왕이 없으므로 사람이 각각 그 소견에 옳은 대로 행하였더라." 자기 자신이 바로 인생의 기준입니다. 사람마다 자기의 주장, 자기의 생각, 자기의 편리대로 살았습니다. 제각기 옳다고 생각하는 대로 시대를 살았습니다. 성경에서는 죄에 대해 두 가지를 지적합니다.

이사야 53장 6절에 이렇게 기록했습니다. "우리는 다 양 같아서 그릇 행하여 각기 제 길로 갔거늘." 제 길로 갔다고 말했습니다. '못된 일 했거늘' 말하지 않았습니다. '이 사람들이 음란했거늘' 또는 '거짓 말했거늘', '도적질했거늘' 그렇게 말하지 않았습니다. "제 길로 갔거늘"입니다. 인류의 가장 부패한 모습을 이사야 53장에서는 그렇게 기록하였습니다.

그런가 하면 사도행전 1장 25절에 베드로가 사도들을 다시 세울 것을 하나님께 기도하면서 이렇게 말합니다. "유다는 이를 버리옵고 제 곳으로 갔나이다." 배반의 길로 갔다고 하지 않았습니다. 배은망덕의 길이라고 하지 않았습니다. '제 길로 갔거늘' 입니다. 이 시대의 역사는 두 가지 어두움으로 덮여 있었습니다. 우상숭배의 어두움과 하나님을 잊어버리고 사람들이 제 마음대로 행하는 어두움의 시대를 살고 있는 것입니다. 어둠이 가득 찬 시대였습니다.

사사들의 시대는 어두운 시대였습니다. 그런데 재미있는 것은 사사들의 시대에서 활약했던 사사들은 우리와 똑같은 성정을 가졌던 사람이었습니다. 기드온, 그는 나중에는 믿음으로 행했습니다마는 처음의 시작을 보면 주께서 그를 사용하시겠다고 말할 때 '나는 촌놈입니다. 나는 너무 작은 사람이라서 큰일을 감당할 수 없습니다' 하고 자꾸 사양하였습니다.

그래도 하나님께서 너와 함께하여 이스라엘을 구속할 능력을 네게 베풀겠다고 거듭거듭 말할 때 그는 이렇게 대답합니다. '하나님이 나와 함께하시겠다는 증거를 내게 보여 주십시오. 첫째로 온 지면에 이슬이 내릴 때 내가 우리 집에 있는 양털을 마당에 내놓을 텐데 지면에 내리는 이슬이 이 양털을 적시지 않게 해 주십시오. 물 한 방울도 묻지 않게 해 주십시오' 하고 요구했을 때 하나님께서 그대로 해 주셨습니다. 그러나 또 '온 세상에는 이슬이 한 방울도 내리지 않게 해주시고 이 양털만 적셔 주십시오.' 하자 또 하나님께서 그대로 해 주셨습니다. 그 증거를 보고 그가 믿음을 갖고 이스라엘을 구원하였습니다.

다윗은 또 어떤 사람입니까? 하나님의 기름부음을 받고 하나님의 약속을 그 마음에 받았습니다. 그가 나아갈 때 거인 골리앗도 무너졌습니다. 모든 대적들이 그 앞에 초개처럼 넘어졌습니다. 그런데 그에게 사울의 핍박이 오자 그는 낙심하여 우왕좌왕 동요하면서 하나님을 원망하는 데까지 나아갔습니다. 이 사람들의 기록을 보면 그 어두운 시대에, 온 세상이 어두움으로 꽉 찬 시대였을 때 우리와 성정이 똑같아서 소극적이고 부족하여 유혹 앞에서 늘 흔들리는 유약한 인생이었음을 볼 수 있습니다.

이처럼 우리와 성정이 다를 바 없다는 사실은 우리에게 큰 위로가 됩니다. 이 위로는 우리의 믿음이 약해져서 뒷전에 물러서서 낙담하는 것을 방지하여 줍니다.

'하나님인 내가 이사야를 그렇게 불렀노라, 입다를 그렇게 불렀노라, 기생 아들로서 신분이 천해 얼굴도 제대로 들지 못하는 그를 붙들어서 사용할 때 이스라엘의 구원자가 되지 않았느냐, 내가 너와 함께

하겠다. 네가 소극적이라고 실망하느냐, 아니다. 믿음으로 일어서라, 내가 너에게 능력으로 역사하겠다'고 지금 우리에게 말씀하십니다.

믿음으로 그들이 일어설 때 하나님께서 큰 구원을 그 땅에 베풀어 주셨습니다.

이 사람들이 그 어두운 시절에 자기 민족을 구원할 수 있었던 것은 바로 이 믿음 때문이었습니다. 이 사람들이 시저나 알렉산더나 강감찬 장군이나 이순신과 근본적으로 다른 것이 있다면 그들의 마음에는 살아계신 하나님을 향한 신뢰가 있었다는 것입니다. 하나님의 약속에 대한 분명한 믿음이 있었습니다. 오늘도 교회는 원수들과 두려운 장애들을 만납니다. 그래서 오늘도 똑같이 우리에게 필요한 것은 이 믿음입니다.

지금 우리에게는 깊은 어두움이 점점 다가서고 있습니다. 이것은 눈앞에 보이는 어두움이 아닙니다.

저는 정치나 경제에 대해선 이루 말할 수 없이 낙관하는 사람입니다. 가령, 정치 문제를 봅시다. 앞으로 쿠데타는 일어나지 않을 것입니다. 쿠데타를 일으키고 싶어도 일으킬 수가 없습니다. 그리고 앞으로 혁명으로 이 나라가 뒤바뀌지 않습니다. 안심하십시오. 그것을 두려워하는 것이 아닙니다. 저는 그것을 어두움이라고 말하는 것이 아닙니다.

이데올로기 문제는 소련에서도 실패했다고 자인하고 있습니다. 20년 동안 세계가 사회주의로 복지국가를 건설하려고 노력했지만 한 국가도 성공한 국가는 아직 없습니다. 이미 그 이론은 실패했습니다. 실패한 이유는 바로 이것 때문입니다. 그들은 인간이 어떠한 존재인지를 알지 못했습니다. 사람이 죄인이라는 사실을 알지 못했습니다.

가장 기초적인 것을 외면한 채 그들은 멋있는 이론으로 마치 이 땅에 유토피아를 세울 수 있을 것으로 착각했습니다. 앞으로도 공산주의, 사회주의는 다만 신기루일 뿐, 우리 앞에 현실로 이루어질 수 없습니다. 인간의 이기심이 없어지지 않는 한, 인간이 죄의 문제를 극복하지 않는 한, 몇 가지 말장난 가지고 인간은 행복해지지 않습니다.

한국의 좌경 운동권의 사람들도 이데올로기를 표면에 내세우지 못하고 있습니다. 왜냐하면 이 이론은 실패한 논리이기 때문입니다. 그것은 이미 지나간 사고입니다.

세 번째로 경제적으로도 저는 낙관합니다. 우리 교회에 나오시는 성도 가운데 재료공학을 전공하는 교수님 한 분이 계십니다. 그분이 일본에 가서서 일제상품의 재료들을 1년 동안 연구하고 돌아오셨습니다. 그리고 나서 그분이 내린 결론은 이제 '일제' 좋다고 하던 시대는 끝났다는 것이었습니다. 가령, 자동차의 부속품이 모두 3만 5천 개인데 '미제' 자동차가 나쁘다고 하는 이유는 미국에서 만든 터빈이나 엔진이 나쁘다는 것이 아닙니다. 미국에서는 인건비가 워낙 비싸서 페루, 브라질, 멕시코, 방글라데시, 파키스탄 등 여러 나라에 부속공장을 세워서 그곳에서 부품들을 갖고 온답니다. 그런데 차가 큰 엔진이 고장 나도 달릴 수 없지만 작은 동선 하나가 절단되어도 차는 똑같이 가지 못합니다. 그러니까 미제자동차가 잘 고장이 날 수밖에 없답니다. 그런데 일본도 이미 자기 나라에서 부속품들을 만들지 못하고 다른 나라에 하청을 주고 일본에서는 부품들을 끼우기만 한답니다.

세계에서 가장 고가로 팔리는 소니컬러 TV의 뒷면을 보면 MADE IN KOREA라고 적혀 있습니다. 한국만이 처음부터 끝까지 우리 손으로 완제품을 만들어 내고 있습니다. 이대로 가면 한국 상품은 세계에서 가장 좋은 상품이 될 가능성이 있다고 하면서 이제는 국산보다 더 좋은 공산품은 없다고 말씀하시는 것을 들었습니다.

또 제 후배 중의 하나가 미국의 엠파이어 스테이트 빌딩에 세를 내어 옷들을 수입해서 팔고 있습니다. 그런데 4년 전에 저에게 이런 얘기를 했습니다. "목사님, 제가 지금까지 장사하면서 대개 내 예견이 잘 맞는다고 생각했는데 한 가지 크게 실패한 것이 있습니다. 인건비가 계속 오르니까 한국에서는 이제 봉제가 끝났다고 생각을 해서 홍콩을 중심지로 방글라데시, 파키스탄 등 인건비가 싼 나라에 하청을 주었는데 실제로 좋은 물건이 안 나오고 있습니다." 그러면서 옷을 만드는 사람에게 아무리 좋은 재료와 옷본을 주어도 그들의 머릿 속에 옷에 대한 창의적인 그림이 없으면 옷의 맵시가 없고 멋이 없다는 것입니다.

앞으로 한국이 하이패션을 장악할 것이라고 하였습니다. 그런데 벌써 미국 시장에 우리 한국 상품이 계속 진출하고 있습니다. 재미있는 것은 우리나라의 대우 르망 자동차가 미국에서는 뽄디악 르망이라는 이름으로 팔리는데, 이 차가 너무 안 팔리니까 이 차는 미국 GM 회사 차가 아니고 한국에서 만든 차라고 선전을 하니까 그 다음부터 매상이 오르기 시작했다고 합니다. 포드의 소형차 중에 제일 잘 팔리는 차가 에스코트라는 차인데 이 차 역시 처음에 잘 안 팔리니까 이 차의 부속품은 한국에서 가져온다고 강조한답니다. 그렇게 하여 판도가 달라졌습니다.

경제적인 문제도 너무 걱정하실 필요 없습니다. 증권이 오르락내리락 한다고 웃을 것도 없고 울 것도 없습니다. 한국의 여러 문제들은 잘 해결될 것입니다. 노사 문제도 잘 될 것입니다. 왜냐하면 이제는 사람이 부족한 시대입니다. 이제는 사람을 대우하지 않고는 사람을 못 씁니다. 사회사업이나 복지후생을 생각해서 분배를 균등하게 하는 것이 아니라 이제는 사람이 귀하기 때문에 자동적으로 해결될 것입니다. 그리고 남북 문제는 시간이 흐르면 흐를수록 우리에게 유리합니다. 어느 독일 잡지는 1988년이 북한의 김일성에게는 가장 외롭고 답답한 해라고 말했습니다. 올림픽 개막식을 할 때 정말 얼마나 답답했겠습니까? 이제는 이북이 더 이상 경쟁 상대가 아닙니다. 어떻게 하면 그들을 도와서 우리와 같이 세울 것인가 이 문제만 남았습니다. 이렇게 저는 여러 가지로 한국을 긍정적으로 보지만 한 가지 무서운 어두움을 봅니다. 그것은 바로 영적인 깊은 타락입니다. 지금 많은 사람들의 생각이 물질 중심으로 바뀌고 있습니다.

교회 안에서도 살아계신 하나님을 신뢰하는 것보다, 우리 주 예수 그리스도의 구속을 신뢰하는 것보다 돈을 더 신뢰합니다. 모여서 의논을 해보면 돈이 주인입니다. 교회의 주인이 주님이 아니신 경우가 너무 많습니다. 황금송아지 우상을 섬기는 시대로 점점 바뀌고 있습니다. 이것은 무서운 타락입니다. 그런가 하면 쾌락 중심으로 사회가 전락하고 있습니다.

지금 한국에는 120만 명의 콜걸들이 있다고 합니다. 대략 숫자를 넉넉하게 잡으면 150만이라고 합니다. 한국 인구 가운데 20대를 기준해서 120이라면 얼마나 엄청난 숫자입니까? 슬픈 일입니다. 이 사람들이 40대가 되어서 그 썩은 냄새가 이 민족의 역사 구석구석에 미칠 때 그것이 왜 나의 문제가 아닙니까? 이 시대 성도덕이 무너져 가고 있습니다.

우리가 어렸을 때는 '지조'라는 말과 '정조'라는 말을 매우 소중하게 생각했었는데 이제는 그런 단어를 어디서도 볼 수가 없습니다. 국어사전에만 나오는 단어가 되었습니다. 지조라는 말도 우리 곁에서 사라졌습니다. 지조가 덕이 안 되는 시대에 살고 있습니다. 이 무서운 성적인 타락이 우리 주변 도처에 독버섯처럼 음습하게 자라고 있습니다. 쾌락 중심의 사람들은 결국 마약으로 그 인생을 끝내고 맙니다. 그들의 갈 곳은 그 곳밖에 없습니다. 그래서 우리의 아이들이 마리화나를 피우게 되고 과거에는 일본 사람들만 맞았다는 히로뽕을 이제는 젊은 처녀들이 팔뚝에 주사바늘 자국이 날 정도 맞고 있습니다. 어떤 술집에서는 술에 히로뽕을 타서 팔면 다른 집의 술맛과 비교가 안 될 정도여서 손님들을 많이 끌기 위해 상술로 상습적으로 히로뽕을 쓴다고 합니다.

또 어떤 분은 말씀하시기를 과거에는 외국여행을 가면 밤거리의 퇴폐적 술집들로 눈이 휘둥그레졌는데 이제는 외국의 어느 곳보다 한국의 퇴폐적인 분위기가 더 심하다고 말합니다. 이것은 웃고 지나갈 얘기가 아닙니다. 우리가 얼마나 무섭게 부패하고 있습니까? 시간이 흐를수록 코카인을 맞는 우리 젊은이들의 숫자는 점점 더 늘어날 것입니다. 이미 어두움은 시작됐습니다. 저는 학생 문제도 그리 큰 문제가 아니고 통일 문제도 이것에 비해서 그다지 큰 문제라고 생각하지 않습니다.

이런 어둠이 깊이 깔릴 때 우리가 어떻게 해야 합니까? 이 어두움에 여러분은 어떻게 대처하겠습니까? 사사들의 시대가 암흑시대였습니다. 어두움이 깊이 깔렸던 그런 시대였습니다. 그러나 이 시대의 하나님의 사람들은 믿음으로 섰습니다. 지금 우리의 문제는 사람들이 도덕적으로 문란해지고, 성적으로 타락하고, 콜걸들의 숫자가 늘어나고, 마약이 번성하는 것이 문제가 아니라 하나님을 신뢰하는 성도들이 믿음으로 살지 않는 것이 문제입니다. 이것이 더 큰 문제입니다. 사사시대에 어둠을 이길 수 있었던 것도 하나님을 신뢰하는 믿음 때문이었습니다.

하나님의 약속을 붙잡고 의지하는 믿음이 있었기 때문입니다. 작은 사회개혁 운동으로는 사회의 일부분도 못 바꿉니다. 그러나 우리가 믿음으로 일어설 때에 어둠을 물리칠 수 있습니다.

성도들이여, 지금은 일어날 때입니다. 이 어둠의 장막을 걷고 믿음으로 일어나야 할 때입니다. 그리고 젊은이들에게 부탁합니다. 젊은이들이여, 여러분들이 기성세대라고 생각하는 그 사람들이 한강 다리 하나 세워 놓고 눈물 흘리던 것에서 출발해서 여기까지 왔습니다.

그러면 여러분은 앞으로 이 나라를 어떻게 이끌어나가시겠습니까? 젊은이들이여, 믿음에 굳게 섭시다. 성도들이여, 믿음에 굳게 섭시다. 다른 사람들이 비웃어도 좋습니다. 믿음으로 사십시오. 우리는 믿음으로 믿음에 이를 것입니다. 어느 때이든지 믿음 그 이상도 그 이하도 되어서는 안 됩니다. 더 멋있고 더 그럴듯해 보이는 사상에도 마음을 빼앗기지 맙시다.

믿음의 사람들
제 20 강

성취하는 믿음

내가 무슨 말을 더하리요
기드온, 바락, 삼손, 입다와 다윗과 사무엘과 및 선지자들의
일을 말하려면 내게 시간이 부족하리로다
저희가 믿음으로 나라들을 이기기도 하며 의를 행하기도 하며
약속을 받기도 하며 사자들의 입을 막기도 하며
불의 세력을 멸하기도 하며 칼날을 피하기도 하며
연약한 가운데서 강하게 되기도 하며 전쟁에 용맹되어
이방 사람들의 진을 물리치기도 하며
(히 11:32-34)

"

1980년도 초에 아카데미상의 주요 부문을 휩쓴 영화가 있습니다. 그 영화의 제목은 "Chariot of Fire"(불 병거), 엘리야의 불 수레라는 뜻입니다. 이 영화는 1924년 파리 올림픽의 영웅이었던 에릭 리델이라는 사람의 이야기를 영화한 것입니다.

그는 천진에서 선교사 부모로부터 태어난 경건한 믿음의 아들이었습니다. 그는 자기 나라 스코틀랜드에서 공부를 하면서 육상선수로서 전 유럽에 그 이름이 알려지게 되었습니다. 그의 라이벌이었던 옥스퍼드 대학을 졸업한 유태인 아브라함과 쌍벽을 이루었습니다. 마치 벤 존슨과 칼 루이스만큼 두 사람은 난형난제였습니다. 그런데 아브라함이 늘 말하길 자기는 사람으로서 최선을 다하지만 저 리델을 이길 수가 없다고 하였습니다. 꼭 반걸음 차이 정도로 이 리델이 앞섭니다. 이 두 사람은 결국 파리 올림픽에서 누가 과연 승자인가를 결정짓는 경기를 갖게 되었습니다. 모든 세계인의 관심이 집중되는 세기의 경주였습니다.

그런데 배로 도버해협을 건너던 중에 리델은 100미터 결승전이 있는 날이 주일인 것을 알게 되었습니다. 그가 코치에게, 왜 처음부터 내가 주일에 달려야 된다는 것을 말해 주지 않았느냐고 항의합니다. 왜 이제야 그 얘기를 하느냐고 말합니다. 그때 코치는 "내가 너를 오늘까지 사랑으로 키워 왔다. 코치의 명예를 걸고 권위를 갖고 너에게 요구하는데 너는 이번 100미터 대회에 영국을 위해서 꼭 출전해야 된다"고 강권했습니다.

그때 그는, "저는 당신을 존경합니다. 그러나 내 양심의 명령을 거역할 수 없습니다" 하고 거절했습니다. 이에 당황한 영국은 심프슨 부인과 염문으로 세계를 떠들썩하게 했던 에드워드 황태자를 보냈습니다. 그 황태자가 직접 와서 당신은 국가와 민족을 위해서 반드시 이번 대회에 출전해야 한다고 왕실의 권위를 가지고 명령했으나 그는, 나는 내 조국 영국을 사랑하지만 그러나 우리 주님을 더욱 사랑한다고 거절했습니다. 그리고 자기가 100미터를 달려야 할 시간에 그 도시에 있는 장로교회에 가서 태평스럽게 예배를 드렸습니다.

오늘날의 한국교회의 슬픈 현실 가운데 하나가 주일 성수에 대한 개념이 사라진다는 것입니다. 신앙생활에 대해서는 과거보다 더 많이 알고, 과거보다 성경에 대한 이해가 더 넓어진 것 같은데 주일을 거룩하게 지키는 이 영광이 점점 사라지고 있습니다. 주일 저녁 예배는 안 드려도 되는 것처럼 생각합니다.

이것은 하나님 앞에서의 범죄입니다. 이 날은 주님의 날입니다. 말로는, '어떻게 주일만 주일이냐 월요일도 주일이고 화요일도 주일이고 모든 날이 주일이다.' 이 말은 맞는 말이지만 깊은 함정이 있는 말입니다. 실제로는 단 하루도 주님 앞에 마음과 정성을 드려서 완전히 주님께 맡겨놓고 승복하는 날이 우리에게 없습니다. 우리의 신앙의 선배들은 주일을 지키기 위해서 온 세상의 비난을 이겨냈습니다. 주께서 말씀하셨으면 그대로 겸손하게 순종해야지 그 외에 이유를 다는 것은 불순종입니다. 우리 하나님 말씀 앞에 내가 어떻게 바로 순종하며, 그 말씀에 어떻게 나를 쳐서 복종시키느냐에 대한 훈련이 우리에게 계속적으로 필요합니다.

이 리델의 친구가 다음날 400미터 경기에 출전하기로 되어 있었는데 이 출전권을 리델에게 넘겨주었습니다. 100미터에 출전을 못했으니 400미터에서 기량을 발휘해보라는 뜻이었습니다. 원래 100미터

선수와 400미터 선수는 골격이 다르고 운동하는 모습이 다르고 훈련 방법이 다르다고 합니다. 다음날 400미터에 리델이 출전했는데 출발 선상에서 넘어졌습니다. 그러나 다시 일어나서 그가 완주했고 결국 금메달을 땄습니다. 그가 세운 올림픽 신기록은 16년간이나 아무도 깰 수 없는 기록으로 남아 있었다고 합니다. 그는 자기 믿음을 꿋꿋이 지켰습니다. 믿음을 가진 운동선수로서, 어떻게 살아야 할 것인가를 확정한 사람이었습니다. 올림픽 다음 해에 이 리델은 선교사로 떠나서 20년 동안 중국에서 복음을 증거하다가 일본군 포로수용소에서 순교했습니다. 순교자로서 주님 앞에 신앙의 경주를 끝까지 잘 달린 한 신앙의 인물이었습니다.

믿음은 이 세상 사람들과 다른 삶을 살게 만듭니다. 믿음은 하나님의 뜻을 성취합니다. 하나님의 기뻐하시는 일을 이루는 것이 믿음입니다. 이 리델의 이야기는 자기가 가진 믿음이 그대로 한평생 아름답게 드러난 좋은 본보기입니다. 우리가 오늘 이 시간에 주님 앞에 기도해야 할 제목은 '주여 나에게 참 믿음을 주십시오' 하고 기도하는 것입니다. 성경에 보면, 죽은 믿음이 있으며, 귀신들이 가진 믿음이 있고, 가짜 믿음이 있다고 말했습니다. 또 강요당한 믿음이 있으며, 비열한 믿음과 건방진 믿음이 있다고 말합니다. 그렇기 때문에 참 믿음을 달라고 기도해야 합니다. 믿음의 크고 작음이 문제가 아니라 살아 계신 하나님을 향한 진실한 믿음이 우리 속에 있어야 될 것입니다. 이 믿음은 사랑으로 역사합니다. 그래서 믿음은 열매를 갖게 됩니다.

본문 말씀 중에 믿음으로 어떤 열매를 맺었는가. 우리 신앙의 인물들의 목록들이 기록되어 있습니다. "저희가 믿음으로 나라들을 이기기도 하며 의를 행하기도 하며 약속을 받기도 하며 사자들의 입을 막

기도 하며 불의 세력을 멸하기도 하며 칼날을 피하기도 하며 연약한 가운데서 강하게 되기도 하며 전쟁에 용맹되어 이방 사람들의 진을 물리치기도 하며 여자들은 자기의 죽은 자를 부활로 받기도" 했다고 말씀하고 있습니다. 마치 성령에 아홉 가지의 열매가 있는 것처럼, 믿음의 아홉 가지 성취된 열매들을 말씀하고 있습니다. 사랑하는 성도 여러분! 내가 믿노라 하면서 그 믿음의 역사가 있습니까? 내 믿음의 열매가 있느냐 말입니다. 그렇지 않으면 잎만 무성하고 꽃만 피는 것 같다가 아무 열매도 없는 가짜 믿음 위에 서 있습니까? 사과나무에 사과 열매가 맺듯이, 배나무가 배를 열매 맺듯이 믿음은 믿음의 열매를 갖습니다. 오늘 우리 믿음의 선배들은 이 아름다운 열매들을 맺었습니다.

이들이 맺었던 열매들을 생각해 보겠습니다. "믿음으로 나라를 이기기도 하며," 나라를 이긴 사람은 기드온도 있고 바락도 있고 삼손도 있습니다.

그러나 그들 중에서도 가장 중요하게 생각되는 그런 믿음의 영웅들로는 여호수아와 다윗도 생각할 수 있습니다. 하나님께서 약속하신 그 땅에 아무도 들어갈 수 없다고 열 명의 스파이가 말할 때 믿음의 사람 여호수아는 갈 수 있다고 했습니다. 갈렙은 하나님이 우리와 함께하시면 저들을 정복할 수 있으리라고 했습니다. 주님의 약속을 붙잡고 그는 가나안을 정복했습니다. 그런가 하면 다윗은 하나님께서 약속하신 이스라엘의 완전한 왕이었습니다. 사사들의 시대에 빼앗겼던 영토들을 그는 모두 되찾았습니다.

이것을 성경은 "믿음으로"라고 표현했습니다. "믿음으로" 이겼습니다. 그냥 전쟁을 잘해서 그 땅을 가졌다고 하지 않았습니다. 저들이 믿음으로 행군할 때 흐르던 요단강이 멈췄습니다. 저들이 나아갈 때에 여리고 성이 무너졌습니다. 단지 "믿음으로"였습니다. 다윗은 하나님의 약속을 끝까지 믿고 왕으로 즉위할 것을 신뢰하면서 이스라엘의 왕이 되었고 왕으로서의 그는 하나님이 약속하신 온 이스라엘의 땅을 온전히 되찾아서 다스렸습니다.

또 "믿음으로 의를 행하기도" 했습니다. 사무엘하 8장 15절을 보면 다윗이 온 이스라엘을 다스려 의를 행했다고 말합니다. 그런가 하면 애굽의 요셉은 의로 나라를 다스렸습니다. 시편 15편 1-2절에 "여호와여 주의 장막에 유할 자 누구오며 주의 성산에 거할 자 누구오니이까. 정직하게 행하며 공의를 일삼으며 그 마음에 진실을 말하며." 시편 기자의 신앙에서 우러나오는 신앙 고백입니다.

여호와의 성산에 거할 자는 공의를 일삼는 자라고 말합니다. 그런가 하면 "각 나라 중 하나님을 경외하며 의를 행하는 사람은 하나님이 받으시는 줄 깨달았도다"(행 10:35). 이것은 베드로의 신앙 고백입니다. 우리가 이 거짓된 세상에서 의롭게 살기란 참 어려운 일입니다. 그렇게 살 수 있는 유일한 비결이 있다면 "믿음으로" 그렇게 살 수 있습니다. 결심으로는 안 됩니다. 살아 계신 하나님이 최후의 심판자라는 사실을 신뢰할 때 우리가 자신 있게 정직히 행할 수 있습니다. 손해를 보면서도 이 세상에서 의롭게 살 수 있는 최후의 보루는 하나님이 심판자라는 사실을 알기 때문입니다. 하나님께서 선악 간에 심판하신다는 사실을 신뢰하는 사람만이 이 의를 행할 수 있습니다.

우리 하나님이 심판주이시기 때문에 우리는 세상에서 바보 소리를 듣고 손해를 당하면서도 자신 있게 의를 행합니다. 확신하지 못하면 언제나 흔들립니다. 천만 기독교인이 의를 행한다면 이 나라는 달라질 것입니다. 사업하는 사람이, 관공서의 공무원이, 회사의 직장인이 자기가 선 자리에서 믿음으로 의를 행하면 이 나라가 의로워질 것입니다.

의인은 나라를 영화롭게 한다고 말했습니다. 그런가 하면 "믿음으로 약속을 받기도 하며"라고 했습니다. 하나님께서는 하나님의 사람들에게 말씀을 주십니다. 약속을 주십니다. 아브라함이 하나님의 약속을 받았습니다. 그 약속을 받을 때는 이미 그가 자기 몸의 죽은 것 같음을 알았고 사라의 태가 닫힌 것을 알았습니다. 그럼에도 불구하고 믿음이 없어 하나님을 의심치 아니하고 하나님을 신뢰했습니다. 그래서 그가 약속대로 그 아들을 받았습니다.

열왕기상 8장 56절에 솔로몬은 이렇게 하나님을 찬미합니다. "여호와를 찬송할지로다. 저가 무릇 허하신 대로 그 백성 이스라엘에게 태평을 주셨으니 그 종 모세를 빙자하여 무릇 허하신 그 선한 말씀이 하나도 이루지 않음이 없도다." 하나님께서 주신 약속은 다 이루어졌다고 말합니다. 여호수아 21장 45절에도 "여호와께서 이스라엘 족속에게 말씀하신 선한 일이 하나도 남음이 없이 다 응하였더라"고 기록하고 있습니다. 하나님의 말씀을 규칙적으로 묵상하는 사람들에게 하나님의 약속은 임합니다. 하나님의 말씀을 묵상하며 기도하는 그 인생을 향해서 성령님께서 특별히 하나님의 약속을 발견하게 만들고 그 어떤 약속도 상기시키셔서 하나님의 뜻을 성취하도록 역사하시기를 기뻐하십니다.

사랑하는 성도 여러분! 날마다 주의 말씀에서 주의 약속을 내 가슴에 담고 있습니까? 많은 사람들이 저에게 질문하기를 '하나님의 뜻을 어떻게 분별할 수 있습니까?' 하고 묻습니다.

여러 사람들이 수십 가지 책을 썼고 수십 가지 처방을 말했지만 그 처방은 모두 네 가지로 요약될 수 있습니다. 첫째로는 내가 생각하는 것이 하나님의 뜻에 합당한가를 말씀에 비추어 봅니다. 하나님의 약속된 말씀으로 살펴봅니다. 두 번째로는 기도합니다. 그러면 하나님께서 기도 가운데 확신을 주십니다. 셋째로 그 일을 생각할 때마다 주께서 평안을 주십니다. 넷째로 주께서 환경을 열어주십니다. 이것이 하나님의 뜻을 분별하는 네 가지 가장 큰 법칙입니다. 그 외에 여러 가지를 많이 덧붙였는데 사실은 이 네 가지 원리를 벗어나지 않습니다. 그러나 그 중에 가장 크고 좋은 한 가지 결론이 있다면 이것입니다. 날마다 읽는 그 말씀 속에서 하나님의 약속을 발견하고 그 약속을 순종하는 것입니다. 그 읽는 말씀을 하나님의 뜻으로 받고 하나님의 뜻을 그대로 삶 속에서 순종합니다. 날마다 하나님의 뜻을 발견해서 순종해 본 사람만이 하나님께서 나에게 요구하시는 크고 놀라운 뜻을 쉽게 이해하며 발견할 수 있습니다.

음식도 먹어 본 사람이 먹고 하나님의 뜻도 날마다 순종해 본 사람만이 하나님의 뜻을 쉽게 발견하는 것입니다. 평소에는 하나님의 뜻에 대해서 전혀 관심이 없다가 크고 어려운 일을 만날 때에만 하나님의 뜻을 묻는 사람에게는 하나님의 뜻은 언제나 멀고 어렵습니다. 하나님께서는 날마다 그 말씀을 규칙적으로 묵상하는 사람에게 축복을 약속하십니다. 그래서 시편 1편은 여호와의 율법을 즐거워하며 그 율법을 주야로 묵상하는 자를 복이 있는 자라고 선언했습니다. 이 사람들은 하나님의 약속을 붙잡고 하나님의 약속의 영광을 아는 사람들입니다.

"사자들의 입을 막기도 하며"(33절)라고 했습니다. 아마 이것은 사자 굴 속에 들어간 다니엘의 이야기 같습니다. 하나님께서 다니엘을 보호하신 사건을 우리에게 다시 기억시켜 주십니다. 그는 하나님을 향해서 정한 시간에 기도하기를 쉬지 않았던 사람이었습니다. 다니엘의 잘못을 발견하기 위해서 여러 가지로 노력했던 그의 대적들이 아무 흠이나 티도 발견하지 못했는데 결국 그들이 발견해 낸 것이 있었습니다. 그것은 다니엘의 기도하는 것이었습니다. 그것은 죄가 아니었는데도 국법을 바꾸어 죄로 만들었습니다. 그래서 다니엘은 사자 굴에 들어가게 되었습니다. 그의 운명은 사자 굴에서 끝나는 것이 결론이었습니다. 그러나 하나님께서 그 사자 굴에서 사자들을 강아지처럼 순하게 만들어 주시고, 그 입에서 보호해 주셨습니다.

여러분, 그러나 또 다른 사자가 있습니다. 사탄은 마지막 때에 우는 사자처럼 삼킬 자를 두루 찾습니다. 어떤 때는 악한 죄의 유혹으로 우리를 삼키려고 듭니다. 내 능력으로, 내 힘으로 사탄을 이길 수 없습니다. 그러나 살아 계신 하나님을 신뢰하고 믿음을 가질 때, 저 사탄인 사자 입도 봉해질 것입니다. 다니엘에게 봉해졌던 것처럼 우리에게도 봉해질 것입니다. 그런가 하면 불의 세력을 멸하기도 합니다. 이 이야기는 다니엘의 세 친구 사드락과 메삭과 아벳느고의 이야기입니다. 느부갓네살 왕이 우상을 만들어 놓고 절하라고 명령했습니다. 절하지 않는 자는 저 풀무불 속에 집어넣는다고 공포했습니다. 모든 사람이 절할 때에 이 세 사람은 십계명을 의지해서 허리를 굽히지 아니했습니다.

왕은 그들에게 권면합니다. '지금이라도 너희 허리를 굽히라 그렇지 않으면 너희는 이 풀무불보다 칠 배나 뜨거운 풀무불 속에 들어가리라.' 그때 세 친구는 이렇게 대답합니다. '만일 그럴 것이면 왕이시여 우리가 믿는 하나님이 우리를 극렬히 타는 풀무불 가운데서 건지시겠고 왕의 손에서 건지시리라.' 그리고 한 마디 덧붙였습니다. '하나님께서 그렇게 해주시지 아니하실지라도 나는 이 우상에게 절할 수 없습니다. 하나님께서 보호해 주시지 않아 이 풀무불에 타죽을지라도 나는 허리를 굽힐 수 없습니다' 하고 고백했습니다.

믿음으로 불의 세력을 멸하기도 합니다. 사드락과 메삭과 아벳느고는 느부갓네살의 뜨거운 풀무불 속에서도 믿음으로 승리했습니다. 우리도 믿음으로 승리합니다. 느브갓네살 왕의 풀무불보다 더 뜨거운 영원히 꺼지지 않는 유황불을 우리가 이길 수 있는 유일한 이유는 우리 주 예수 그리스도의 구속을 믿음으로 말미암음입니다. 믿음으로 우리는 불의 세력을 멸합니다.

이사야 43장 2절에 "네가 물 가운데로 지날 때에 내가 함께할 것이라. 강을 건널 때에 물이 너를 침몰치 못할 것이며 네가 불 가운데로 행할 때에 타지도 아니할 것이요 불꽃이 너를 사르지도 못하리니"라고 주께서 약속하셨습니다. 영원한 저주의 불꽃이 믿음으로 우리 앞에서 멸해졌습니다.

어떤 사람은 "칼날을 피하기도 하며"라고 했습니다. 그러나 우리가 하나님께서 지켜주신다는 그 보장을 받고 교만해져서는 안 됩니다. 하나님께서는 어떤 때 우리를 피하게 하셔서 그 일을 이기게 하시기도 합니다. 하나님께서는 다윗이 사울의 칼을 여러 번 피하게 하셨습니다. 또 모세가 출애굽기 18장 4절에 "내 아버지의 하나님이 나를 도우사 바로의 칼에서 구원하셨다"고 고백하고 있습니다. 하나님께서는 이렇게 우리의 위험을 피하게 하셔서 승리케 해 주십니다. 어떤 사람은 연약한 가운데서 강하게 되기도 했다고 성경은 말합니다.

자 굴 속에 들어간 다니엘의 이야기 같습니다. 하나님께서 다니엘을 보호하신 사건을 우리에게 다시 기억시켜 주십니다. 그는 하나님을 향해서 정한 시간에 기도하기를 쉬지 않았던 사람이었습니다. 다니엘의 잘못을 발견하기 위해서 여러 가지로 노력했던 그의 대적들이 아무 흠이나 티도 발견하지 못했는데 결국 그들이 발견해 낸 것이 있었습니다. 그것은 다니엘의 기도하는 것이었습니다. 그것은 죄가 아니었는데도 국법을 바꾸어 죄로 만들었습니다. 그래서 다니엘은 사자 굴에 들어가게 되었습니다. 그의 운명은 사자 굴에서 끝나는 것이 결론이었습니다. 그러나 하나님께서 그 사자 굴에서 사자들을 강아지처럼 순하게 만들어 주셨고, 그 입에서 보호해 주셨습니다.

여러분, 그러나 또 다른 사자가 있습니다. 사탄은 마지막 때에 우는 사자처럼 삼킬 자를 두루 찾습니다. 어떤 때는 악한 죄의 유혹으로 우리를 삼키려고 듭니다. 내 능력으로, 내 힘으로 사탄을 이길 수 없습니다. 그러나 살아 계신 하나님을 신뢰하고 믿음을 가질 때, 저 사탄인 사자 입도 봉해질 것입니다. 다니엘에게 봉해졌던 것처럼 우리에게도 봉해질 것입니다. 그런가 하면 불의 세력을 멸하기도 합니다. 이 이야기는 다니엘의 세 친구 사드락과 메삭과 아벳느고의 이야기입니다. 느부갓네살 왕이 우상을 만들어 놓고 절하라고 명령했습니다. 절하지 않는 자는 저 풀무불 속에 집어넣는다고 공포했습니다. 모든 사람이 절할 때에 이 세 사람은 십계명을 의지해서 허리를 굽히지 아니했습니다.

왕은 그들에게 권면합니다. '지금이라도 너희 허리를 굽히라 그렇지 않으면 너희는 이 풀무불보다 칠 배나 뜨거운 풀무불 속에 들어가리라.' 그때 세 친구는 이렇게 대답합니다. '만일 그럴 것이면 왕이시여 우리가 믿는 하나님이 우리를 극렬히 타는 풀무불 가운데서 건지시겠고 왕의 손에서 건지시리라.' 그리고 한 마디 덧붙였습니다. '하나님께서 그렇게 해주시지 아니하실지라도 나는 이 우상에게 절할 수 없습니다. 하나님께서 보호해 주시지 않아 이 풀무불에 타죽을지라도 나는 허리를 굽힐 수 없습니다' 하고 고백했습니다.

믿음으로 불의 세력을 멸하기도 합니다. 사드락과 메삭과 아벳느고는 느부갓네살의 뜨거운 풀무불 속에서도 믿음으로 승리했습니다. 우리도 믿음으로 승리합니다. 느브갓네살 왕의 풀무불보다 더 뜨거운 영원히 꺼지지 않는 유황불을 우리가 이길 수 있는 유일한 이유는 우리 주 예수 그리스도의 구속을 믿음으로 말미암음입니다. 믿음으로 우리는 불의 세력을 멸합니다.

이사야 43장 2절에 "네가 물 가운데로 지날 때에 내가 함께할 것이라. 강을 건널 때에 물이 너를 침몰치 못할 것이며 네가 불 가운데로 행할 때에 타지도 아니할 것이요 불꽃이 너를 사르지도 못하리니"라고 주께서 약속하셨습니다. 영원한 저주의 불꽃이 믿음으로 우리 앞에서 멸해졌습니다.

어떤 사람은 "칼날을 피하기도 하며"라고 했습니다. 그러나 우리가 하나님께서 지켜주신다는 그 보장을 받고 교만해져서는 안 됩니다. 하나님께서는 어떤 때 우리를 피하게 하셔서 그 일을 이기게 하시기도 합니다. 하나님께서는 다윗이 사울의 칼을 여러 번 피하게 하셨습니다. 또 모세가 출애굽기 18장 4절에 "내 아버지의 하나님이 나를 도우사 바로의 칼에서 구원하셨다"고 고백하고 있습니다. 하나님께서는 이렇게 우리의 위험을 피하게 하셔서 승리케 해 주십니다. 어떤 사람은 연약한 가운데서 강하게 되기도 했다고 성경은 말합니다.

이 사람은 기드온일 수도 있고, 삼손일 수도 있고, 입다일 수도 있습니다. 이 사람들이 처음에는 약한 가운데서 시작했습니다.

그렇지만 하나님께서 그들에게 권능으로 함께하실 때 그들이 강해지기도 했습니다. 그러나 여기 "연약한 가운데서"라는 문장에서 연약하다는 말은 질병의 연약을 뜻하는 단어일 때가 많습니다. 그 중에 한 사람이 히스기야입니다. 그는 죽기로 작정된 사람이었습니다. 그러나 그가 하나님 앞에서 믿음으로 기도할 때에 하나님께서 태양을 뒤로 15도 물리시면서까지 그를 건강케 해주셨습니다. 이처럼 주께서는 연약함을 강함으로 바꿀 수도 있다고 사도 바울은 말합니다. 내가 약할 때 내 속에서 주님의 능력은 강하게 나타난다고 말합니다. 내가 강할 때 주님의 능력이 내 속에서 강하게 역사할 수 없습니다.

사실은 우리가 주님 앞에 설 때에 나의 벌거벗은 것과 나의 눈 먼 것과 나의 연약한 것을 고백할 수밖에 없습니다. 그렇게 고백할 때마다 주께서 내 능력이 되시고 내 산성이 되시고 내 힘이 되시는 것을 경험합니다. 그래서 전능하신 하나님 앞에서 자기 자신에 대해 절망해 보지 않은 사람은 하나님의 능력을 경험할 수 없습니다. 자신의 강퍅한 모습 그대로 그 인생이 끝납니다. 그래서 연약한 것이 주의 강함을 나타내는 도구라고 말합니다.

이처럼 우리 믿음의 선배들이 믿음으로 자기 앞에 당한 무수한 어려움을 극복하고 승리했습니다. 하나님께서는 우리의 문제들을 문제 없이 해결해 주시는 분이 아닙니다. 단지 그 문제를 해결할 수 있는 열쇠를 우리 손에 쥐어 주십니다. 그 열쇠는 바로 "믿음"이라고 말합니다. 하나님은 옛날이나 지금이나 같으신 하나님이십니다. 하나님의 약속은 그때나 지금이나 똑같습니다. 문제가 있다면 결국 우리의 믿음이 그들의 믿음과 다른 것뿐입니다.

　하나님을 신뢰하십니까? 우리들은 지금 국가적으로도 승리해야 될 때입니다. "나라를 이기기도 하며"라고 했습니다. 이 이김을 우리는 국가적으로 가져야 합니다.

　이 나라가 잘되어야 합니다. 어쩌면 이 나라가 잘되는 것은 우리 민족에게만 좋은 것이 아니라 세계의 소망일지도 모릅니다. 우리나라가 잘되는 것은 우리나라 한 국가만으로 끝나는 문제가 아닙니다. 왜냐하면 농경사회인 연약한 국가가 그것도 전쟁으로 초토화된 지 40년 만에 어떻게 세계열강 선진국 대열에 돌입할 수 있을까 의문을 갖게 됩니다. 만약 우리가 성공하면 이것이 세계사에 모델이 될 것입니다. 한 번도 민주주의를 못했던 나라가, 이제까지 군주국가로 있었던 나라가, 그것도 식민지로서 가혹한 일제의 탄압을 받았던 시절에서 출발하여 어떻게 아름다운 자유 민주주의를 구현하는가? 그것도 쿠데타를 통해서 오랫동안 군부의 통치를 받던 국가가 어떻게 아름다운 자유민주주의 국가를 만드는가? 이것은 세계사에 모델이 될 수 있는 일입니다. 그러나 그것보다도 더 큰 것은 어떻게 이 국가가 우리 앞에 당한 여러 가지 싸움들과 정치, 경제, 문화, 모든 부분에서 믿음으로 승리할 수 있는가? 그것은 천만의 기독교인이 있기 때문입니다. 믿음으로 이 일은 가능한 일이라고 저는 확신합니다.

　수십 년 전의 일입니다. 민족을 복음화하겠다고 학생들 몇 명이 기도할 때에 온 한국교회가 웃었습니다. 목사님들이 그것이 될 말이냐고 했습니다. 그런데 지금 천만의 기독교인으로 불었습니다. 이것은 믿음으로 되는 일입니다. 믿음은, 하나님의 약속을 믿는 믿음은 우리 앞의 불가능을 이기게 해줍니다. 한국이 잘 되는 것은 우리나라만의 문제가 아닙니다.

사랑하는 성도 여러분! 두 가지의 꿈을 꿉시다. 성서 한국의 꿈을 꿉시다. 우리나라 도처의 사람들의 사고 속에 살아계신 하나님의 말씀이 편만해지는 꿈을 가집시다. 그리고 또 하나의 꿈은 선교 한국의 꿈입니다. 우리는 하고 싶든지 하고 싶지 않든지 세계 선교를 감당해야 할 주역으로 이미 나섰습니다. 우리 앞에 차려진 밥상과 다름없습니다. 피할 수 없는 스타트라인에 하나님께서 우리를 세우셨습니다.

그리고 우리 가까이, 세계 인구의 대부분이 사는 삼십 억의 중국을 품에 안고 아시아의 한복판에 살게 하셨습니다. 또 공산주의와 자본주의가 함께 만날 수 있는 장소가 어디에 있는가? 바로 한국입니다. 믿음으로 이 일이 이루어질 것입니다. 공산주의가 한 가지 잘한 것이 있다면 그것은 운동선수를 잘 키웠다는 것입니다. 그것 한 가지는 잘한 것 같습니다. 그러나 그것 외에는 없습니다. 살아계신 하나님 그분을 신뢰하는 믿음이 이 나라를 바꿀 것입니다.

미국 사람들은 건국 초기에 나라를 건설한 뒤, 그들의 믿음을 미국 화폐에 크게 새겼습니다. "우리는 하나님을 믿는다(In God We trust)"라고 썼습니다. 그랬던 미국이 지금 하나님을 떠나니까 운동선수도 남의 나라에 와서 도둑질을 합니다. 미국의 정직은 땅에 떨어진 지가 오래입니다. 주께서 약속하신 대로 우리 앞에 주님이 다스리시는 아름다운 왕국을 이 땅에 구현할 그 일을 위해서 기도합시다.

그런가 하면 또 다른 나라가 있습니다. 최대의 지혜서인 잠언은 우리에게 이렇게 말씀합니다. "노하기를 더디 하는 자는 용사보다 낫고 자기의 마음을 다스리는 자는 성을 빼앗는 자보다 나으니라"(잠 16:32). 자기 마음과의 싸움입니다. 우리 민족은 화를 잘 내는 민족입니다. 한국 신문에서 미국 방송의 보도가 지나치다고 비난했지만 그래도 우리가 잘못한 것은 변명할 여지가 없습니다. 화를 못 참는 것, 이것이 사실 우리의 수준입니다.

우리 민족이 극복해야 할 과제입니다. 우리가 해야 할 많은 과제가 늘 앞에 있는 것을 봅니다.

사도 바울처럼 내가 나를 쳐서 복종케 해야 합니다. 하나님께서 다스리시는 영광의 나라가 되어야 할 것입니다.

믿음의 사람들
제21강

믿음의 절정

여자들은 자기의 죽은 자를 부활로 받기도 하며
또 어떤 이들은 더 좋은 부활을 얻고자 하여 악형을 받되
구차히 면치 아니하였으며 또 어떤 이들은
희롱과 채찍질뿐 아니라 결박과 옥에 갇히는 시험도 받았으며
돌로 치는 것과 톱으로 켜는 것과 시험과 칼에 죽는 것을 당하고
양과 염소의 가죽을 입고 유리하여 궁핍과 환난과 학대를 받았으니
(이런 사람은 세상이 감당치 못하도다)
저희가 광야와 산중과 암혈(岩穴)과 토굴에 유리하였느니라
(히 11:35-38)

"

저는 지금까지도 예전에 일어났던 목사의 권총 사건이 이해가 되지 않습니다. 어떻게 목사가 총으로 사람을 쏴서 죽일 수 있었는지 모르겠습니다. 그 사건 때문에 그리스도인으로서 얼굴을 들 수가 없을 때, 하나님을 믿는 선수들이 각 경기장에서 무릎 꿇고 기도하는 모습을 보면서 하나님께서 우리의 수치를 영광으로 바꿔 주시는 것을 느낄 수 있었습니다.

양영자 선수는 복식결승 경기를 승리로 끝낸 뒤 마이크를 대자마자 하나님께 영광을 돌린다고 고백했습니다. 살아계신 하나님이 어떤 분인가를 그렇게 확연하게 보여 주었습니다.

1984년도에는 어느 목사님이 공항에 나가시다가 외화사건이 나서 그처럼 우리의 마음이 고통을 받을 때, 김원기라는 레슬러가 로스엔젤레스 올림픽에서 금메달을 딴 다음, 바로 무릎을 꿇고 하나님께 기도하는 그 모습으로 하나님이 살아계시다는 믿음의 증거를 확실히 보여 주었습니다. 얼마나 귀한 일인지 모르겠습니다. 그들은 믿음의 사람이었고 믿음으로 자기가 원하는 일을 성취했습니다. 믿음은 이처럼 불가능한 일들을 그리스도의 능력 안에서 성취하게 합니다.

여기 성경은 몇 가지로 말합니다. "저희가 믿음으로 나라를 이기기도 하며 의를 행하기도 하며 약속을 받기도 하며 사자들의 입을 막기도 하며 불의 세력을 멸하기도 하며 칼날을 피하기도 하며 연약한 가운데서 강하게 되기도 하며 전쟁에 용맹되어 이방 사람들의 진을 물리치기도 하며 여자들은 자기의 죽은 자를 부활로 받기도 하며."

어떻게 일어날 수 없는 사실을 믿음으로 성취하고 믿음으로 받게 되었는가에 대해 이것은 영광입니다. 이것은 하나님의 은혜입니다. 신앙의 귀한 단계입니다. 그렇지만 이보다 더 높은 단계가 있습니다.

아니 이것만으로는 상상할 수 없는 지극히 높은 한 단계가 있습니다.

지리산을 등반할 때, 밑에서 올려다보면 가파른 노고단 꼭대기가 보입니다. 저 꼭대기만 오르면 정상이겠지, 마지막이겠지 하고 올라서면 그 다음에 진짜로 높은 주봉인 천왕봉이 있습니다. 올라가 봐야 보입니다. 이와 마찬가지로 우리가 믿음으로 이것을 행하기도 하고 은혜를 받기도 하고 나쁜 세력을 누르기도 하고 여러 가지 축복을 누리기도 합니다마는 높은 꼭대기, 정상에 올라가 보면 진짜 최고봉인 하나님의 영광의 광채가 번쩍거리는 가장 높은 주봉을 만나게 되는데 이것이 믿음으로 세상을 이기는 경지이며 세상이 감당할 수 없는 믿음의 놀라운 경지입니다.

여기 믿음의 사람들에 대해 이렇게 기록되어 있습니다. 35절에 "또 어떤 이들은 더 좋은 부활을 얻고자 하여 악형을 받되 구차히 면하지 아니하였으며."

이런 진실로 높고 영광스러운 믿음의 한 주봉을 우리는 만나게 됩니다. 이 사람들은 그것을 피할 수도 있었습니다. 그러나 악형을 받되 구차히 면하지 않았다고 말했습니다. 예수 그리스도를 모른다는 말 한마디면 문제 없이 그 위기를 넘길 수 있었습니다. 나는 주님과 상관이 없는 사람이라는 고백 한마디면 그 고통과 아무 상관이 없이 될 수 있었는데도 그들은 구차히 면하지 아니했습니다.

그들은 세 가지 종류로 크게 고통을 당했습니다. 첫째로 이들은 옥에 갇히는 고통을 받았습니다. 36절을 봅니다. "또 어떤 이들은 희롱과 채찍질뿐 아니라 결박과 옥에 갇히는 시험도 받았으며." 희롱을 당합니다. 그렇습니다. 세상의 가치 기준에 따라 살지 않는 사람들이기 때문에 우리들은 저들에게서 조롱거리가 되기도 합니다. 성경은 말합니다. "무릇 그리스도 예수 안에서 경건하게 살고자 하는 자는 핍박을 받으리라"(딤후 3:12). 내게 시험이 없다는 말이 무슨 말입니까? 타협했다는 말입니다. 바르게 믿는 사람들을 향해서, '왜 너는 광신적으로 믿느냐, 목사도 너같이 안 믿던데' 하면서 조롱합니다.

과거나 지금이나 똑같이 무수한 조롱을 받습니다. 그때나 지금이나 세상은 똑같습니다. 사람은 같습니다. 사탄도 같습니다. 그런데 나에게 조롱이 없다면 희롱이 없다면 사실 내 삶이, 내 신앙이 저들과 타협하고 있지 않은가 생각해 보아야 합니다. 꼭 베드로와 같습니다. 베드로가 장담하기를 자기는 죽을지언정 주님을 절대로 떠나지 않겠다고 했습니다. 위기의 밤이 왔습니다. 그는 자신의 말을 입증해 보이기도 해야겠고 책임도 져야 했기에 예수님의 뒤를 따라갔습니다. 그러나 멀찍이 따라갑니다. 영리한 것 같습니다. 그러나 그 영리함 때문에 그는 예수님을 부인하게 되었고 맹세까지 하면서 부인하고 저주하는 데까지 갔습니다. 신앙생활은 영리함으로 하는 것이 아닙니다. 살아계신 약속의 말씀을 믿고 든든히 서는 것이 참 믿음입니다.

희롱을 당합니다. 희롱의 과정이 지나면 그 다음에 따라 오는 것이 있습니다. 채찍질을 가합니다. 우리가 저들과 다르다는 적개심의 발로로 채찍을 가합니다. 우리 믿음의 선배들은 얼마나 많은 채찍질을 당했는지 모릅니다. 채찍질을 가한다는 것은 사람을 인격적으로 대우하지 않는다는 뜻입니다. 개, 돼지처럼 취급하겠다는 뜻입니다. 그러므로 우리는 이 나라에서 고문이라는 단어가 사라지는 것을 위해서 기도해야 합니다. 사람을 짐승처럼 때리는 나라치고 야만민족이 아닌 나라가 없습니다. 그런데 우리 신앙의 선배들은 믿음 때문에 저들에게 채찍질을 당했습니다. 그런가 하면 그들은 결박을 당했습니다. 사람을 결박할 때 이들은 목에 칼을 씌우고 발에는 착고를 매서 몸을 쇠사슬로 칭칭 감아 놓습니다. 얼마나 고통스러웠겠습니까? 거기다가 옥에 갇혔다고 말합니다.

 교회가 여러 교도소들을 다니면서 복음을 증거하는 일을 계속 해오고 있습니다. 저도 교도소를 다녀보니까 요즘 우리 한국 교도소도 상당한 수준으로 향상되었습니다. 소년 감별소도 지금은 웬만한 가정집만큼 잘해 놓은 것 같습니다. 육군 형무소 같은 데는 웬만한 장급 여관보다 낫습니다. 그렇게 잘해 놓았습니다. 점점 수준이 높아지는 것은 좋은 일입니다. 그래서 우리들이 잘못 생각하면 이렇게 생각할 수 있겠습니다. '감옥생활, 그 정도야 시설도 좋아졌는데 일이 년 지내고 나오면 되겠지.' 그래서 우리 머리에 옛날 사람들이 감옥에 갇히는 것에 대한 개념이 없습니다. 마치 이런 것과 같습니다. 남북적십자회담 때였습니다. 남한의 TV 기자가 이북을 방문하여 북한학생들에게 남한 아이들에 대해 어떻게 생각하느냐고 물으니까 남한이란 말을 잘못 알아듣습니다. 그래서 남반부라고 고치니까 그제야 알아듣고는, 남반부에는 거리에 깡통을 찬 아이들이 득실득실 하다고 했습니다. 그런데 우리 집 둘째 아이가 그것을 보고 "아빠 깡통은 먹는 것인데 왜 찬다고 말하지?" 하는 것이었습니다. 우리 자녀들은 옛날에 거지가 깡통을 찬 모습을 못 보아서 모르는 것입니다. 그렇게 우리나라가 달라졌습니다.

 지금 우리가 감옥이라고 말하면 옛날 믿음의 선배들이 갇혔던 그 감옥을 연상하지 못합니다. 그들의 감옥은 지하에 웅덩이로 파놓은 감옥이었습니다. 입구는 위에 있어서 사람이 오르내릴 때 그것도 사다리를 통해서가 아니라 사람을 밧줄로 묶어서 올리고 내렸습니다.

그래서 감옥마다 입구에 도르레가 하나씩 달려 있었습니다. 그 음습한 감옥에서 우리 믿음의 선배들이 고통을 당했습니다. 그런가 하면 한 걸음 더 나아가서 이들은 결국 죽음을 당하게 되었습니다. 본문 37절에 그 죽이는 모습을 보니 돌로 쳐서 죽였습니다. 돌로 치는 것은 하나님께서 율법에 범죄자들을 돌로 치라고 말씀하신 까닭이었습니다. 그런데 그것이 사탄의 도구로 바뀌어서 믿음의 사람 스데반이 돌로 쳐 죽임을 당합니다. 스데반이 죽는 것을 마땅히 여겼던 한 청년, 사도 바울도 루스드라에서 복음을 전하다가 스데반과 똑같이 돌에 맞아 죽은 것같이 되어서 시체 버리는 곳에 버려짐을 당했습니다.

돌에 맞아 죽는 죽음은 지금도 회교도들이 많이 살고 있는 중동지방에서는 예사로 있는 일입니다. 돌에 죽음을 당하는 것 외에 또 한 가지는 톱으로 켜는 것이 있습니다. 사람을 죽일 때 그냥 죽이는 것이 아니라 톱으로 팔을 자르고 다리를 자르고 신체 각 부위를 마다마디로 잘라서 죽였습니다. 죽음의 고통에 고통을 더합니다. 이런 악행이 당시의 야만 부족들 사이에 있었는데 그것이 로마와 이스라엘까지 들어와 우리 예수 믿는 믿음의 형제들을 그처럼 톱으로 켜서 죽이는 일이 많았습니다. 전설에 의하면 이사야가 이처럼 톱으로 켜서 죽이는 잔인한 사형을 당했다고 합니다.

그 다음에 "시험과 칼에 죽는 것을 당하고." 이것은 교수형을 의미합니다. 또 칼로 무차별 난자를 당하는 형벌도 이에 속합니다. 이런 잔인한 죽음을 그 사람들이 믿음을 가졌기 때문에 당했습니다. 또 이렇게 감옥에 갇히거나 죽지 않는다 할지라도 참 믿음을 가졌던 그 당시 사람들은 또 다른 고통을 당했습니다. 첫째로, 그들이 입었던 옷입니다. "양과 염소의 가죽을 입고"라고 했습니다. 우리 생각에는 가죽

옷을 입었다니까 밍크코트쯤으로 생각하는 경향이 있는데 지금처럼 질 좋은 밍크코트가 아닙니다. 옛날, 가공법이 발달하지 않았던 그 시대에 이 빳빳한 동물가죽으로 옷을 지어 입으면, 내의가 없는 시대여서 피부가 긁히고 상처가 나서 아픕니다. 우리 한국에 내의가 들어온 것도 5, 60년밖에 안 됩니다. 그 이전에는 내의라는 것이 없었습니다. 그러니 이 사람들이 얼마나 괴로웠겠습니까? 그러나 안 입을 수는 없으니까 동물 가죽을 얼기설기 엮어서 몸에 걸치고 다녔습니다. 저는 이 구절을 묵상하면서, 우리는 너무 옷이 많구나, 초대 교인들에 비할 때 얼마나 많은가, 주께서는 두 벌 옷도 갖지 말라고 하셨는데 나는 사시사철 옷이 다 있지 않은가 생각했습니다.

죽음을 당하지 않고 감옥 밖에 있었던 이 사람들은 이처럼 가죽을 얼기설기 엮어서 만든 옷을 껴입고 지냈습니다. 세례 요한은 약대털 옷을 입었다고 합니다. 옛날 우리가 어렸을 때 영국제 약대털옷이 제일 좋은 오바 옷감이었습니다. 그래서 제가 어렸을 때 어느 목사님이 설교하시면서 세례 요한이 고급 음식과 고급 옷만 입었다고 했습니다. 석청이 얼마나 비싼 음식이냐고 하셨습니다. 그것은 그분이 잘 모르고 한 말씀입니다. 세례 요한은 마지못해서 호구지책으로 광야에 있는 석청과 메뚜기를 먹은 것입니다. 요즘은 메뚜기가 영양식이라고 하지만 그 당시에는 그런 의미가 아니었습니다.

옷이 없어서 약대 옷으로 최소한의 가릴 부분만 가리고 다녔던 요한의 모습을 상상하면 되겠습니다. 사형당하지 않고 살아 있는 사람은 그랬습니다. 또 거기다가 이 사람들은 궁핍과 배고픔, 환난 등 여러 가지로 집을 떠난 사람들이 당하는 고통과 사람들의 학대를 받았습니다. 저들은 학대당할 뿐만 아니라, "저희가 광야와 산중과 암혈과 토굴에 유리하였느니라."

굴 속에 있었습니다. 이 굴 저 굴로 옮겨 다녔습니다. 이 짐승우리 저 짐승의 토굴을 찾아서 비를 피하고 저녁에 잠을 잤습니다. 그것은 짐승만도 못한 생활이었습니다. 짐승은 자기 둥지가 있고 자기 굴이 있어서 쉴 수가 있었지만 이 사람들은 도망자인지라 계속 이곳저곳 유리했다고 말합니다. 믿음을 가졌기 때문입니다.

그러나 이 사람들을 향해서 성경은 우리에게 이런 엄청난 말을 합니다. 이런 사람은 세상이 감당치 못하는 자라고 말합니다. 믿음을 가졌기 때문에 고통을 받는 사람들, 믿음을 가졌기 때문에 감옥에 가고 매를 맞고 톱으로 켜 죽임을 당하고 돌로 맞아 죽고 집에서 쫓겨나서 짐승의 굴로 피해 다니며 이리저리 유랑하며 먹을 것도 없이 고픈 배를 부여안고 돌아다닌 그 사람들을 향해서 저들은 세상이 감당치 못한다고 말했습니다. 왜 그렇습니까? 그들이 그렇게 살았던 것은 믿음 때문입니다. 믿음 때문에 그들이 그 고통과 그 아픔을 참았습니다.

우리들은 일이 잘되고 형통하고 내 마음의 소원이 이루어지면 우리 믿음이 자란다고 말합니다. 그럴 수도 있습니다. 그러나 여러분, 하나님께 대한 그 신실하신 믿음이 현실적인 축복에만 안주한다면 이 썩어질 세상을 위해서 우리 믿음이 다 소모되고 하나님의 거룩한 영광을 못 보게 되지 않겠습니까? 이 사람들은 예수 믿었기 때문에 고통을 받았습니다. 우리들은 어떻습니까? 예수 믿기 때문에 출세했습니다. 예수 믿기 때문에 물질의 축복을 받았습니다. 예수 믿기 때문에 칭찬 듣고 가정의 평화를 얻고 마음의 평안을 얻었습니다. 그것이 우리의 모습 아닙니까? 그러나 더 큰 믿음은 도무지 캄캄하여 불빛 하나 보이지 않는 밤인데도, 도무지 끝이라고는 보이지 않는데도 불구하고 살아 계신 하나님을 신뢰합니다. 인간 관계도 똑같습니다. 무슨 일을 할 때, 서로 기분이 좋고 칭찬을 들을 때는 누구든지 다른 사람에게 잘 합니다. 이것은 깡패도 할 수 있고 도둑놈도 할 수 있는 일입니다. 그러나 어떤 때 이해가 안 되는 사건이 벌어집니다. 서로 이간시킬 만한 말들이 오갈 때 그때 진짜 인격으로 신뢰하는 관계인가, 그렇지 못한 관계인가를 알게 됩니다.

  이 사람들, 우리 앞의 믿음의 사람들은 죽을 뻔한 환경에서도 죽지 않고 다시 살아나는 기쁨을 경험했습니다. 홍해에 빠져 죽을 뻔한 사람들이 믿음으로 홍해를 가르고 생명을 건졌습니다. 앞으로 전진하다가 여리고에 막혀서 죽을 뻔했던 사람들이 믿음으로 여리고 성이 무너짐으로 계속 전진할 수 있었습니다. 믿음으로 그 상황을 역전시킨 사람들입니다. 그러나 어떤 사람은 믿음으로 살았는데도 죽을 뻔한 위기에서 진짜로 죽었습니다.

  손해날 만한 상황에서 정말로 손해를 봤습니다. 그런데도 그들은 하나님을 신뢰했습니다. 이것이 믿음입니다. 이것이 진정한 믿음입니다. 하나님의 인격을 신뢰하는 사람들에게만 가능한 일입니다.

  하나님을 자기 치부의 수단이나 마음의 평안의 수단으로 이용하고자 하는 사람들은 항상 하나님이 내 편이고 내게 좋은 것만 주는 분으로 끝나고 맙니다. 그러나 참 믿음의 사람들은, "당신이 하나님을 신뢰한다고 하더니 가진 재산 모두 다 날리고 열두 자식 다 죽고 거기다가 당신 머리부터 발끝까지 성한 데가 한 곳도 없으니 그런 하나님을 저주하고 죽어버리라"는 그런 조롱 앞에서도 "주신 이도 여호와시고 가져가신 이도 여호와시니 여호와를 찬양할지어다" 하고 하나님을 찬양합니다.

제가 베뢰아 성경공부가 틀렸다고 확신하는 부분은, 이들은 성취하는 믿음을 매우 강조합니다. 그러면서 모든 고통과 병이 오는 것은 마귀, 귀신 때문이라고 하는데 천만의 말씀입니다. 그렇지 않습니다. 어떤 사람이 죽으니까 귀신 때문에 죽었다고 말하는데, 귀신은 사람의 생명을 못 죽입니다. 생명은 오로지 살아계신 하나님의 절대 주권입니다. 자기들이 살고 있는 지옥의 열쇠도 못 갖고 있는 것이 마귀입니다. 성경은 전체로 봐야 합니다. 믿음의 절정에서 내가 더욱 높아지고 더욱 많이 소유할 수 있습니다. 그러나 어떤 경우에는 고통이 있는데도 아픔이 있는데도 세상사람 같으면 절망할 그때에도 세상의 가치기준에 서지 않고 세상이 감당하지 못하는 믿음을 갖고 슬픔 속에서도 기뻐합니다. 절망 속에서도 찬송이 있습니다. 이 믿음은 세상이 능히 감당치 못할 믿음입니다. 세상의 자로는 측정할 수 없는 사람이라는 뜻입니다.

세상의 자로는 이 사람들이 재어지지 않습니다. 믿음의 영웅들에게 세상의 자는 안 맞습니다. 예수 믿고 형통하게 되고, 예수 믿고 똑똑하게 되고, 예수 믿고 칭찬 듣는 사람들은 역사가 지나간 다음에 그저 그런 사람으로 흘러갑니다. 그러나 예수 믿고 고통 받았던 사람들, 주님을 사랑하기 때문에 억울한 일을 당했던 사람들, 주님을 사랑하기 때문에 평생을 손해 보고 끝까지 그 손해를 믿음으로 감당했던 사람들은 역사가 흐른 다음에 얼마나 큰 이름으로 칭송되고 있습니까?

믿음은 세상의 가치기준으로는 잴 수 없는 영광의 삶을 줍니다. 웃을 일이 있을 때 웃지 못하는 사람은 정신이상자입니다. 그러나 도무지 슬퍼할 수밖에 없을 때 기뻐하며 고통 받고 있을 때 그 고통 속에서 승리하는 우리 성도들의 믿음을 볼 때 얼마나 마음에 깊은 감격이 있는지 모릅니다.

저는 교회에서 예수 믿고 누가 잘 되었다고 해서 감동하는 것보다, 참으로 극심한 고통 가운데서 고통을 이기는 모습을 볼 때 늘 마음에 감사와 감격이 있습니다. 세상이 감당 못할 믿음, 하나님의 인격을 절대적으로 신뢰하는 믿음, 이것이 믿음의 절정입니다. 오늘도 우리 믿음의 선배들은 고통스러우나 당당하게 믿음의 길을 계속 걷고 있습니다. 파키스탄의 한 선교사는 기독교 복음을 증거하지 말라는 경고를 몇 번이나 받았지만 끝까지 복음을 증거하다가 혀가 잘린 일이 있습니다. 또 1987년도 말에 성경번역 선교회의 연말보고를 비디오로 보았습니다.

그 비디오를 보니, 네팔에 있는 크룩스 부족의 성경이 만 19년 만에 번역이 되었습니다. 그런데 이 성경 한 페이지가 번역될 때마다 이 성경번역을 도와준 사람이 국법을 어긴 죄로 감옥에 들어간 날을 모두 합하면 한 페이지 당 9.4일입니다. 한 페이지가 기록될 때마다 9.4일을 감옥에 들어가서 살았습니다. 그리고 집에서 쫓겨나 노천에서 잔 날이 8일입니다. 또 한 페이지를 번역하기 위해서 걸어 다닌 거리가 75km입니다. 75km는 마라톤의 전 코스의 배가 됩니다. 자동차를 탄 거리는 218km, 비행기를 탄 거리가 2700마일입니다. 이 사람들은 그 박해를 통해서도 자신의 믿음을 신실하신 하나님을 향해서 굳건히 세웠습니다.

여러분의 생애에 인간의 능력으로는 도무지 해결할 수 없는 고통의 때가 반드시 옵니다. 여러분 누구에게나 반드시 옵니다. 그런 고통이 안 오는 사람은 없습니다. 어떤 사람에게는 노년이 그때일 수도 있습니다. 그때 여러분의 노년을 어떻게 이기시렵니까? 노년의 외로움과 고통을 어떻게 이기시렵니까? 마지막 운명 직전까지 괴롭히는 질병의 고통을 어떻게 당하시렵니까?

저희 교회 집사님인 김정웅 집사님 어머니의 용태가 이상해서 댁에 들러 예배를 드리는데 혼수상태에 계시던 어머님이 눈을 뜨시더니 저를 한참 동안 뚫어지게 쳐다보셨습니다. "제가 왔습니다. 예배를 드리겠습니다." 그러니까 이 어머님이 천사처럼 평안히 눈을 감으셨습니다. 믿음은 세상 사람들이 줄 수 없는 위로와 풍성한 축복을 허락해 줍니다. 믿음으로 이 성도들은 고통을 이겨냈습니다.

믿음의 사람들

제22강

약속과 믿음

> 이 사람들이 다 믿음으로 말미암아 증거를 받았으나
> 약속을 받지 못하였으니 이는 하나님이 우리를 위하여
> 더 좋은 것을 예비하셨은즉 우리가 아니면 저희로 온전함을
> 이루지 못하게 하려 하심이니라
> (히 11:39-40)

한 젊은 청년이 너무 몸이 쇠약해서 외딴 섬에서 휴양을 하게 되었습니다. 그런데 그 한적한 섬에는 그림처럼 아름다운 소녀가 살고 있었습니다. 무척 순진하고 마음이 천사처럼 고왔습니다. 어떻게 보면 백치같이 천진난만하고 깨끗한 소녀였습니다. 청년은 휴양하면서 소녀와 사귐을 갖게 되었고 둘의 교제는 깊은 애정으로 나아갔습니다. 그래서 청년은 마음에 결심하기를 이 소녀와 결혼을 해야 되겠다고 생각했습니다.

그런데 이 섬 주민들은 거짓말을 잘하고 다른 사람을 속이는 것을 지혜로 생각하는 사람들이었습니다. 누구든지 목소리 큰 사람이 이기고, 늘 자기 이익만 주장하고 도무지 도덕이나 법을 알지 못하는 혼탁한 사회 환경을 가진 섬이었습니다. 그래서 청년은 이 소녀에게 약속이라는 개념과 약속을 지키는 것이 얼마나 소중한가를 가르치기로 마음먹었습니다. 왜냐하면 소녀와 장래를 약속하고 먼 길을 떠나야 했기 때문입니다. 그래서 두 사람이 함께 내기 게임을 합니다. 내기에서 지면 팔뚝을 맞기로 약속을 하고 소녀가 지면 아무리 아프다고 비명을 질러도 호되게 팔뚝을 때렸습니다. 그 벌칙을 시행하는 것은 약속을 지켜야 한다는 것을 가르치기 위함이었습니다. 어떤 때는 저 절벽 위에 아슬아슬하게 피어 있는 꽃 한 송이를 꺾어다가 바치겠다고 약속을 했습니다. 아무리 소녀가 만류하고 붙잡아도 절벽의 바위에 팔다리를 긁히고 피를 흘려가며 피 묻은 손으로 꽃을 꺾어다가 소녀의 머리에 꽂아주었습니다.

초겨울이 되었습니다. 몹시 추운 날, 그 날도 일부러 달리기 경주에서 진 청년은 규칙을 지키기 위해 허약한 몸으로 차가운 바닷물 속으로 들어가 벌칙을 받았습니다. 해가 뉘엿뉘엿 지고 추위에 몸이 지쳐도 끝까지 약속한 시간을 견디어냈습니다. 그러면서 약속을 한다는 것과 약속을 지킨다는 것이 얼마나 소중한 것인가를 알도록 했습니다. 시간이 흐르고 청년은 소녀에게 다짐합니다. 이제는 건강해져서 나는 다시 육지로 가야 될 때가 되었는데 부모님에게 가서 꼭 결혼 승낙을 받아올 테니 나를 기다려 달라, 반드시 돌아올 테니 내 약속을 믿으라고 당부한 뒤 그는 떠났습니다.

그가 떠나자 동네 사람들은 모두 소녀를 비웃습니다. 너는 속았다. 이 섬에 사는 사람들도 모두 뭍으로 떠나면 돌아오지 않았다. 그도 돌아오지 않을 것이다. 이 섬사람들도 안 돌아오는데 그가 돌아올 이유가 없다. 기다리지 말고 결혼을 하라고 종용합니다. 그러나 소녀는 아무리 권고해도 요지부동입니다. 흰 돛단배의 돛이 보이면 선창가에 달려가서 청년을 기다리고 손님들이 다 내리고 심지어는 선원들마저 내려서 돛을 내릴 때까지 이 소녀는 기다렸습니다. 그러다가 과년해져서 이제는 좀처럼 섬에 들르는 배마저도 드물어졌습니다.

다른 사람들은 이제 포기하라고 말합니다. 그러고도 세월이 더 흘러 이제는 그 처녀의 사랑 이야기는 더 이상 마을의 이야깃거리도 되지 않고 아무도 관심을 갖지 않게 된 그 어느 날, 배 한 척이 마을에 들어왔습니다. 처녀는 또 선창가에 나갔습니다. 그런데 배에서 내리는 사람들 속에 그 청년도 함께 있었습니다. 그래서 두 사람이 감격스럽게 만났다는 이야기입니다.

그런데 하나님께서도 이와 같은 방법으로 한 민족에게 약속의 훈련을 이루어나가셨습니다. 성경은 신약과 구약으로 되어 있습니다. 구약은 옛 약속이라는 말이고 신약은 새 약속입니다. 성경은 약속의 책입니다. 하나님께서는 이스라엘 민족을 선택하시고 약속의 말씀을 주셨습니다. 그리고 하나님께서는 선택한 이스라엘 민족에게 하나님의 약속이 얼마나 신실한가를 역사적으로 훈련시키셨습니다.

어떤 때는 그들이 애굽에서 400년 동안 종살이할 것을 말씀하셨습니다. 이유도 없는데 그들은 애굽으로 떠나야 했고 400년 동안 노예로 일해야 했습니다. 세월이 지나도 거대한 인류 문명의 5대 발상지 중의 하나인 애굽이라는 나라에 왕 바로가 버티고 있기 때문에 애굽을 벗어날 가망성은 도무지 없었습니다. 왜냐하면 이 세상에 어느 민족도 자기 스스로 노예의 사슬을 끊고 자유의 신분이 되었던 역사는 한 번도 없었기 때문입니다. 노예 반란이 무수히 많았지만 한 번도 성공한 예가 없었습니다.

미국의 흑인 노예해방도 백인들끼리의 싸움이었지 노예들이 쟁취한 자유가 아닙니다. 그러나 하나님의 약속은 이루어졌습니다. 너희가 바벨론에서 70년 동안 지낼 것이다, 70년이 지나면 봄이 온 뒤에 겨울이 쫓기어 가듯이 하나님의 계절이 오고 하나님의 기운이 살아나서 그들은 70년 만에 다시 고국으로 돌아갈 것이라고 하였습니다. 그리고 그 말씀은 성취되었습니다.

이스라엘 백성들에게 믿음이 있었을 때는 바벨론에서 믿음의 사람, 아브라함이 출발하여 하나님의 백성이 모두 약속의 땅으로 들어갔지만 그들에게 믿음이 없어지자 하나님께서 그들로 바벨론의 포로로 잡혀가게 하셨습니다. 믿음 없는 백성들이 포로로 잡혀가 포로생활을 하다가 하나님을 향해서 울부짖으면 하나님께서 그들을 구해주셨습니다.

성경은 하나님의 약속으로 가득 찬 책입니다. 그 중에서도 최대의, 약속은 예수 그리스도를 이 땅에 보내 주신다는 약속입니다. 이것보다 더 크고 영광스러운 약속은 없습니다. 우리들은 '룻기' 하면 자부가 그 남편이 세상을 떠났음에도 불구하고 어떻게 시어머니를 잘 공경했는가 하는 이야기로 압니다. 이런 이야기는 우리나라 5천년 역사 가운데 수없이 많이 있을 것입니다. 그것을 왜 우리가 성경이라고 해야 합니까? 또한 룻기에는 보리밭의 로맨스가 있습니다. 보리밭에서 두 사람이 연애를 한 이야기입니다. 그러나 보리밭의 로맨스야 올해만 해도 우리나라에서 몇천 번이나 있었을 것입니다. 그런데 왜 그것을 성경으로 읽고 감동해야 합니까? 로맨스만의 이야기가 아니기 때문입니다.

룻기에는 그리스도가 이 땅에 오시는 역사 앞에서 이방사람들이 어떻게 준비되어 쓰임받았는가, 또 통로가 되었는가 하는 것을 우리에게 보여 주고 있습니다. 에스더서를 보십시오. 한 여인이 '죽으면 죽으리라' 하는 각오로 민족을 구한 구국열사의 이야기로 우리에게 전해지고 있습니다. 그런데 이와 같이 지혜롭게 큰일을 치른 여인은 우리나라에 유관순도 있고, 선덕여왕도 있고 그 밖에도 많이 있습니다. 그것을 왜 굳이 우리가 성경이라고 읽어야 합니까? 특히 에스더서는 처음부터 끝까지 하나님이란 글자가 한 번도 안 나오는 책입니다.

그것을 우리가 왜 읽어야 합니까? 그것은 사탄이 이스라엘 백성을 통해서 하나님께서 그의 외아들을 보내시겠다는 약속을 깨기 위해서 하만의 마음을 충동시켜 이 세상에 살아 있는 전 이스라엘 민족을 죽이기로 음모를 꾸민 이야기입니다. 그렇게 하면 예수 그리스도가 이 땅에 오시는 통로를 막아버리는 것이 되기 때문입니다. 절체 절명의 위기의 순간이었습니다. 이때에 믿음의 사람 모르드개와 믿음의 여인 에스더가 믿음으로 그 어려운 절체 절명의 위기를 어떻게 승리하고 사탄의 계교를 여지없이 무너뜨렸는가를 보여 주는 예수 그리스도와 관계된 역사 이야기입니다.

사탄의 최후의 발악은 헤롯 임금으로 끝이 납니다. 큰 별을 보고 따라왔던 동방박사 세 사람이 예루살렘까지 와서 유대인의 왕이 어디서 태어났느냐고 물었습니다. 이때 동방박사를 중심으로 무수한 사람들과 서기관들, 박사들이 모여서 이렇게 말합니다. "유대 땅 베들레헴입니다." 미가서 5장 2절에 예언된 말씀입니다. 온 예루살렘이 소동했지만 그저 소동만 하고 끝났습니다. 그러나 이 믿음의 세 사람은 결국 끝까지 별을 따라가서, 거기서 아기 예수께 경배했습니다. 간교한 헤롯은 당신들이 먼저 가서 경배하고 내게 와서 말해 주면 나도 가서 경배하겠다고 했습니다. 그러나 천사가 나타나서 그 악한 계책을 박사들에게 깨우쳐 줍니다. 그래서 그들은 헤롯에게로 돌아가지 않고 곧바로 자기들 나라로 가버렸습니다.

아기 왕 예수 그분이 누구인지 모르는 헤롯은 베들레헴에서 난 지 두 살 이하의 모든 남자 아이를 다 죽여 버리고 말았습니다. 이것은 사탄의 마지막 발악이었습니다. 그러나 하나님께서는 그 전에 이미 이집트로 예수 그리스도와 요셉, 마리아를 피신시킨 후였습니다.

성경은 하나님의 약속의 책입니다. 그 약속의 절정은 예수 그리스도입니다. 예수께서 오실 것이라는 이 하나님의 약속을 인격적으로 신뢰하는 사람들만이 그것을 붙잡고 순종합니다. 제가 참 즐겁고 감사했던 것 중의 하나는, 안식년 때 뉴욕에서 어느 교회 장로님을 만났을 때입니다. 그분이 제게 물었습니다. "목사님, 정말 안식년이 끝나면 한국으로 돌아가십니까?" 그래서 제가 "갑니다" 했더니 솔직하게 터놓고 얘기해서 정말 가실 것이냐고 해서 정말로 간다고 했습니다.

그러니까 그분이 "서울 시내의 목사님들은 홍 목사님이 돌아오실 것이라고 안 믿습니다. 그리고 다른 교회 교인들도 안 믿습니다. 그런데 유독 남서울교회 교인들만은 소문을 믿지 않고 목사님이 돌아오실 것을 의심하지 않습니다. 목사님, 교인들을 어떻게 훈련시키셨습니까?"라고 물으셨습니다. 저는 그 얘기를 듣고 마음에 참 기쁜 감사가 있었습니다. 목회한 보람을 다른 때보다도 더 깊이 느꼈습니다.

서로 인격적으로 마음을 주고 약속한 것을 진심으로 믿는 것이 얼마나 좋은 관계입니까? 그런데 우리 하나님께서 우리에게 위대하고 아름다운 약속, 우리의 축복을 위한 약속, 우리를 죄에서 완전히 구원하시고 하나님의 자녀로 삼아 주시는 이 놀라운 약속을 주셨습니다.

예수 그리스도께서 이 땅에 오셔서 죽으심으로 죄 사함을 허락하시겠다고 성경은 계속 약속하였습니다. 옛날 구약의 믿음의 사람들은 이 약속을 가졌습니다. 오늘 우리가 본 이 성경 말씀은 바로 그 말씀입니다. 39절에 이렇게 말합니다. "이 사람들이 다 믿음으로 말미암아 증거를 받았으나 약속을 받지 못하였으니." 이 구절은 읽으면 읽을수록 뜻을 잘 모르겠습니다. 그래서 다른 성경들을 찾아봤더니 공동번역 성경과 표준성경이 번역이 잘 되어 있었습니다.

"이 사람들이 모두 믿음이 있었기 때문에 하나님의 인정을 받았습니다. 그러나 약속된 것을 받지 못했습니다." 이 사람들이 믿음으로 오실 메시아를 바라보는 것으로 하나님께 인정을 받았지만 그 약속을 자신의 것으로 성취함을 얻지는 못했다는 뜻입니다. 옛날 믿음의 사람들은 예수님의 때를 볼 것을 즐거워하다가 보고 기뻐했다는 말입니다. "너희가 성경에서 영생을 얻는 줄 생각하고 성경을 상고하거니와 이 성경이 내게 대하여 증거하는 것이로다"(요 5:39). 예수님 당시는 신약성경이 없었던 시대입니다. 그러므로 여기서의 성경은 신약이 아니라 구약을 가리키는 것입니다.

구약 이야기는 바로 예수님에 대한 말씀이라고 말합니다. 구약에 나타난 모든 하나님의 약속은 아직 하나도 이루어지지 않았는데, 그 큰 약속이 이루어질 수 없는 엄청난 사건임에도 불구하고 믿음의 사람들은 하나님의 약속을 든든하게 붙잡고 믿었습니다. 이렇게 믿을 때 하나님께서 그들의 믿음을 인정하셨습니다.

세 가지 인정이 있습니다. 첫째로는 하나님께서 인정했기 때문에 우리 믿음의 선배들의 이름이 히브리서 11장에 모두 기록되었습니다. 그것은 그 사람들의 믿음이 인정되었기 때문입니다. 믿음의 영웅들의 열전에 이 사람들의 이름이 다 열거되어 있습니다. 믿음으로 살았던 사람들의 이름입니다. 그 중에는 믿음으로 살다가 고통을 당한 사람, 자기 당대에는 아무 영광도 못 본 사람, 감옥에 갇혀서 죽어버린 사람, 화형당한 사람, 불 속에서 구원을 받았던 사람도 있지만 또 믿음 때문에 끝까지 불 속에서 타죽을 수밖에 없었던 사람, 참 믿음을 가졌던 사람들이었습니다.

세상 사람들이 모두 손가락질 하고, 저 사람은 비참하게 죽었으니 실패한 사람이고, 손해 본 사람이라고 조롱했으나 믿음의 사람은 그렇게 생각하지 않았습니다. 세상적으로 볼 때에는 실패한 것 같으나 하나님께서는 그들의 믿음을 보시고 일일이 성경에 그 이름을 기록했습니다. 옥에 갇히고 칼에 목 베임을 당하고 또 집에서 쫓겨나 산지 사방을 유리하면서도 실망하지 않았습니다. 세상 사람들은 믿음을 지켰던 사람들을 향해서 실패자라고 침 뱉으나 하나님은 실패했다고 하시지 않고 오늘 여기 기록하시고 인정해 주시지 않습니까? 믿음으로 살다가 잘 될 수도 있습니다. 그러나 믿음으로 살기 때문에 손해 볼 수도 있습니다. 믿음으로 살면서 억울한 일을 당할 수도 있습니다. 그럼에도 불구하고 하나님의 인격을 믿는 사람은 하나님께서 인정하십니다.

역사적으로 볼 때 기독교의 훌륭한 이상주의자들은 대부분 인간적으로 볼 때 실패한 사람들이 많이 있습니다. 사람의 눈에는 실패한 것처럼 보입니다. 그러나 하나님의 눈에는 실패한 사람이 아닙니다. 하나님은 그를 인정하십니다. 그러니 실패를 두려워하지 마십시오. 사람들이 성공했다 혹은 실패했다고 하는 말에 귀 기울이지 마십시오. 우리의 평가는 다른 곳에 있습니다. 우리는 하나님이 인정해 주시기 때문에 자신 있게 실패할 수 있습니다. 자신 있게 손해 봐도 됩니다. 그들은 하나님의 인정을 받았습니다. 그런가 하면 자기 마음속에 성령의 인정함이 있었습니다. 성령께서 내 속에서 하나님의 자녀된 것을 증거한다고 하였습니다. 증거한다는 말은 곧 인정했다는 말입니다. 하나님의 인정뿐만이 아니라 내가 참 믿음을 가질 때 내 마음속에 성령의 인정이 있습니다. 그래서 내가 나를 인정하게 됩니다. 다른 사람들은 나의 생애를 실패라고 말할지도 모릅니다. 그러나 나는 내 인생을 실패라고 말하지 않습니다.

하나님께 헌신한 어떤 한 사람이 자기 인생을 준비하고 계획해서 오랫동안 공부하여 나이 사십이 다 되어 선교사로 떠났습니다. 그런데 이 사람이 선교지에 도착하자마자 얼마 되지 않아 심한 열병으로 그만 그의 생애를 마쳤습니다. 일도 시작하기 전이었습니다. 그러나 그는 운명 직전에 이렇게 말했다고 합니다. "오, 주여 감사합니다. 나를 이 아프리카로 가는 복음의 다리 저 밑바닥에 깔린 작은 돌멩이 하나로 사용해 주시니 하나님 감사합니다." 이것이 그의 마지막 말이었습니다.

살아계신 하나님의 인격을 신뢰하는 사람의 믿음의 고백입니다. 믿음의 사람은 내가 나 자신을 인정합니다. 다른 사람은 비웃을 것입니다. 다른 사람은 나를 찌꺼기처럼 볼 것입니다. 그러나 하나님이 인정해 주십니다. 그것이 옳은 길이고 하나님의 뜻에 합당한 길이라고 말씀하십니다. 내가 하나님의 약속 위에 바르게 서 있을 때, 나는 나를 인정할 수 있습니다. 실패자가 아닙니다. 하나님의 영광 때문에 그 길을 갈 수 있습니다. 예수 믿고 복은 못 받았으나, 예수 믿고 멸시만 받았으나, 예수 믿고 실패자라는 조롱만 받았으나 그렇지만 예수님을 무척 사랑했기 때문에 그 길을 갈 수밖에 없었고 또 그 길을 사랑함으로 보람이 있습니다. 기쁨이 있고 감사가 있습니다. 이것은 주님을 사랑하기 때문에 만나는 축복입니다. 그런가 하면 오늘 이 시대를 사는 우리가 그 옛날 믿음의 사람들의 믿음을 인정하고 기뻐하고 있지 않습니까?

제가 계속해서 히브리서를 강해하고 있는데 이분들의 신앙의 걸음들을 생각하면서 시간마다 은혜를 받고 있지 않습니까? 정말 그분들의 믿음이 살아 있었음을 우리가 같이 느끼고 있지 않습니까? 믿음의 사람들의 승리에 우리도 같이 승리의 기쁨을 맛보았고 그분들의 영광에 우리도 함께 벅차하지 않았습니까? 후세의 자손들의 인정이 있음을 알 수 있습니다. "복 있는 사람은 여호와께서 인정하시나." 시편 1편의 말씀입니다. 다른 사람들이 다 성공했다고 떠들어도 주님이 아니다 하시면 아닌 것입니다. 복 있는 사람은 여호와께서 인정하십니다.

영광스런 믿음의 사람들은 이 말씀을 바라보면서 달렸습니다. 그러면 지금 우리에게 주어진 것은 무엇입니까? 우리가 갖고 있는 확실한 것은 무엇입니까? 저들은 그처럼 희미한 것을 붙잡고 아직 성취된 것이 없으나 확실한 믿음을 가지고 끝까지 달렸습니다. 그들에 비해서 우리가 받은 것은 무엇입니까?

40절을 보겠습니다. "이는 하나님이 우리를 위하여 더 좋은 것을 예비하셨은즉 우리가 아니면 저희로 온전함을 이루지 못하게 하려 하심이니라." 이 구절도 쉽게 이해되지 않습니다. 최근에 번역된 성경을 읽어보겠습니다. "하나님께서 우리를 위하여 더 좋은 것을 마련해 주셨기 때문에 그들은 우리를 제껴 놓고는 결코 완성에 이르지 못하게 되어 있었기 때문입니다." 무슨 뜻입니까? 우리를 위해서 더 좋은 것을 마련해 두셨다는 뜻입니다.

옛날 믿음의 조상들은 가능성만을 바라보고 그 약속만을 바라보고 살았다면, 우리가 도달한 믿음은 완전한 믿음인 것입니다. 하나님의 완전한 선물입니다.

하나님께서 완성해 주신 구원입니다. 그렇습니다. 우리는 진실로 좋은 것을 가졌습니다. 어떤 것입니까? 저들은 먼 장래에 죄 용서받을 것을 믿음으로 바라보며 하나님 앞에 제사를 드렸지만 우리는 이미 용서를 받고 하나님의 영광을 즐거워합니다. 하나님 앞에 예배할 때 이미 받은 것 때문에 하나님을 찬양합니다. 앞으로 받을 것이 아니라 죄가 주홍같이 붉을지라도 먹물같이 검을지라도 흰 눈처럼, 양털처럼 나는 깨끗해졌습니다.

내가 과거에 지은 모든 죄가 내게서는 멀리 떠났고 나는 무죄합니다. 그런 완전한 용서를 받았고 하나님을 향해서 아버지라고 부릅니다. 이 호칭을 아브라함은 못 불렀습니다. 모세와는 상관이 없는 이름이었습니다. 또한 그처럼 하나님의 마음에 합했던 다윗과도 상관이 없었습니다. 지혜 자 솔로몬에게 주어진 이름도 아니었습니다. 그러나 우리가 아버지 앞에 설 때에 '아버지 하나님'이라고 부를 수 있는 특권이 우리에게 있습니다. 이 완전한 것을 우리가 가졌습니다. 이 영광스러움을 가졌습니다.

정말 저녁에 자다가도 이 영광을 생각하면 춤을 추고 싶을 정도로 기쁩니다. 하나님은 내 아버지이십니다. 그분은 나를 향해서 사랑밖에 못하시는 분이십니다. 매로 때려도 그건 사랑의 매입니다. 이런 완전한 것을 우리가 가졌습니다. 구약시대보다 훨씬 좋은 것을 우리는 가졌습니다. 이런 믿음을 우리에게 이미 주셨습니다. 얼마나 큰 은혜입니까?

저들은 온전한 것을 붙잡지도 못했는데 우리 하나님의 약속을 의지하고 나라를 무너뜨리기도 하고 새 민족을 아름답게 하나님께 멋지게 바치는 일을 하기도 했습니다. 불의 세력을 멸하기도 했고 사자의 입을 막기도 했습니다. 그들이 믿음으로 살 때 하나님께서 그들의 믿음을 받으시고 영광스럽게 그들의 삶을 축복해 주시기도 하셨습니다. 그러나 어떤 사람은 믿었기 때문에 집에서 쫓겨나기도 했습니다. 믿음 때문에 결박을 당하고 옥에 갇히기도 했습니다. 이 사람들은 믿었기 때문에 결국 목 베어 죽임을 당하기도 했지만 악형을 받되 구차히 면하지 않았고 믿음으로 자기의 달려갈 길을 다 달리면서 살아계신 하나님을 향한 신뢰를 굽히지 않았습니다. 환경과 여건의 불리함에도 조금도 흔들리지 않고 그분의 인격을 신뢰했습니다.

이분들은 마치 별빛을 보고 좇아갔다면 우리는 의의 태양이신 주님의 찬란한 빛을 바라봅니다. 그분이 나의 구속 주 되셔서 내 생애를 위하여 마련하신 영생은 아무도 빼앗을 수 없는 것입니다. 음부의 권세가 이길 수 없는 축복을 내 가슴속에 담고서 살고 있습니다. 지금 이 시간에 내 생애가 끝난다 할지라도 다음 순간에 아버지의 나라에서 눈뜰 수 있는 은혜가 내게 주어졌습니다.

우리들에게 이런 놀라운 은혜가 이미 주어졌습니다. 그들이 조그마한 별빛만 가지고서도 하늘로 인도를 받았다면, 그에 비해 큰 은혜를 받은 우리가 이렇게 여전히 이 땅에서 땅의 것에만 집착하며 살아서야 되겠습니까? 우리가 그 날에 하나님 앞에 섰을 때 우리 주 예수와 우리를 위해서 아들까지 아끼지 아니하신 하나님께 무슨 구실로 변명을 할 수 있겠습니까? 우리의 삶을 어떻게 변명하겠습니까? 불에 타버릴 이 세상을 생각하고 사시겠습니까? 보이지 않는 하나님을 마치 보이는 하나님처럼 믿고 아직 보이지 않는 증거를 가지고 살았던 사람들 앞에서, 확실한 증거를 갖고도 하나님을 신뢰하지 않고 그분께 우리의 생애를 드리지 않는다면 우리는 불충한 사람들입니다.

저는 우리가 믿음으로 설 때 이 나라가 잘 될 줄로 확신합니다. 이 나라가 잘 될 것입니다. 안심하십시오. 여러 가지 혼란된 말로 떠드는 사람들이 있겠고 이 국가가 안 됐으면 하는 사람이 있을지 모르지만 잘 될 것입니다.

남북통일도 이루어질 것입니다. 반드시 통일의 날이 올 것입니다. 저는 통일에 대해 이런 꿈을 가져봅니다. 북한에서는 아마 공산권 중심의 언어가 발달되어 있습니다. 그러니까 만약 하나님께서 우리에게 통일을 주셔서 복음으로 준비된다면 공산세계로도 자유세계로도 전부 선교 나갈 수 있을 것입니다. 꿈을 크게 가져봅시다. 세계를 품는 기도를 합시다. 정말 우리나라가 통일이 되어서 이 역량을 가지고 언어훈련과 문화훈련으로 단련하여 세계로 나간다면 세계를 복음화하는 놀라운 전진기지가 될 것입니다. 우리가 이 일을 위해서 믿음으로 나아갈 때 한국 정치도 안정될 것입니다.

저는 기도할 때마다 하나님께서 이 민족을 향해서 놀랍게 축복 주심을 늘 느낍니다. 온 세계 역사 가운데 믿음으로 이루어진 국가 중에 잘못된 국가가 어디 있습니까? 그러므로 우리나라도 잘될 것입니다. 그러나 믿음으로 살 때, 예수님을 사랑하기 때문에 손해 볼 수도 있습니다. 다른 사람들에게 양보해야 될 때도 있습니다. 믿기 때문에 어려움을 겪을 수도 있습니다. 그러나 우리가 안심할 수 있는 것은 우리는 남이 모르는 더 큰 축복을 가졌고 하늘 영광을 소유하였습니다.

이보다 더 큰 축복과 더 큰 은혜가 나의 생애에 없습니다. 그러므로 우리가 누리는 이 은혜 때문에 겪은 손해, 당한 멸시, 받은 아픔을 우리는 견디어 낼 수 있습니다. 중요한 것은 그때마다 나를 향해서 비난하고 조소하는 사람들을 바라보지 않고 나에게 약속하신 우리 하나님을 바라보는 것입니다. 믿음으로 우리 그리스도인들이 처한 직장에서 믿음의 삶을 삽시다. 믿음으로 손해를 좀 봅시다. 승진이 좀 안 되면 어떻습니까? 생활비가 조금 적어지면 어떻습니까? 진급이 늦으면 어떻습니까? 집이 남들보다 작으면 어떻습니까? 믿음으로 삽시다.

저들이 희미한 불빛 가운데 어떠한 손해와 어떠한 역경도 무릅쓰고 살아계신 하나님을 신뢰하고 믿음의 경주를 하였다면 우리가 이러한 축복과 은혜를 주신 하나님을 위해서, 하나님 때문에 손해 보는 삶을 사는 것이 얼마나 영광입니까? 주께서 말씀하셨습니다. "나를 인하여 너희를 욕하고 핍박하고 거짓으로 너희를 거스려 모든 악한 말을 할 때에는 너희에게 복이 있나니." 우리 신앙의 선배들, 선진들이 당했던 일들입니다.

　우리가 믿음을 갖고 있기 때문에, 살아계신 하나님을 신뢰하기 때문에 이 길을 갈 수 있습니다. 우리가 손해 보는 삶을 기꺼이 살 때 세상 사람들은 마음의 충격을 받을 것입니다. 우리가 양보할 때 자기의 이익을 주장하는 사람들은 놀랄 것입니다. 내가 나의 것을 내어줄 때에 움켜쥐던 자들의 마음이 풀릴 것입니다. 믿음으로 삽시다. 지금도 이 믿음은 하나님의 인정을 받습니다. "대저 의인의 길은 여호와께서 인정하시나 악인의 길은 망하리로다." 하나님이 인정하시지 않는 걸음의 마지막은 멸망입니다.

믿음의 사람들

제**23**강

믿음의 경주자 그리스도인 I

> **"**
>
> 이러므로 우리에게 구름같이 둘러싼 허다한 증인들이 있으니
> 모든 무거운 것과 얽매이기 쉬운 죄를 벗어 버리고
> 인내로써 우리 앞에 당한 경주를 경주하며
> 믿음의 주요 또 온전케 하시는 이인 예수를 바라보자
> 저는 그 앞에 있는 즐거움을 위하여 십자가를 참으사
> 부끄러움을 개의치 아니하시더니
> 하나님 보좌 우편에 앉으셨느니라
> 너희가 피곤하여 낙심치 않기 위하여 죄인들의 이같이 자기에게
> 거역한 일을 참으신 자를 생각하라
> (히 12:1-3)
>
> **"**

우리에게 과거에 전혀 경험하지 못했던 경험이 있습니다. 그것은 1988년에 치렀던 올림픽이라는 경험입니다. 이것이 우리 민족 역사에 한 분수령이 된 것을 부인할 수 없을 것입니다. 마치 일본에서 패전의식이 청산되는 계기가 도쿄올림픽이었던 것과 같습니다. 우리들은 올림픽을 경험함으로 많은 의식의 변화를 받았습니다.

올림픽 하면 우리들은 우리의 수많은 일류 선수들이 해외에 가서 기껏해야 예선에서 탈락하는 것으로 알았습니다. 그나마 성과가 있다면 동메달 한두 개 목에 걸고 오는 것을 최대의 성과로 생각했습니다. 과거에도 금메달이 없었던 것은 아닙니다. 그러나 손기정 씨의 금메달은 옛날 호랑이 담배 피던 시절의 신화와 같은 이야기이고, 양정모 선수의 금메달은 동양 사람이 어렵게 행운으로 잡은 승리라고 생각했습니다. LA 올림픽만 해도 반쪽 올림픽으로 세계 스포츠의 강국들이 모두 불참한 가운데 1/4의 전력도 안 되는 올림픽이었기 때문에 6개의 금메달을 얻고도 우리 마음속에 떳떳이 자랑할 수 없는 자학이 있었습니다.

올림픽에 참가하고 올 때마다 걸리버가 대인국에 가서 자신의 왜소함을 확인했던 것처럼, 서양사람 주도의 문화에서 우리의 초라함, 우리 문화의 누추함 들을 거듭거듭 되씹으면서 돌아왔던 것이 과거 올림픽의 경험들이었습니다.

몇 년 전 아시안게임 때 일본을 이기고 중국에 한 점 차이로 2등을 차지했을 때만 해도 이것은 아시아에서이니까 가능했고, 그것도 홈그라운드의 이점으로 이런 성과가 가능했다고 생각했습니다. 그런데 88년도에 치렀던 올림픽은 우리 앞에 올림픽의 전 게임이 펼쳐졌고 그저 신문이나 방송으로만 듣던 올림픽이 아니라 우리가 직접 참여하고 직접 관람하면서 우리도 할 수 있다, 이제는 백인들과 겨루어도 부족함이 없다는 자신감을 갖게 되었습니다.

과거에 체조라는 것은 공산주의에서 만들어낸 체육에 가까운 예술로서 우리와는 상관이 없는 종목으로 생각했는데 올림픽 때 얼마나 멋있게 해내었습니까? 어린 선수들이 나가서 멋지게 연기를 펼치는 것을 보니 이제는 어느 종목에서든지 할 수 있다는 놀라운 자긍심을 얻게 되었다고 생각합니다. 거기다가 개막식과 폐막식은 우리의 예술의 아름다움이 얼마나 뛰어난가를 보여 줌으로 우리도 놀라고 세계도 놀랐던 경험이었습니다.

일본사람이 쓴 글에 이런 내용이 있었습니다. "도쿄 올림픽의 개막식은 일본이 자라서 얼마나 서구화되었는가를 보여준 쇼였으나 이번 한국 올림픽의 개막식과 폐막식은 완전히 순수한 한국예술로서 도무지 타협도 양보도 없는 한국의 것만을 내놓고 세계를 놀라게 하였다"고 말했습니다.

정말 저는 우리의 가락이 그렇게 구성지고 심도 있고 우리의 마음 깊은 곳을 울리는, 아니 세계인들을 감동시키는 맛이 있었던 것을 몰랐습니다. 우리 민족은 놀이가 없는 민족이 아니었습니다. 놀이도 그처럼 멋있는 놀이들이 있었습니다. 그런데 우리가 이제까지 확인을 못했습니다. 마치 한 천재가 있는데 그 천재를 알아보지 못하는 사람들로 인해서 평생 그 천재가 마음에 한을 갖고 있었던 것과 같습니다.

바하 같은 사람은, 평생 스스로 음악의 열등생이라고 생각했습니다. 나는 언제나 헨델과 같은 음악을 만들 수 있을까 고심했습니다. 멘델스존이 그를 평가해 주기 전까지 바하는 오늘의 바하가 아니었습니다.

　그런데 히브리서 기자가 살고 있던 그때도 올림픽의 문화가 꽃을 피우던 때였습니다. 로마가 세계를 지배할 당시 팍스 로마라는 말이 있었습니다. 로마의 평화라는 말입니다. 로마가 완전히 정복한 그 세계가 로마의 강력한 힘에 의해서 전쟁이 없는 평화를 구가했기 때문입니다. 그래서 로마의 평화가 확립되면서 그 많은 로마의 영지를 정신적으로 묶을 하나의 끈을 생각했습니다. 그것이 바로 운동경기였습니다.

　그래서 당시에 아테네, 고린도에서 시작되었던 올림픽과 같은 지방 경기들을 체계화시켰던 것이 로마입니다. 그래서 로마는 두 가지 종류의 경기가 유행했습니다. 한 가지는 권투나 레슬링 같은 격투기였고 또 다른 하나는 기록경기입니다. 창을 얼마나 멀리 던지는가, 또 얼마나 정확하게 맞추었는가, 사람이 얼마나 빨리 달렸는가, 말과 병거가 얼마나 힘차게 원형경기장을 질주하는가를 기록한 경기가 당시의 주경기였습니다.

　구기 종목은 그때 존재하지 않았습니다. 지방 경기에서 이긴 팀들이 로마에 모여 결승전을 치릅니다. 그 모든 예선을 거치고 올라와서 로마에서 대전할 때는 전 로마의 각 지역 대표들이 모여서 경주하므로 우리 로마가 하나다, 로마는 위대하다는 의식을 가졌습니다. 그들은 로마의 검투사들과 군인들로 하여금 늘 훈련을 잘 시켜 언제나 승리하도록 함으로써 로마 종족은 세상의 어느 종족보다 위대하고, 로마는 세계를 지배할 능력이 있는 민족이라는 것을 세상에 과시하였습니다.

　이 일로 말미암아 전혀 체육에 대해서 문외한이었던 이스라엘에도 원형경기장이 서게 되었습니다. 그 원형 경기장이 기록으로만 전해지다가 모랫더미 속에서 발견되었는데 가이사랴 빌립보에서 발견되었습니다. 가이사랴 빌립보 총독부가 있던 곳의 원형경기장은 지금까지 인류가 발견해 낸 경기장 중에서 최대 규모입니다. 그런데 거기서 중요한 발굴물이 나왔습니다.

로마의 역대 총독부의 기록을 보면 본디오 빌라도에 대해서 나와 있지 않습니다. 역사책에 이름이 없으니까 이 사람은 예수라는 인물과 함께 사람들이 만들어낸 신화적 인물이라고 생각했습니다. 그런데 원형경기장이 발굴되면서 경기장 내에 여러 총독들의 지정된 좌석들이 나왔습니다. 각각의 의자 밑에는 총독들의 이름이 쓰여져 있었는데 그 이름들 중에는 폰티우스 빌라토스라는 이름이 기록되어 있습니다. 그래서 본디오 빌라도라는 성경의 인물이 예수와 함께 만들어낸 신화 상의 가공 인물이 아니라 역사적으로 있었던 실제 인물인 것을 발견해 내는 고고학적인 자료가 되었습니다.

지금 이 히브리서 기자는 새롭게 시작한 원형경기장에서 운동을 배우고 그 운동경기에 관심을 갖게 되는 이 초대 그리스도교인 사람들을 향해서 글을 쓰고 있습니다. 그래서 여러 성경을 살펴보면 특별히 사도 바울의 서신서에서도 이 운동경기 용어가 많이 나타납니다. 예를 들면 고린도전서 9장 27절의 "내가 내 몸을 쳐 복종하게 함은" 이 말은 복싱 용어입니다. 내가 나를 KO시킨다는 말입니다. 원래 KO라는 말은 다른 사람을 정확하게 쳐서 쓰러뜨린다는 것 아닙니까? 우리 주님께 복종하지 않는 이 괘씸한 나를 KO시켜서 주님 앞에 복종시킨다고 말할 때 이 권투 용어를 사용했습니다.

그런가 하면 "내가 선한 싸움을 다 싸우고"라는 말은 검투사가 운동경기에서 일 대 일로 피나는 싸움을 할 때, 전신의 모든 힘과 기술과 주어진 무기를 총동원해서 싸우는 모습입니다. 검투사는 악을 위해서도 싸웠습니다마는 바울은 주께서 그에게 주신 선을 가지고 끝까지 싸웠다는 말씀입니다.

그리고 "달려갈 길을 마쳤으니." 이 말은 마라톤 선수의 용어입니다. 히브리서 기자도 똑같이 얘기합니다. 당시에 흥밋거리라고는 없던 세상에 올림픽이 열렸으니 온 관심과 주의가 집중되지 않았겠습니까? 특별한 놀이가 없던 그때에, 운동으로 말미암아 흥분되고 가장 예민한 반응과 관심을 보일 그때에 바로 운동경기 중 한 종목을 선택하여 우리 신앙과 비교하며 설명하고 있습니다. 그것이 바로 이 성경구절입니다.

"이러므로 우리에게 구름같이 둘러싼 허다한 증인들이 있으니 모든 무거운 것과 얽매이기 쉬운 죄를 벗어버리고 인내로써 우리 앞에 당한 경주를 경주하며"(히 12:1). 이 "경주하며"라는 말은 마라톤을 가리키는 말입니다. 100m 달리기가 아닙니다. 한 번 속력을 내서 달리고 끝나는 100m가 아닙니다. 시작부터 끝까지 전체적 균형을 맞추며 뛰어야 하는 마라톤입니다. 우리 앞에 주께서 주신 마라톤을 계속 끝까지 경주한다는 말입니다. 그래서 마라톤에는 힘차게 힘껏 질주하는 역주가 필요 없다고 말합니다.

처음부터 끝까지 꾸준히 잘 달리는 것이 마라톤입니다. 어떻게 보면 많은 비유 가운데 이 마라톤의 비유보다 더 신앙생활을 잘 나타내는 것은 없습니다. 어려운 출발점이 있습니다. 예수 그리스도를 구주로 고백한 다음에 우리들은 출발점에 서서 달리는 마라토너들입니다. 중간에서 쉬어도 그것은 점수에 가산되고 뒤로 물러서도 계산이 됩니다. 내가 곁길로 빠져도 카운트가 되고 결승지점까지 가는 모든 여정이 계산됩니다. 우리는 지금 우리의 목적지를 달려가는 마라톤 선수입니다. 이 마라톤에는 좋은 관객들이 있습니다.

"이러므로"는 무슨 말입니까? 내가 어떻게 행할 것인가를 가르치는 말입니다. 이러므로 우리가 경주를 경주해야 합니다. 경주에 첫 번째로 있는 것이 무엇입니까? 구름같이 둘러싼 허다한 증인들이 있습니다. 믿음으로 살았던 신앙의 선배들이 마라톤을 멋있게 끝내고 영광의 면류관을 머리에 쓰고 우리를 지켜보고 있습니다. 모든 경기를 그들이 끝냈습니다. 나와 똑같은 성정을 가진 사람들이 이미 다 끝냈습니다. 그들이 끝낼 수 있었던 것은 오직 믿음 때문이었습니다.

믿음의 경주에서 가장 소중한 것은 믿음입니다. 그들이 믿음으로 달렸다면 우리도 믿음으로 달립니다. 그들이 예수께서 이 세상에 오실 약속을 멀리서 바라보면서도 그처럼 잘 달렸다면 우리들은 이미 예수 그리스도를 가슴에 모시고 성령으로 내주하시는 그리스도를 신뢰함으로 우리의 경주를 계속 달려야 될 것입니다. 저들도 끝내었으니 우리도 끝낼 수 있습니다. 이 마라톤은 영원한 형벌을 위해서 우리에게 주어지지 않았습니다. 경기가 끝난 다음 영광의 승리를 위해서 우리 앞에 주어졌습니다. 이미 경기를 끝낸 구름 같은 증인들이 우리 주변에 있습니다. 우리 앞서서 우리들을 지켜보고 있습니다.

제가 만약 미술가로서 미술계에 처음 발을 들여놓은 계기로 첫 전람회를 갖게 될 때에, 미켈란젤로나 다빈치나 렘브란트나 솔거와 같은 대가들이 참석한다면 얼마나 큰 영예이겠습니까? 내가 연출한 연극을 무대 위에 올려놓았는데 아더밀러나 셰익스피어나 유리피데스 같은 극작가들이 참여해서 관중석에 앉아 있다면 얼마나 신이 나고 격려가 되겠습니까? 내가 음악가라면 내가 연주하는 장소에 베토벤이나 바하나 슈베르트나 모차르트가 참석해서 맨 앞줄에 앉아 있다고 생각해 보십시오, 얼마나 기쁘겠습니까? 지금 모세가, 아브라함이, 이삭이, 다윗이, 기드온이 우리를 응시하고 있다는 말씀입니다.

폴란드의 시골뜨기 쇼팽이 파리에서 처음으로 연주할 때였습니다. 맨 앞줄에 슈만이 참석했습니다. 연주가 끝나자 슈만은 벌떡 일어나서 이렇게 말했습니다. "여러분 모두들 모자를 벗으십시오. 천재가 출현했습니다." 이 말이 무명 피아니스트 쇼팽을 일약 세계적인 대음악가 반열에 올려놓았습니다. 진짜 예술을 아는 대가들 앞에 내 예술이 평가되는 것이 얼마나 귀한 일입니까?

나의 신앙의 마라톤이 지금 계속되고 있습니다. 그때 신앙의 용장들이 나를 격려하고 나를 응시하고 있다는 사실을 알 때 힘차게 달려야 하지 않겠습니까? 이럴 때에 우리들에게 세상 사람들의 떠드는 소리가 들리겠습니까? 주변의 사람들의 모습이 크게 보이겠습니까? 신앙의 선배들의 격려와 박수 소리가 내 귀에 들릴 때 세상 사람들의 떠드는 소리가 내 귀에 들리겠느냐는 말입니다. 우리 주변에 구름같이 둘러싼 허다한 증인들이 있습니다. 그러나 주변에는 그러한 관객들만 있는 것이 아닙니다. 또 있습니다. 구름같이 둘러싼 장애물들이 있습니다. 우리를 못 뛰도록 만드는 장애들이 있다고 말합니다.

첫째로 "모든 무거운 것과"라고 하였습니다. 무거운 것이 있습니다. 이 '무거운 것'이라는 말은 참 재미있는 단어입니다. 어떤 단어이냐 하면 훈련을 통해서 줄여야만 되는 지방질을 가리키는 전문적인 체육 용어입니다. 무거운 것은 우리가 운동을 해서 몸에서 제거해야 될 근육 중에서도 쓸데없는 지방질을 의미하는 말입니다. 정말 그렇습니다. 쓸데없는 것을 많이 달고 다니면 몸만 무겁습니다. 저는 대학생 단체에 있으면서 바위를 타는 암벽등반 스포츠를 해보았습니다. 재미있는 것은 사람의 지체 중 손가락이든 발가락이든지 세 지점만 물체에 붙어 있으면 수직선상에서 떨어지지 않습니다. 로프를 타는 것보다 오히려 안전합니다. 그래서 암벽 등반할 때 한 손을 계속 바꾸어가면서 바위를 타고 위로 올라갑니다.

가능한 한 대학생들에게 복음을 전할 기회를 많이 갖기 위해서 여러 가지 스포츠를 많이 해보았는데 그 중에 바위를 타는 것도 했었습니다. 그래서 얼마 전에 옛날 생각이 나서 한 번 바위를 탔더니 팔 힘이 부족해서 그만 미끄러지고 말았습니다. 그때는 지금보다 체중이 약 30kg 정도 적게 나갔습니다. 역시 쓸데없는 것이 많이 붙으니까 과거에 잘 타던 산도 오르기가 힘듭니다. 왜 그렇습니까? 쓸데없는 지방을 많이 달고 있어서 그렇습니다.

제가 과거에 평행봉을 참 재미있게 잘했습니다. 그래서 근래에 교회 옆에 평행봉이 세워져 있길래 옛날 기분을 내서 올라갔는데 몸이 올라가자마자 팔 힘이 체중을 감당해 낼 수가 없었습니다. 제가 그래서 항상 두 여자 사이에서 늘 갈등합니다. 저희 어머니께서는 말씀하시길 "남자는 무게가 있어야 된다"고 그러시고 제 아내는 제가 목욕만 갔다 오면 체중이 좀 줄었느냐고 자꾸 묻습니다.

이렇게 쓸데없는 것을 많이 달고 있으면 운동을 할 수가 없습니다. 운동경기에서 이길 수 없습니다. 그래서 뚱뚱한 마라토너는 없지 않습니까? 4년 전 LA 올림픽 때 애쉬 포드라는 여자선수가 100미터에서 두각을 나타냈고, 훅스라는 선수가 200미터를 잘 달리는 것을 보면서 인상이 깊었습니다. 그런데 이번 마라톤 경기는 더 인상이 깊었습니다. 그 당시 200미터에서 간신히 동메달을 딴 그리피스 조이너라는 선수가 4년 후에 다시 출전했는데 그 체격이 많이 달라졌습니다. 완전히 근육질만 남았습니다.

달리는 데에 불필요한 모든 것이 몸에서 완전히 제거된 새로운 몸이었습니다. 그 선수의 다리는 말보다도 더 잘 달립니다.

그렇습니다. 우리는 지금 신앙의 마라톤을 합니다. 우리를 무겁게 만드는 것이 무엇입니까? 헛된 허영이 우리를 무겁게 만들 수가 있습니다. 돈을 많이 벌어야겠다는 그 무게가 우리 그리스도인의 경주에 거침돌이 될 수 있다는 말입니다. 어떤 때는 예수 믿는 사람들이 성공해야겠다는 불타는 의지 때문에 주께서 우리 앞에 세우신 그 목표를 향해 거침돌이 될 수 있습니다. 우리가 달리는 데 장애가 되는 모든 불필요한 무게들을 제거해 버립시다.

저는 요즘 개인적으로 이런 고민을 갖습니다. 제가 어렸을 때 선배님들이 명함에 여러 직함들을 써 갖고 다니면서 실제적으로 일은 전혀 하지 않고 직책만 맡고 있는 것을 보면서 판단하는 마음이 있었습니다. 그런데 제가 요즘 부탁받는 대로 다하겠다고 하면 그분들보다 세 배나 감투가 많아질 정도입니다.

그래서 요즘은 어떻게 하면 내 전공이 아닌 일을 맡지 않을까를 고민합니다. 주께서 나에게 맡기신 일이 아닌 것을 어떻게 거절하는가 이 싸움을 스스로 하고 있습니다. 그 외에는 다른 방법이 없습니다. 잘 달리기 위해서는 잘 달리는 데 방해되는 것은 어떤 것이든지 없애야 됩니다.

저는 과거에 책을 읽을 때 잡독을 많이 했었습니다. 손에 책만 붙들면 아침부터 저녁까지 책 읽는 것을 즐겨하는 사람입니다. 그러나 요즘은 책도 선별해서 읽어야겠다고 생각합니다. 왜냐하면 내게 주어진 시간이 많지 않습니다. 주께서 부르신 결승지점이 나에게서 멀지 않습니다. 그런데 이것도 하고 저것도 하다가는 달리는 데 방해가 됩니다. 나는 여러분들을 무겁게 하는 것이 무엇인지 잘 모릅니다. 그러나 예수 그리스도 그분이 결승점 라인에 섰는 것이 안 보이게 만들면 또 결승점을 향해서 달리지 못하게 만드는 무거운 것들을 제거하시기 바랍니다. 제거하셔야 됩니다. 인생이 길지 않습니다.

우리는 결승점을 향해서 우리의 삶을 농축시켜야 하겠습니다. 시간과 재능과 또 우리의 영향력을 주께서 내게 맡기신 그 사명에 맞추어야 합니다. 주께서 주신 그 라인에 서서 잘 달리기 위해서는 달리는 데 방해되는 무거운 것을 뽑아내야 됩니다.

그런가 하면 "얽매이기 쉬운 죄를 벗어버리고"라고 하였습니다. 당시의 사람들은 죄를 범하면 착고를 찼습니다. 그때의 착고라는 것은 발목을 쇠로 감고 또 무거운 쇠뭉치를 다는 것이었습니다. 그래서 무거운 쇠공 때문에 함부로 잘 다니지 못했습니다.

죄수들이 이동할 때는 보통사람들의 보폭의 반도 안 되는 쇠사슬을 양 다리에 묶었습니다. 그리고 손도 묶었고 목에는 큰 칼을 씌웠습니다. 죄수는 그것 때문에 얽매여서 자유롭게 행동할 수가 없었습니다. 육적인 죄뿐만 아니라 하나님 앞에 죄를 범하는 인생은 자기 몸을 옭죄는 무거운 세력을 경험합니다.

괴테는 「파우스트」에서 이렇게 말합니다. "오 악마여, 너는 처음에는 자유이나 나중에는 노예이구나." 파우스트가 젊음을 얻고 쾌락을 추구하고 싶어서 자기의 영혼을 팔아서 악마의 자유를 얻었습니다마는 결국 악마의 노예인 것을 발견하게 됩니다. 이처럼 우리를 얽어매는 무수한 세력들이 있습니다.

죄들은 우리의 영혼을 얽어맵니다. 우리가 주님 앞에 달리는 데 가장 무거운 장애는 바로 이 죄가 주는 사슬입니다. 이것을 끊어버리라고 말합니다. 이것은 습관적인 죄일 수가 있습니다. 그것이 우리가 가진 이방문화에서 얻어진 죄일 수 있습니다. 그런가 하면 하나님께 항거하고자 하는 교만의 죄가 있습니다. 이것은 본성의 죄입니다. 사람은 이 본성의 죄를 벗어나기가 참으로 힘듭니다. 내가 좀 안다고 교만하고 내가 가졌다고 교만하고 좋은 경험을 했다고 교만하고 내가 기도했다고 교만하고 성경을 읽었다고 교만하고 내가 겸손하다고 교만합니다. 이런 것들이 우리를 얽매이게 만듭니다. 이것이 우리를 못 달리게 만듭니다. 성경은 이것을 벗어버리라고 합니다. 어떻게 벗습니까?

죄는 두 가지로 그 끝을 해결짓습니다. 그 죄가 시행되든지 그 죄를 범한 사람에게 용서를 구하든지입니다. 둘밖에 없습니다. 과거 삼청교육대와 같은 악이 저질러졌고, 사람들의 목숨을 앗아간 무서운 악이 있었고, 부정과 부패가 무수히 저질러졌는데도 어떤 사람도 자신은 죄인이 아니라고 발뺌하는 가운데 악의 자취만이 드러나는 이상한 나라에 살고 있습니다.

광주 민주 항쟁이야 설명하기에 따라서는 돌발 사태로 얘기할 수도 있지만 삼청교육대와 같은 일은 창살에 갇혀 사는 항거 불능한 죄수에게 폭력을 가한 악입니다.

죄는 회개해야 용서받습니다. 회개하든지 시행되든지 둘 중에 하나입니다. 6공화국의 최대의 과제는 그 악들을 청산하는 것이라고 모두들 얘기합니다. 용서받든지 처벌되든지 둘 중에 하나여야 합니다. 그런데 그것은 영적으로 우리 주님 앞에서도 마찬가지입니다. 자신의 죄 때문에 영원한 형벌을 받든지 예수 그리스도의 구속으로 새 생명을 얻든지 둘 중의 하나입니다.

새 생명을 얻은 다음에도 그리스도의 십자가로 그 처형을 완결시킨 그 구속을 내 것으로 받아들임으로 그 죄가 나와 상관이 없게 되는 것입니다. 그럼에도 불구하고 범한 죄는 만일 우리가 우리 죄를 자백하면, 저는 미쁘시고 의로우사 우리 죄를 사하시고 우리를 모든 불의에서 깨끗게 하시는 우리 하나님 앞에서 죄의 용서를 구함으로 해결을 받습니다. 그렇게 해서 우리는 벗어야 합니다. 죄 없다 하면 하나님을 거짓말하는 자로 여기는 것이라고 말합니다. 그래서 이 죄를 벗어야 합니다. 회개함으로 벗어야 합니다. 벗은 다음에는 인내로써 우리 앞에 당한 경주를 경주해야 합니다. 인내해야 합니다.

신앙생활과 믿음의 마라톤을 추진하는 또 하나의 힘은 인내입니다. 주님을 신뢰하는 것에서 오는 인내입니다. 인내라는 말은 아무것도 하지 않고 주위 환경을 그저 체념으로 받아들이는 것이 아닙니다. 곤란을 극복해 나가는 능력이 바로 인내입니다. 장애물이 나타나도 굴하지 않고, 지연되더라도 낙담하지 않고, 실패하더라도 절망하지 않고, 내적인 문제와 외적인 반대에도 불구하고 참고 견디어 나가는 용기입니다. 인내로써 우리 앞에 당하는 경주를 경주해야 합니다.

그리고 우리에게는 결승점이 있습니다. 또 주어진 코스가 있습니다. 나에게 주어진 코스를 달려야 합니다. 신앙의 마라톤은 소풍이 아닙니다. 이곳저곳을 기웃거리며 구경하는 관광객들의 여행이 아닙니다. 끊임없이 목표를 향해서 앞으로 나아가는 골인지점이 있는 마라톤입니다. 순례의 길입니다. 그 목표는 예수 그리스도입니다.

믿음의 주요 온전케 하시는 이인 예수 그분이 우리의 목표입니다. 그러므로 우리들은 신앙의 연륜의 흐름과 더불어서 정말 내가 자랐는가, 내가 예수님을 닮았는가, 우리 주님의 인격과 주님의 삶이 내 속에 얼마나 형상으로 그려졌는가를 살펴야 합니다. 열심히 일을 했는가, 봉사를 많이 했는가. 그것이 신앙 성장의 바로미터(barometer)가 아닙니다. 우리의 결승지점은 예수 그리스도입니다. 그분을 향해서 내 인격이 자라고, 달려 나가고 있는가가 우리의 표시대입니다. 성경은 우리에게 말합니다. "이러므로 우리에게 구름같이 둘러싼 허다한 증인들이 있으니 모든 무거운 것과 얽매이기 쉬운 죄를 벗어버리고 인내로써 우리 앞에 당한 경주를 경주하며 믿음의 주요 또 온전케 하시는 이인 예수를 바라보자"(1-2절).

오늘 우리에게 주시는 말씀입니다. 이것이 무슨 뜻입니까? 우리가 마라톤을 하고 있습니다. 마라톤 하는 주자들은 마라톤 할 때에 그 마라톤에 방해되는 장애물들과 또 삶과 내 몸에서 달리는 데 무거운 것들을 전부 제거해 내야 됩니다. 쓸데없는 것들을 없애야 합니다. 무거운 짐을 지고 잘 달릴 수는 없습니다. 죄로 칭칭 얽매인 인생으로는 잘 달릴 수 없습니다. 그 장애들을 제거해야 합니다. 제거한 다음에 인내해야 합니다. 어떤 난관이나 어떤 굴곡에도 낙심하지 않고 계속 달려야 합니다.

예수 그리스도를 바라보면서 나아가야 합니다. 이것이 오늘 우리에게 주시는 말씀입니다. 그러므로 우리들은 일주일이 끝나고 다시 주님 앞에 설 때, 하루를 끝내고 조용히 주님 앞에 기도할 때 오늘 내가 그 골인지점을 향해서 얼마나 전진했는가 물어보아야 합니다.

달려가고 계십니까? 다람쥐 쳇바퀴 돌듯 늘 그 자리에서 맴도는 인생을 사는 것은 아닙니까? 예수 그리스도를 믿는 그 출발점에서부터 시작해서 우리 주님이 부르시는 그 영광의 상급까지 우리는 달려가야 합니다.

믿음의 사람들
제24강

믿음의 경주자
그리스도인 II

"

이러므로 우리에게 구름같이 둘러싼 허다한 증인들이 있으니
모든 무거운 것과 얽매이기 쉬운 죄를 벗어 버리고
인내로써 우리 앞에 당한 경주를 경주하며
믿음의 주요 또 온전케 하시는 이인 예수를 바라보자
저는 그 앞에 있는 즐거움을 위하여 십자가를 참으사
부끄러움을 개의치 아니하시더니
하나님 보좌 우편에 앉으셨느니라
너희가 피곤하여 낙심치 않기 위하여 죄인들의 이같이 자기에게
거역한 일을 참으신 자를 생각하라
(히 12:1-3)

"

우리들은 히브리서 11장 믿음의 사람들의 사건을 마음에 그리면서 12장에 들어서서는 우리가 달려갈 길을 달려야 하는 마라톤 인생인 것을 가르치는 주의 말씀 앞에 서 있습니다.

이 마라톤은 외롭게 혼자 달리는 마라톤이 아니라 구름같이 둘러싼 증인들이 있는 마라톤입니다. 우리처럼 많은 어려움을 극복하고 잘 달려서 이미 머리에 월계관을 쓰고 안착한 분들이 구름같이 첩첩이 둘러서 있는 가운데 우리는 달리고 있습니다. 그들이 우리의 관객입니다. 외로운 경주가 아니라 그분들이 우리를 지켜보는 가운데 달리는 마라톤입니다. 그런데 사랑과 호의로 격려하는 관객만 있는 것이 아니라 허다한 장애들이 우리 주변에 있다고 성경은 말합니다. 첫째 장애는 우리를 무겁게 만드는 것입니다.

본문 1절에 보니 "무거운 것"이라고 했습니다. 이 무거운 것들은 몸에서 제거해야 될 군살들과 지방질을 의미하는 체육 용어입니다. 무슨 운동을 하든지 가장 처음에 당하는 고통이 있다면 그것은 자기 몸을 감량하는 것입니다. 마라톤 선수치고 뚱뚱한 선수가 있을 수 없습니다. 아니, 운동선수치고 체중 조절에 실패하는 선수는 운동선수로서 끝입니다.

그렇습니다. 우리의 영향력을, 또는 우리의 시간을 빼앗아가는 것들, 우리의 마음을 산란하게 만드는 것들을 우리에게서 분리해 내야 된다고 말합니다. 한 번밖에 살지 못하는 생애이므로 잘 달리는 이 일을 위해서만 집중해야 합니다. 그리고 달리는 데 있어서 쇠사슬처럼 우리를 무겁게 만드는 죄라는 것들이 있습니다. 쇠사슬에 매인 죄수처럼 우리를 칭칭 둘러매는 이 죄들을 벗어버리라고 말합니다. 이것이 장애물들이었습니다. 또 다른 장애에 대해서 성경은 말합니다.

3절에 이렇게 기록합니다. "너희가 피곤하여 낙심치 않기 위하여 죄인들의 이같이 자기에게 거역한 일을 참으신 자를 생각하라." 마라톤 선수에게 몰려드는 이 피곤과 낙심을 제거하라는 말입니다. 그러한 장애가 있다고 말합니다. 이것이 세 번째 장애입니다.

원래 마라톤 해협에서 아테네까지 무명 용사가 달렸던 거리는 정확하게 측정해서 38km밖에 되지 않는다고 말합니다. 그런데 후세 사람들이 어림짐작으로 올림픽이 개최될 때마다 40km 내외로 마라톤 길이를 잡았습니다. 그런데 런던 올림픽 때 달린 마라톤 코스를 재어보니 42,195km로 마라톤 코스를 달립니다.

이 먼 거리를 달리다 보면 피곤이 몰려오기도 합니다. 적어도 11km에서 15km를 달릴 때 제일 힘이 든다고 합니다. 그 고비를 넘기면 30km까지는 제대로 달리지만 한 번 온 전신에 피로가 몰려오면 도중에 그냥 주저앉고 싶은 생각이 든다고 합니다. 또 30km 이상을 넘어가면 육신의 힘에 너무 부치니까 마음속으로 내가 어쩌다 마라톤 선수가 되어서 이 고생을 하고 있나 하고 낙심이 든다고 합니다. 이번 대회만 뛰고 나면 다음부터는 절대로 안 뛰겠다고 결심한답니다. 달릴 때마다 그런 심적인 낙심이 마음에 늘 온다고 합니다.

그렇습니다. 마라톤 선수에게 몰려오는 피곤과 낙심이 그의 경주를 방해하듯이 우리 신앙의 경주에서도 우리의 마음을 흔들어 놓는 피곤과 낙심이 있습니다. 그래서 우리들은 잘 달리다가도 주저앉고 싶습니다.

'내가 성가대를 월급 받고 하나 왜 잔소리가 많아.' '내가 돈 받고 장로일 하나 나는 교회를 위해서 봉사밖에 한 것이 없지 않은가.' 마음속에 갑자기 피곤이 몰려오고 낙심될 때가 있습니다. 목사인 저도 '내가 어쩌다가 목사가 됐지' 하는 생각이 들 때가 더러 있습니다. 사실 제 개인의 생각으로 선택이 가능하다면 목사를 안 하고 싶을 때도 있습니다. 이처럼 우리의 마라톤에서 피곤과 낙심이 몰려올 때가 있습니다.

그때 우리는 어떻게 해야 됩니까?

첫째, 우리의 신앙의 선배들이 어떻게 잘 달렸는가, 연구해 보는 것이 소중합니다. 한국 사람은 발로 하는 운동에 능하고 일본 사람은 손으로 하는 운동을 잘한다는 말이 있습니다. 일제 시대에 운동을 했다 하면 축구는 반드시 한국 사람이 이겼습니다. 마라톤으로도 이겼습니다. 그러나 일본 사람에게 농구나 핸드볼, 탁구, 배구 등은 졌습니다. 그러니까 일본 사람들이 말하기를 한국인들은 발로 하는 것을 잘하고 일본 사람들은 손으로 하는 운동을 잘 한다고 하면서 일본인의 우수성을 은근히 과시했습니다.

그러나 지금은 탁구 등 손으로 하는 운동도 일본에 지지 않습니다. 그런데 불행하게도 마라톤에서는 집니다. 지금 마라톤 선수 가운데 일본에서 두 시간 십 분 미만으로 달리는 선수가 5명이나 됩니다. 그런데 우리는 두 시간 십오 분 벽을 못 깨서 늘 아쉬워합니다. 옛날 우리 선수 가운데 김성배라는 선수로 시작해서 유명한 손기정 선수, 서윤복, 함기홍 선수들이 달리던 당대에만 잘 뛰었고 그 이후에는 우리 기억에 남아 있는 마라톤 선수가 없습니다. 왜 그렇습니까? 일본 사람들은 그렇게 잘 달리는데 우리는 왜 실력이 부족하게 되었습니까?

우리나라 사람들은 이렇게 생각했습니다. 한국 사람들이 마라톤을 잘하는 것은 매운 고추장 덕분이라고 생각했습니다. 그런데 지금은 고추장 공장을 차려놓고 먹고 있는데도 잘 달리지 못하지 않습니까? 왜 일본에 지게 되었습니까? 그 이유는 다른 것이 아닙니다.

　일본은 그간 아베베를 연구했습니다. 크레이튼 선수를 연구했고 존 쇼토가 어떻게 달렸는가를 과학적으로 면밀하게 연구했습니다. 15km 달릴 때까지의 1차 고비를 그 선수들은 어떻게 넘기는가, 가면서 물을 몇 모금 마셔야 좋은가, 심장 박동은 어느 때까지 왕성한가, 한 호흡으로 얼마만큼 견딜 수 있는가, 과학적으로 하나하나를 연구해서 정확한 측정으로 운동선수들을 훈련시켰습니다. 그래서 그 사람들이 달릴 수 있는 최대의 힘으로 달리도록 했는데 우리들은 그간 밤낮 고추장만 먹었습니다. 그러니까 결국 실력에서 뒤떨어질 수밖에 없었습니다.

　운동선수가 잘 달리는 선수를 자세히 연구해서 과학적으로 훈련을 받는 것처럼 우리들도 신앙의 경주에서 믿음의 사람들이 끝까지 어떻게 잘 달렸는가, 그 고비 길을 어떻게 극복했는가를 연구해 보는 작업이 필요하다는 것입니다. 가령, 아벨은 어떻게 순교를 하면서 끝까지 잘 달렸는가를 보는 것입니다.

　아벨의 신앙의 특징은 무엇입니까? 그는 살아계신 하나님 앞에서 더 나은 제사를 드릴 줄 아는 사람이었습니다. 살아계신 하나님께서 그의 제물을 늘 기쁘게 받으셨습니다. 그의 제사를 기쁨으로 받으셨습니다. 똑같이 드리는 제사인데도 그의 형 가인의 제사는 하나님께서 외면하셨습니다.

　여러분이 일주일 동안 피곤할 수 있습니다. 지칠 수가 있습니다. 마음에 낙심이 있을 수 있습니다. 그러나 주일 예배 시간에 나와서 살아계신 하나님의 은총의 보좌 앞에 여러분의 기도와 여러분의 찬송과 여러분의 헌금과 여러분의 마음과 몸을 드리는 이 예배로 살아계신 하나님이 보좌를 열으시고 예배를 받으시는 확신이 있는 그 심령은 일주일의 피로를 이길 수 있는 능력을 얻게 됩니다.

결국 이것이 문제입니다. 예배 시간에 나와서 의미 없이 졸다 갈 수 있습니다. 그저 형식상의 순서로 해치울 수 있습니다. 그것은 신앙이 아닙니다. 살아계신 하나님 앞에 내 심령이 드려져야 합니다. 내 정성이 바쳐져야 합니다. 하나님이 기뻐하시는 제사여야 합니다. 하나님이 받으시는 그 손길을 바라보는 심령이 되어야 합니다.

자기의 생애가 하나님 앞에 완전히 드려지는 그 영광을 믿음으로 바라보았던 스데반은 돌무더기 속에서도 그 얼굴이 천사처럼 빛났습니다. 여러분의 예배가 살아 있습니까? 이 일을 위해서 기도해야 됩니다. 예배가 살아 있기 위해서 준비해야 합니다. 주일에 나올 때도 그냥 나오시지 마시고 5분전, 10분 전에 미리 나와서 조용히 주께서 주실 은혜를 기대하면서 내 마음이 살아계신 하나님 앞에 온전히 바쳐질 준비를 하셔야 합니다.

내 예배가 하나님 앞에 바쳐진 그 심령은 1주일 동안 힘이 넘칠 것입니다. 능력이 역사할 것입니다. 피곤이 씻은 듯이 없어질 것입니다. 그러므로 여러분들이 예배의 인도자들을 위해서 기도해야 할 것입니다. 장로님의 기도를 위해서 기도하시고 성가대를 위해서 기도해 주시고 목사의 설교를 위해서 기도해야 할 것입니다. 이 예배는 나의 피곤과 낙심을 극복하는 가장 중요한 요소이기 때문입니다.

목사야 기도하고 성경 열심히 공부하고 신앙으로 온전히 서 있기만 하면 칭찬받는 직업이니 예수 믿는 직업으로 가장 좋은 자리이지만 세상의 구조적인 악 속에서 신앙과 세속의 이중생활을 해야 되는 우리 평신도들이 당하는 모든 피곤과 갈등은 계속 쌓일 수 있습니다. 이것을 어떻게 극복할 수 있나요? 성경은 말합니다. "에녹이 하나님과 동행하여"라고 했습니다. 에녹은 혼자 가지 않았습니다. 가정생활에 주님과 동행합니다. 직장생활에서 주님과 동행합니다.

사탄이 밀 까불듯 까부는 이 세상에서 우리 주님과의 동행으로 자기 앞에 당한 모든 경주를 멋지게 달렸습니다. 그런데 우리들은 교회 문밖을 나가면서, '살아계신 하나님, 예수님, 성령님, 일주일 동안 안녕히 계십시오. 다음 주일에 뵙겠습니다' 하고 돌아섭니다. 동행이 없습니다. 한 번의 예배로 끝납니다.

또한 노아의 특징은 무엇입니까? 그는 하나님의 경고를 들을 줄 아는 귀를 가졌습니다. 온 세상 사람들이 떠드는 소리보다 하나님의 음성에 귀를 기울이는 큰 귀를 가졌습니다. 세상 사람들의 비판과 그들이 우리에게 주는 모든 고통들을 이기는 비결은 하나님의 음성을 크게 듣는 귀를 가지는 것입니다.

세상에 쓸데없는 내용의 많은 책들이 범람하고 있습니다. 그러나 그 모든 활자보다 살아계신 하나님의 말씀을 큰 글자로 읽을 줄 아는 성도들은 피곤을 이깁니다. 규칙적인 경건의 시간을 가진 성도들이 자기가 당한 모든 고통과 아픔을 쉽게 이기며 능력으로 대처하는 것을 얼마나 많이 봅니까? 그는 하나님의 음성에 귀를 기울일 줄 아는 하나님의 음성을 향한 큰 귀를 가졌습니다. 하나님의 말씀을 읽을 줄 아는 눈을 가진 성도들이 이 시대에서도 크게 이깁니다.

그런가 하면 믿음의 사람 아브라함은 어떻습니까? 그는 자기와 동행하신 하나님이 어떤 분이신가를 확실히 알았습니다. 또 그분의 능력을 알았습니다. 그렇기 때문에 그는 자기 몸의 죽은 것 같음과 사라의 태가 닫힌 것을 알고도 믿음이 없어서 의심치 아니하고 더욱 믿음에 굳게 서서 전능하신 하나님의 약속을 믿었습니다.

전능하신 하나님을 알았습니다. 그런가 하면 하나님께서는 약속하신 것을 반드시 신실하게 지키시는 성실하신 하나님인 것을 알았습니다.

자기 아들을 죽여서 바치라는 시험을 그가 받았습니다. 이 아들을 통해서 하늘의 별처럼, 바다의 모래처럼 편만케 채워 주신다는 약속을 그는 믿었습니다. 그래서 모리아 산정에 이삭을 데리고 가서 그의 심장에 칼을 겨누고 번제로 드리려고 마음먹었습니다. 자기는 드리지만 하나님의 약속을 반드시 이 아들을 통해서 이루실 것을 믿었습니다. 믿었기 때문에 자기 하인들에게 말하기를 '내가 내 아들과 함께 가서 하나님 앞에 제사한 다음에 다시 돌아오겠다.' 둘이 함께 돌아오겠다고 말한 것을 히브리 원문은 보여 주고 있습니다. 우리말에는 잘 나타나 있지 않지만 히브리 원문에는 복수형으로 내 아들과 내가 함께 내려오겠다고 말했습니다.

오늘 저는 이 무수한 하나님의 사람들의 이름을 다 거론할 수 없습니다. 그들이 어떻게 자기가 가진 그 신앙의 특질로써 자기 앞에 당한 피곤과 낙심을 이겼는가, 오늘 이 본문을 보시면서 다시금 새롭게 용기백배하여 피곤과 낙심을 이기는 놀라운 시간이 되시기를 바랍니다.

그런가 하면 그들의 응원소리를 들을 줄 알아야 됩니다. 둘러싼 그 사람들이 무엇을 했겠습니까? 자기 편을 응원합니다. 응원하도록 되어 있습니다.

이제는 피곤해서 더 이상 뛸 수 없을 그때에 응원소리 때문에 선수들이 새로운 힘을 얻는다고 합니다. 그렇습니다. 응원은 우리에게 큰 격려가 됩니다. 김기택이라는 선수는 탁구선수로 국내에서도 1등을 한 적은 별로 없었습니다. 그런데 이 선수는 시합에서 워낙 강한 세계 챔피언들과 겨루도록 편이 짜여져서 참 어렵겠다는 생각으로 낙심을 하였답니다.

그런데다가 그가 두 게임을 계속 져서 이제는 끝났구나 생각했는데 세 번째 게임에서 관중들이 워낙 우렁차게 자신을 응원하는 소리를 듣고 이기겠다는 생각보다는 질 수 없다는 생각이 강하게 들었답니다. 그래서 마침내 그 게임에서 이겼습니다. 이처럼 관중의 응원이 피곤에 지친 육체에 새 힘을 줍니다.

우리를 향한 응원의 소리를 저는 듣습니다. 어떤 응원입니까? 이성의 유혹 때문에 마음이 흔들리는 젊은날에 요셉이 나를 응원합니다. '믿음으로 달릴 때 옷을 붙잡는 이성의 유혹이 있다. 붙잡혔느냐 그러면 겉옷을 벗어던지고 달려야 된다.' 겉옷을 벗고 달리라고 요셉이 응원하고 있지 않습니까?

어떤 사람은 신앙생활을 하면서도 늘 이와 같은 생각 때문에 마음에 시험이 되는 분들이 있습니다. 가령, 나는 출생 신분이 나쁘고 부모님, 조상들이 워낙 낮은 신분이며 가정환경이 불우하고 사회적으로도 빈곤한 처지이기 때문에 신앙생활을 잘 할 수 없다는 성도들을 많이 봅니다. 그럴 때 라합은 말합니다. '출신 성분이 나빠도 나만큼 나쁜 사람이 있겠는가, 나는 이방인이었고 또 기생이었다. 그러나 내가 믿음으로 섰다. 하나님 앞에 믿음으로 달렸다. 그랬더니 메시아가 오시는 통로로 내가 영광스럽게 사용되었다. 나의 출생이나 처지를 생각하지 말고 일어서야 한다. 일어나서 달려야 한다.' 좌절하지 말고 주저앉지 말라고 나를 향해 도전하고 있지 않습니까?

그런가 하면 또 어떤 사람은 과거에 실수를 저지른 경험이 있습니다. 과거에 지었던 죄악이 있습니다. 잘 달리다가도 그 죄악이 생각납니다. 실수했던 정황이 다시 떠오릅니다. 그래서 마음에 낙심이 옵니다. 나는 과거가 있기 때문에 잘 달리지 못한다고 자신에게 핑계댑니다. 이런 사람을 향해서 삼손이 말합니다.

'나는 원래 나실인이었고 신앙의 부모 밑에서 자랐고 하나님의 축복과 은혜를 입은 자였다. 그런데 나는 하나님을 떠났고 하나님을 배반했다. 그래서 하나님의 영광을 받은 내가 하나님께 치욕을 드리고 두 눈이 뽑힌 사사로서 노새나 돌리는 연자맷돌을 메고 개, 돼지처럼 취급받는 치욕의 삶을 살았다. 그러나 그 죄악을 가지고도 내가 일어서서 하나님 앞에 용서를 구하고 다시금 힘을 구하였더니 하나님이 능력을 나에게 주시지 않았는가, 네가 과거에 지었던 실수들, 과거의 죄악 때문에 좌절하고 주저앉아 있으면 안 된다. 일어나서 곧 달려라, 다시 달려야 한다. 네 앞의 결승지점을 바라보아라. 나도 달렸더니 승리케 하여 주셨다.'

여러분, 성경을 읽을 때마다 저들의 나를 향한 박수, 격려의 함성 소리가 들리지 않습니까? 주의 말씀을 들을 때마다 이 말씀이 살아서 나를 향해 격려하는 것을 들을 수 있습니다. 그러나 이것이 전부가 아닙니다. 그들을 연구하고 그들의 삶을 묵상하는 것이 전부가 아닙니다. 그들의 격려 소리를 듣는 것이 전부가 아닙니다.

2절에 기록되어 있습니다. "믿음의 주요 또 온전케 하시는 이인 예수를 바라보자. 저는 그 앞에 있는 즐거움을 위하여 십자가를 참으사 부끄러움을 개의치 아니하시더니 하나님 보좌 우편에 앉으셨느니라."

바라봐야 합니다. 누구를 바라봅니까? 예수 그리스도를 바라봅니다. 그분은 누구입니까? 우리의 믿음의 대상인 주님이십니다. 그분은 누구입니까? 이 땅에 오셔서 우리와 함께 사시면서 믿음을 완성하신 분이십니다. 그분에게는 많은 고통이 있었습니다. 장애물이 있었습니다. 그분 앞에 십자가라는 부끄러움이 있었습니다. 그러나 그 모든 장애와 고통들을 인내로써 받으신 분이십니다. 십자가의 부끄러움을 더 큰 영광 때문에, 즐거움 때문에 끝까지 참으신 주님이십니다.

주님을 거슬리는 사람들이 있었습니다. 예수 그리스도를 욕하는 사람들이 있습니다. 자기 백성들에게 왔지만 그 백성이 영접지 않을 뿐 아니라, 이 땅에서 십자가를 지실 때까지 그리스도를 얼마나 모욕했습니까? 이런 사람들이 무수히 주변에 있었습니다. 그러나 이것 때문에 피곤하거나 이것 때문에 낙심해서 쓰러지지 않고 주님께서는 끝까지 잘 달리셨습니다. 그 주님을 바라보라고 말합니다.

이 말은 예수 그리스도께서 우리의 모범이라는 말입니다. 믿음으로 끝까지 달려서 골인지점까지 갔던 그 무수한 신앙의 영웅 가운데 예수 그리스도처럼 극명하게 잘 달리신 분이 없고 완전하게 달리신 분이 없습니다. 믿음이 무엇인가, 하나님을 신뢰하는 것이 무엇인가를 생애 전체로 보여 주신 분이라고 말합니다. 그분을 본받으면서 우리가 가진 신앙 때문에 당하는 부끄러움을 끝까지 참고 인내하면서 달리라고 우리에게 격려하고 있습니다.

그러나 여기 예수 그리스도를 바라보라는 그 말은 예수 그리스도께서 우리의 모범이라는 말을 조금 더 넘어선 말씀입니다.

바라보는 자에게 새 힘을 주십니다. "오직 여호와를 앙망하는 자는 새 힘을 얻으리니 독수리의 날개치며 올라감 같을 것이요 달음박질하여도 곤비치 아니하겠고 걸어가도 피곤치 아니하리로다"(사 40:31).

마치 독수리가 날 때 그냥 나는 것이 아니라 상승기류를 타고 힘차게 하늘 꼭대기까지 날아감과 같다고 합니다. 마찬가지로 여호와를 바라보는 자에게는 우리 심령에 상승기류를 허락해 주십니다. 그래서 우리의 피곤과 낙심을 넉넉히 이기게 만드는 놀라운 은혜를 베푸십니다.

무디가 어느 날 너무 피곤해서 부흥회 인도를 좀 쉬고 스코틀랜드로 휴양을 갔습니다. 마침 휴양 간 날이 수요일이어서 시골의 조그만 교회에 예배를 드리러 갔더니, 시골교회 목사님이 유명한 무디 선생을 알아보고 설교를 부탁했습니다. 그래서 무디가 즉석에서 설교를 했는데 그날 거기에 참석했던 백여 명의 성도들이 깊은 은혜를 받았습니다. 무디가 생각하기를 여기서도 내가 부흥사라는 것이 알려졌으니 조용하게 쉬기는 어렵겠구나, 해서 다른 한적한 시골로 떠났는데 기차 안에서 전보를 받았습니다. 지난번 예배에 참석하지 못했던 마을 사람들이 무디 선생님이 왔다는 소식을 듣고 아침부터 교회 앞에 모였으니 제발 돌아오셔서 말씀을 전해 달라는 것이었습니다.

설교를 부탁할 때 거절하는 것처럼 목사에게 어려운 일이 세상에 없는 것 같습니다. 거절할 때마다 얼마나 마음이 미안하고 거북스러운지 모릅니다. 그래서 이분이 할 수 없이 심령에 매인 바 되어 가던 길을 돌이키고 그 마을에 돌아와서 부흥회를 이틀 동안 인도했습니다. 전체 교인이 150여 명밖에 안 되는 교회였는데 마을 사람들 4백 명이 결신하였습니다. 마을 전체가 기쁨으로 흥분해서 잔치가 벌어졌습니다.

그런데 무디는 고개를 숙이고 이상하다, 이상하다 하며 고개를 갸웃거렸습니다. 그래서 그 교회 목사님이 무슨 근심이 있느냐고 무디에게 물으니까, 심지 않은 데서 거둘 수가 없고 기도 없이는 부흥이 없어서 그렇다고 했습니다. 그 말을 듣고 목사님이 "기도라고요? 기도라면 염려 마십시오. 우리 마을에 17년째 전신불수로 누워 있는 성도가 있는데 그분이 침대에서 전혀 일어나지 못합니다. 10년 전에 무디 목사님이 미국에서 큰 부흥운동을 일으켜서 영국까지 가서 주의 말씀을 증거한다는 소식을 듣고, 무디 선생님이 우리 마을에 와서 부흥회를 한 번 인도하게 해달라고 10년을 하루같이 기도했습니다. 그러니 기도라면 걱정 마십시오."라고 대답했습니다. 그래서 무디가 그분을 찾아갔습니다.

그 방을 들어서니 하나님의 은혜가 크게 쏟아져서 무디가 놀랐습니다. 목사가 설교를 할 때는 청중들이 얼마나 갈급해 있는지를 잘 압니다. 얼굴을 쳐다보면서도 설교를 듣고 있지 않으면 제가 그것을 느끼면서 설교를 합니다. 그래서 얼마든지 점잖게 설교를 방해할 수 있습니다. 어떤 교회에 가서 설교를 할 때는 설교를 하다가도 도중에 그냥 내려오고 싶을 때가 있습니다. 그래서 간신히 설교를 끝내고 그 교회의 형편을 물어보면 교회에 문제가 있습니다. 좋은 설교는 청중들이 만듭니다. 청중들이 간절히 사모하면 성령님께서 크게 역사하십니다. 그러나 사모하지 않는 심령들에게는 하나님께서 반응하시지 않습니다.

무디가 한 인간을 향해서 영적으로 은혜가 쏟아지는 모습을 보고 깜짝 놀라서 "형제여 주의 은혜가 이 방에 넘치는구료." 하니까 그 형제가 빙그레 웃으면서 "내가 일어나지 못해서 죄송합니다. 누워 있는 나에게 하나님의 은혜가 매시간 얼마나 풍성한지 참 감사합니다."

"그러면 은혜가 많은 곳에 사탄의 유혹도 많고 시험도 많을 텐데요" 하였습니다. 정말 은혜가 깊은 곳에서는 시험이 많습니다. 그러나 그는 십자가에 달리신 우리 주님을 바라보며 "하나님은 사랑"이라는 말로 그 시험을 물리친답니다.

사랑이 무엇입니까? 사랑은 희생입니다. 얼마만큼 사랑했는가는 얼마만큼 희생했느냐와 비례합니다. "하나님이 세상을 이처럼 사랑하사" 무엇을 희생하셨습니까? 외아들을 희생한 사랑보다 더 큰 사랑을 들어보신 적이 있습니까?

십자가를 바라봅시다. 하나님이 나를 사랑하시는 증표이십니다. 움직일 수 없는 증거입니다. 내 어깨가 늘어져서 피곤해 있을 때도 십자가를 바라봅시다. 하나님은 사랑이십니다. 하나님은 은혜이십니다. 하나밖에 없는 외아들을 나를 위하여 희생하셨습니다. 언제 희생하셨습니까? 우리가 아직 죄인 되었을 때입니다. 내가 잘했을 때가 아닙니다. 내가 착할 때 나를 사랑하셨다면 내가 잘못할 때 하나님은 나를 외면하실 것입니다. 그러나 아닙니다. 내가 죄인 되었을 때입니다. 하나님을 반역할 때였습니다. 하나님을 향해서 내가 등을 돌리고 욕을 할 때 하나님께서는 값없이 나를 사랑하셨습니다. 이것이 십자가입니다. 어느 때든지 하나님은 사랑이십니다.

전쟁이 끝나고 아우슈비츠 수용소가 일반인에게 공개되었을 때입니다. 인간이 인간을 그렇게 학대할 수 있을까, 사람들은 인간 지옥을 보면서 치를 떨었습니다. 그곳을 처음 방문한 사람이 이렇게 말했습니다. "내가 이들과 똑같은 사람이라는 것이 이렇게 수치스러울 수가 없다." 아우슈비츠 그 지옥의 벽면을 둘러보다가 어느 벽에 우뚝 서서 마치 전기에 감전된 듯 꼼짝도 못한 채 응시하게 만든 글씨가 있었습니다. 거기에는 이렇게 쓰여 있었습니다.

"바다를 먹물로 삼고 하늘을 두루마리 삼아도 온 세상의 산천초목 붓대로 삼아도 내 아버지의 사랑을 다 기록할 수가 없구나." 한 순교자의 기록입니다. 그것이 채보되어서 찬송가 404장에 3절로 기록되어 있습니다. 그 찬송이 힘차게 불려질 때에 아무도 이 가사를 내가 작사했다고 나서는 사람이 없는 것으로 보아 필시 이 작사자는 죽은 것이 분명합니다. 그 지옥 속에서도 십자가를 바라보면 하나님은 사랑이십니다.

괴롭습니까? 답답합니까? 몸이 떨리는 외로움을 겪고 계십니까? 하나님이 내 곁에서 멀리 계시고 나를 외면하신다고 생각하십니까? 십자가를 바라봅시다. 십자가를 바라보는 한, 우리 하나님은 사랑이십니다. 십자가를 참으신 주님을 바라봅시다. 어떤 수치, 어떤 장애에도 불구하고 구원을 위해서 자기 몸을 부순 우리 예수 그리스도를 바라봅시다. 그 은혜를 생각해 봅시다. 십자가를 바라볼 때에 우리들은 늘 다시 용기를 얻습니다. 새 힘을 얻습니다.

사도 바울은 이 극한 사랑을 경험하고 이렇게 큰 소리로 외쳤습니다. "누가 우리를 그리스도의 사랑에서 끊으리요 환난이나 곤고나 핍박이나 기근이나 적신이나 위험이나 칼이랴"(롬 8:35). 그 어떤 것도 그리스도의 사랑에서 우리를 끊을 수 없다, 이 모든 것을 내가 당하지만 나를 사랑하시는 이로 말미암아 내가 넉넉히 이긴다고 고백했습니다."

하나님은 우리의 어떤 장애물이든지 극복할 수 있는 능력을 베풀어 주십니다.

믿음의 사람들

1990년 2월 23일 초판 발행
1996년 2월 5일 초판 5쇄
2009년 2월 10일 2판 1쇄 발행

지은이 홍정길
펴낸이 임만호
펴낸곳 도서출판 크리스챤서적

등 록 제10-22호(1979. 9. 13.)
주 소 135-092 서울 강남구 삼성2동 38-13
전 화 02)544-3468~9
F A X 02)511-3920
ⓒ 크리스챤서적, 2008

Printed in Korea
ISBN 978-89-478-0050-3 03230

정 가 12,000원